21世纪高校思想政治理论课“互联网+”创新教材

2021年秋季版

形势与政策

主编◎李仲良 陈 健 王小巍

微课课程 教学课件

考试平台 精品教案

中共中央党校出版社
The Central Party School Publishing House

图书在版编目（CIP）数据

形势与政策 / 李仲良，陈健，王小巍主编．-- 北京：中共中央党校出版社，2020.7
ISBN 978-7-5035-6828-2

Ⅰ．①形… Ⅱ．①李… ②陈… ③王… Ⅲ．①时事政策教育－高等学校－教材 Ⅳ．① G641.4

中国版本图书馆 CIP 数据核字（2020）第 102972 号

形势与政策

责任编辑　李　云　齐慧超
版式设计　李　平
责任校对　徐海涛
责任印制　姚利娜

出版发行　中共中央党校出版社
（北京市海淀区长春桥路 6 号）
邮政编码　100089
网　　址　www.dxcbs.net
电　　话　（010）62808912（发行）　68929788（总编室）
经　　销　全国各地新华书店
印　　刷　三河市恒彩印务有限公司
字　　数　235 千字
版　　次　2020 年 7 月第 1 版　2021 年 7 月第 4 次印刷
开　　本　787 毫米 ×1092 毫米　1/16
印　　张　12
定　　价　38.00 元

编　写　组

主　编： 李仲良　陈　健　王小巍

副主编： 蒋利明　刘　欢　周银平　马永刚

编　委： 何克奎　王俊菲　肖　敏　陆勤慈

田　茹　杨瑾娟　朱　敏　贾　旭

包万洪　王　东　张微舜　刘婷婷

雷丹露　杨　丽　董彩荣　殷志海

岳五九

前言

思想政治理论课承担着对大学生进行系统的马克思主义理论教育的任务，是巩固马克思主义在高校意识形态领域指导地位、坚持社会主义办学方向的重要阵地，是全面贯彻党的教育方针、落实立德树人根本任务的主干渠道和核心课程，是加强和改进高校思想政治工作、实现高等教育内涵式发展的灵魂课程。

“形势与政策”课是我国高校思想政治理论课的重要组成部分，是大学生的一门必修课，是对当代大学生进行形势与政策教育的主渠道和主阵地之一，也是贯彻落实党的路线方针政策的重要途径。

2021 年是中国共产党成立 100 周年的里程碑之年，是“十四五”规划的开局之年，也是我国全面建成小康社会后开启全面建设社会主义现代化国家新征程的一年。在历史坐标系中，这一年注定将留下特殊而重要的印记。当前，世纪疫情和百年变局交织，国内外形势正在发生深刻复杂的变化，中国和世界都面临巨大的挑战，未来充满了不确定性，党和国家都在积极寻求应对之策。这在客观上为大学生对形势与政策的学习、认识和判断提供了丰富的素材。为了帮助大学生学好这门生动的“形势与政策”课，我们编写了本书。

在本书的编写过程中，我们始终怀着强烈的责任感，在确保基本功能定位的前提下，及时把握国内外社会、经济发展的形势与热点，紧密结合新时代大学生的知识水平及个性特点，兼顾当前高校其他思想政治理论课课程所涉及的知识内容体系，力求内容的科学性、时效性和生动性；紧紧围绕学习贯彻习近平新时代中国特色社会主义思想这个首要任务，深入贯彻党的十九大和十九届二中、三中、四中和五中全会精神，帮助大学生深刻把握习近平新时代中国特色社会主义思想的重大意义、科学内涵、精神实质、实践要求，增强“四个意识”，坚定“四个自信”，坚决做到“两个维护”，勇做堪当民族复兴重任的时代新人。

同时，为拓宽大学生的视野，加深大学生对相关知识的理解，本书选配了与教材内容密切相关的“相关链接”“知识链接”“拓展阅读”“阅读推荐”“思考题”等辅助模块。本书图文并茂，时代性、针对性、可读性强，希望能为大学生学习分析国内国际基本形势、理解和把握国家相关政策提供帮助。

在本书的编写过程中，我们参考了大量专家、学者编写的相关文献资料，查阅了大量权威网站、书刊和报纸的有关内容，听取和吸收了相关学科专家的宝贵建议，在此一并表示诚挚的感谢。尽管我们力求完美，但因水平所限，书中难免有疏漏或不妥之处，敬请广大读者朋友提出宝贵意见，以便我们在今后的工作中不断完善与提高。

编　者

2021 年 7 月

目录

绪论

认清形势　把握政策

《教育部关于加强新时代高校“形势与政策”课建设的若干意见》（教社科〔2018〕1号）指出，“形势与政策”课是理论武装时效性、释疑解惑针对性、教育引导综合性都很强的一门高校思想政治理论课，是帮助大学生正确认识新时代国内外形势，深刻领会党的十八大以来党和国家事业取得的历史性成就、发生的历史性变革、面临的历史性机遇和挑战的核心课程，是第一时间推动党的理论创新成果进教材进课堂进学生头脑，引导大学生准确理解党的基本理论、基本路线、基本方略的重要渠道。

在大学生中进行形势与政策的教育，有利于大学生全面、准确地了解世情、国情、党情和民情，从而加深对社会主义事业的热爱，增进爱国主义情感的培养，同时也有利于大学生形成正确的世界观、人生观和价值观。

“形势与政策”课程由形势与政策两部分内容组成。其中，形势是指国内国际社会政治、经济、文化等发展的状况和态势；政策是指党和国家为实现一定时期的目标和任务而制定的行为准则。政策的制定要以国内外形势的发展为依据，而形势的发展必然导致政策的相应调整。因此，这两部分的教育活动是紧密相连的。

“形势与政策”课程的开设，有利于大学生全面认识国内国际形势的变化，从而调动大学生了解形势与政策的自觉性和主动性，培养大学生独立思考、辩证看待时政问题的能力。对大学生进行形势与政策教育是系统的、渐进的、具有鲜明时代特色的工作，其最终目的是培养大学生科学认识、准确判断形势的能力，培养大学生正确的时局观，树立正确的形势认知观。

一、形势与政策概述

（一）形势与政策的概念

简单地说，“形势”就是事物发展的形态和趋势，“政策”就是政党或国家为实现一定的目标而制定的行为准则，是一系列谋略、法令、措施、办法、方法、条例等的总称。总有一些人们不希望出现的形势存在，因此，在一定条件下，人们根据对形势的了解、分析和判断，可以发挥主观能动性，人为地改变某些影响因素，或充分利用某些客观条件，采取一些干预措施，从而主动地控制或改变形势的发展方向，促进事物向符合人们主观愿望的方向发展。

1. 形势的内涵

形势是指客观事物发展的基本状况和趋势，是客观事物在诸种矛盾运动过程中所呈现出来的一种态势。任何客观事物都会受其内在影响因素和外在影响因素制约，形势就是事物诸多内在因素、外在因素的综合反映。形势的产生和事物的总体发展趋势是不以人的意志为转移的，人们的思想或行为可以在一定时期、一定程度上对形势产生影响，但形势由简单到复杂、由低级到高级发展的客观规律是无法改变的。由于影响形势形成的各种因素相互联系，所以各种形势也是紧密联系、彼此影响的，同时随着影响因素在不同时期的变化，形势会发生相应的变化，并呈现出不同的表现形式，这使形势体现出鲜明的关联性、复杂性和阶段性。

不同时间、空间和内容会形成不同类型的形势。如在时间上，可分为过去（某个节点或时期）形势、当前形势和未来形势；在空间上，可分为国际形势、国内形势和地区形势等；在内容上，可分为经济形势、政治形势、文化形势等。如同人的价值观念中必定有一种居于核心主导地位一样，在各种形势中同样有一种起主导作用的形势决定全局，这是因为事物存在主要矛盾和次要矛盾。因此形势还可以分为主要形势和一般形势。

人们应用一定的思想方法，在对形势进行科学分析并作出一定的事实判断和价值判断的过程中形成的基本观点、原则和方法（即关于分析形势的思想观点的总称），就是所谓的形势观。全面而准确地观察、分析、把握形势，其实质是认识世界的过程，而这个过程有利于人们在变化多端的形势下保持清醒的头脑，在更宽广的领域了解现实，正确分析、判断形势及其规律，把握时代、把握机遇，因势利导、预见未来，从而主动控制或改变形势的发展方向和程度，促进事物向符合某种主观愿望的方向发展。

2. 政策的内涵

政策是国家机关、政党及其他社会团体在特定时期为实现或服务于一定社会政治、经济、文化目标所采取的政治行为或规定的行为准则，它是一系列谋略、法令、措施、办法、方法、条例等的总称。就我国而言，政策正确与否直接关系到中国特色社会主义事业的兴衰成败。

在阶级社会中，政策只代表特定阶级的利益，从来不代表全体社会成员的利益，不反映所有人的意志。中国共产党作为中国特色社会主义事业的领导核心，代表中国最广大人民的根本利益，解决民众最关心的公共问题，这是政策阶级性和公共性的重要体现。任何政策哪怕在同一时期、同一范围内，针对不同受众，都有正确与错误之分，但政策一旦被制定和执行，对全社会来说，便成为一种有约束力的行为准则和行为规范，只有经过法定程序修订方能改变，这也体现了政策的非绝对正确性、权威性、原则性与灵活性。在一定的时段、历史和国情条件下，政策才能发挥相对的作用，这也体现了政策的时效性。政策属于上层建筑范畴，建立在不同经济基础之上的政策，在各自存在和活动的领域内具有相对稳定性。正是这种稳定性使社会经济能够持续发展，社会政治能够健康发展，社会文化能够繁荣发展。

政策的实质是统治阶级利益和意志的反映，含有统治、治理、管理国家一切行为的谋略或策略的意思，它以权威形式标准化地规定在一定的历史时期内，应该达到的奋斗目标、遵循的行动原则、完成的明确任务、实行的工作方式、采取的一般步骤和具体措施。国家作为阶级统治的工具，其维护统治所具有的政治和社会经济的双重性职能，决定了政策的最终目的是解决社会利益分配的问题，服务社会经济的发展。

政策制定者根据某一客观形势和发展目标的需要，结合性质各异、错综复杂的社会关系，利用国家管理的手段、工具和杠杆（政策）影响公众的看法、观念或思想意识，促进公众对政策的认同，规范人们的行为准则，对社会中人们的行为或事物的发展起到制约或促进作用，协调各种利益关系，保证整个社会生活和谐进行，引导人们的行为或事物朝着政策制定者所期望的方向发展。在这一过程中，政策体现出鲜明的导向、控制和协调等功能。

（二）形势与政策的关系

形势与政策互为因果，相互影响、相互制约。明确两者之间的关系，有利于深入分析、掌握和判断形势，科学、有效地制定政策，贯彻落实政策精神，对事件和问题的处理也有积极的促进作用。

从存在与认识的角度分析，形势与政策分属于不同的范围。形势属于存在领域，具有客观性；政策属于认识领域，具有主观性。经实践考察，形势与政策之间存在十分密切的联系。这种联系主要表现为形势对政策的决定作用与政策对形势的反作用。

1. 形势对政策的决定作用

形势是科学制定政策的依据。列宁指出："实际的政治形势就是如此，我们首先应该力求尽量客观、准确地判明这一形势，以便把马克思主义的策略建立在它应当依据的唯一牢固的基础上，即建立在事实的基础上。"制定政策，从客观实际出发，还是从主观臆断出发，反映了两种对立的世界观和方法论，前者是唯物主义的，后者是唯心主义的。要科学地制定有效的政策，必须遵循唯物主义的要求，从客观存在的形势出发来考虑问题，只有如此，才能制定出正确的政策；反之，则可能制定出错误的即不会产生任何积极作用的政策。需要指出的是，形势对政策的影响作用，不是一种自发的直接的作用过程，而是必须经过人这一中介来实现的。正因为如此，人对形势的认识和判断对于政策的制定具有重大意义。

形势是检验政策的客观尺度。一项政策是否科学有效，仅凭人的主观判断是很难确证的，必须通过实践进行检验。形势作为一种客观存在，最能反映政策的实际效果，正确的政策能够促进形势朝着政策追求的方向发展；反之，则可能使形势的发展背离政策所追求的发展方向。从这种意义上说，形势完全可以成为检验政策的一种客观尺度。

2. 政策对形势的反作用

依据唯物辩证法关于思维与存在的关系原理，人的认识不仅受客观存在的影响和制约，同时，认识还对客观存在具有巨大的能动的反作用。政策作为人认识的产物，在指导、规范人的行动过程中，必然对社会及社会形势的发展产生重大影响。可以说，世界上没有不影响政策的形势，也没有不作用于形势的政策。值得注意的是，政策对形势的影响作用，不仅表现在政策对形势的正面影响方面，还表现在政策对形势的负面影响方面，因此，制定科学的政策对形势具有十分重要的意义。

二、形势与政策课程的基本内容及学习方法

（一）形势与政策课程的基本内容

《教育部关于加强新时代高校"形势与政策"课建设的若干意见》指出："要紧密围绕学习贯彻习近平新时代中国特色社会主义思想，把坚定'四个自信'贯穿教学全过程，重点讲授党的理论创新最新成果，重点讲授新时代坚持和发展中国特色社会主义的生动实践，引导学生正确认识世界和中国发展大势，正确认识中国特色和国际比较，正确认识时代责任和历史使命，正确认识远大抱负和脚踏实地。要开设好全面从严治党形势与政策的专题，重点讲授党的政治建设、思

想建设、组织建设、作风建设、纪律建设以及贯穿其中的制度建设的新举措新成效；开设好我国经济社会发展形势与政策的专题，重点讲授党中央关于经济建设、政治建设、文化建设、社会建设、生态文明建设的新决策新部署；开设好港澳台工作形势与政策的专题，重点讲授坚持‘一国两制’、推进祖国统一的新进展新局面；开设好国际形势与政策专题，重点讲授中国坚持和平发展道路、推动构建人类命运共同体的新理念新贡献。”因此，高校形势与政策教育内容可分为以下四个部分。

1. 基本理论

基本理论即马克思主义的形势观和方法论。马克思列宁主义、毛泽东思想、邓小平理论、“三个代表”重要思想、科学发展观、习近平新时代中国特色社会主义思想对认识形势的论述，党和国家重要会议的重要决议与纲领性文件，党的路线、方针和政策的重要内容等，都是基本理论的重要组成部分。

2. 基本形势与政策

形势与政策是变化的，但在一定时期内，形势发展与政策调整有其规律性和必然性。如当代世界政治经济格局及总体发展趋势，国际关系的基本走向及我国政府的外交原则立场和政策，我国的基本国情、国力和国策，国内改革开放的总趋势等，这些内容在相当长的时期内是相对稳定的，其发展变化具有规律性和必然性，构成了形势与政策课程的基本框架。

3. 当前形势与政策

国际国内形势的新变化、新发展是形势与政策课程教学的主要内容，也是大学生十分关注的部分。如国际社会发生的重大事件及发展变化趋势、国内政治经济形势的新变化、党和政府的重要会议精神以及重大改革发展举措等，都是对大学生进行形势与政策教育的重要内容。行业形势也是形势与政策教育的重要内容，一个行业的现状、发展趋势及经济地位会受到相关专业学生的关注。

4. 热点问题

形势发展变化是必然性和偶然性的统一。有时形势受偶然因素影响突然发生较大变化，引起人们广泛关注，这类问题被称为热点问题。热点问题虽然也遵循形势发展变化大趋势和总的变化规律，但由于其突发性和结果的不确定性，在一段时期内会引起社会广泛关注。

（二）形势与政策课程的学习方法

形势与政策课程是一门综合性、实践性、针对性、科学性、应用性都很强的思想政治教育课程。一方面，对其相对稳定的内容和有关理论，要集中时间进行较为系统的学习；另一方面，要根据形势发展的需要和课程的特点，结合自己的思想实际，采取正确的灵活多样的学习方法和途径。

1. 把握重要性，领会政策性和追求合理性

把握重要性，是指在当年的形势与政策范围内，对国际国内发生事件的重点把握。国内外发生的重大事件大多纷乱而冗长，大学生要想在短时间内取得好的学习效果，不可能也没必要全面出击，而应该把握重点。实际上，每年国内的形势与政策都有一条主线，就是党的方针政策；而国际上的形势与政策需要注意一些与中国有关的重大国际问题。领会政策性，是指形势与政策的重点内容和范围主要是党和国家的方针政策。追求合理性，是指如何运用所学知识将重大的政策性问题进行梳理、分解并能够举一反三，用来分析、理解和解决现实中的问题。

2. 自觉学习马克思主义基本理论和党的最新理论

马克思主义是科学的世界观和方法论，是指导中国革命胜利的重要思想武器，也是我们立党立国的根本指导思想。从毛泽东思想、邓小平理论、“三个代表”重要思想、科学发展观到习近平新时代中国特色社会主义思想，都是马克思主义的基本原理与中国实际相结合的产物。因此，要深刻了解党和国家的方针政策，大学生必须认真学习马克思主义的基本理论和党的最新理论，自觉运用马克思主义的立场、观点、方法，分析、理解和解决现实中的问题。同时，学习形势与政策课程，认清形势、理解政策需要多种知识的综合运用，需要对大量的信息进行分析处理。因此，还必须努力学好各种科学文化知识，拓宽知识面，打好基础，把对形势与政策的学习建立在广博深厚的科学知识基础上；必须随时关心时事政治，注意收集和掌握大量、准确的事实材料，把对形势与政策的学习建立在大量丰富翔实的客观材料基础上。

3. 参加社会实践，坚持理论联系实际

大学生在学习形势与政策课程的过程中，往往对形势与政策问题产生彷徨和疑惑，这是可以理解的。解决这些彷徨和疑惑的最好方法，就是积极参加社会实践，进行必要的社会调查，在社会实践和社会调查中了解国情、体察民意，认识社会、反省自身。此外，学习形势与政策课程，还要坚持理论联系实际，只有坚持马克思主义理论和党的先进理论的指导，才能正确认清形势的本质、规律和发展的必然趋势；只有坚持从实际出发，才能正确理解党和政府的各项方针政策。

4. 积极参加多种形式的课外学习

形势与政策这门课程的特点，决定了师生在教学过程中不宜采取完全单一的课堂讲授形式，而应当在课堂系统学习的基础上，辅之以各种课外学习活动，就课内外的学习内容，做读书笔记、写学习心得体会等。这样，就能不断提高大学生正确分析形势和深刻理解政策的能力，使形势与政策这门课程的学习达到事半功倍的效果。

三、大学生学习形势与政策课程的重要意义

社会历史的大发展决定了个人发展的最大环境、最高上限，制约着个人的可选择度，决定着大学生成功的概率，影响很具体，也很深远。作为一名大学生，深刻、全面地了解国内外形势是非常必要的。它可以帮助大学生正确认识和分析党和国家面临的政治、经济形势以及现实社会、经济中存在的问题，增强大学生辨别是非的能力，引导大学生正确认识社会热点和难点问题，巩固马克思主义在意识形态领域中的指导地位。因此，大学生学会正确认识和把握形势与政策，对自身具有重要意义。

（一）有助于大学生明确自身历史使命

和平与发展是当今时代的主题，世界多极化进程不可逆转，经济全球化趋势日益增强，高科技领域竞争日趋激烈……形势与政策课程是一个很好的学习窗口，它不仅可以帮助大学生了解国内外大事，认识和把握当前形势，还可以坚定大学生走中国特色社会主义道路的理想信念，从而激发大学生的爱国主义精神，使大学生能够在形势与政策的学习中树立正确的思想，形成正确的形势观和政策观。让大学生认清当今时代的特征是形势与政策教育的基础内容，只有掌握时代特征，才能树立正确的人生目标。如果不了解国内外政治、经济、意识形态的历史、现状和发展趋势，就无法了解时代需要什么、国家需要什么、人民需要什么。只有懂得制定和实施政策的基础知识，了解党和国家现行的路线、方针、政策以及它们的生命力，才能更为深刻地理解并切实地担当起时代责任。未来属于青年一代，当代大学生承担着不断推进中国特色社会主义事业，实现国家富强、民族振兴、人民富裕和幸福等重要历史使命。形势与政策教育有助于大学生认清当前国内国际形势，明确自身历史使命，立志成才，不辜负时代的重托。

（二）有助于培养大学生解决实际问题的能力

形势与政策课程的本质任务是教育大学生学会掌握和运用科学的方法，学会运用矛盾的观点、联系的观点、发展的观点和全面的观点来观察形势、分析问题，透过纷繁复杂的表象看其内在本质；教育大学生全面、准确地了解党在制定路线、方针、政策时所依据的马克思主义基本原理和方法论原则，从而提高自己理解政策的水平和政治觉悟，自觉地和党中央在政治上保持一致。实现这样的教学目标，不能靠简单的说教，而是着眼于提高大学生的辩证思维能力，使其能够正确区分什么是主流、什么是支流，哪些是现象、哪些是本质，从而有效地帮助大学生正确地看待历史与现实、全局与局部的关系，学会从规律性上认识和把

握形势。形势与政策教育，可以有效地提高大学生自身的理论水平、辨别分析能力，进而树立科学的世界观，把握正确的政治方向，使大学生学会用正确的方法，站在正确的立场去分析问题，理解社会主义事业的曲折性，理解党的各项方针政策制定的依据，自觉地贯彻党的方针和路线，为社会主义事业竭尽全力。形势与政策课程是促进大学生由理论学习到实际应用的重要途径。大学生可以通过形势与政策教育，把课堂知识与社会形势、政策发展结合起来，达到真正的融会贯通，提升自身的学识乃至综合素质。

（三）有助于提高大学生思想政治素质

随着我国政治、经济的长足发展，以权谋私、贪污腐化等社会现象也在不断滋生。如何看待这些社会现象呢？不能正确看待这些问题的人，思想容易产生动荡，对政策会持怀疑态度，个别人甚至会有抵触情绪。形势作为事物存在和发展的情况与态势，是客观的，但是看待形势的不同立场和观点，即具有不同的形势观的人对形势的看法，必然会得出不同的结论。通过横向、纵向地对比国内外形势后能够得出这样的结论：不存在社会矛盾的国家是没有的，任何政策都有利有弊，都有人支持、有人反对……形势与政策教育可以使大学生开阔政治视野和政治胸怀，确立正确的政治立场、成熟的政治思维，正确了解国内国际大事，把握形势发展趋势，进而对纷繁复杂的新情况、新问题进行科学分析，深刻、正确地观察形势、理解政策，避免在复杂的政治环境下迷失方向，从而提高大学生理解政策的水平和政治觉悟。形势与政策教育坚持以马克思列宁主义、毛泽东思想、邓小平理论、“三个代表”重要思想、科学发展观、习近平新时代中国特色社会主义思想为指导，针对大学生关注的热点问题和思想特点，帮助大学生认清国内外形势，教育和引导大学生全面、准确地理解党的路线、方针和政策，坚定在中国共产党领导下走中国特色社会主义道路的信心和决心，积极投身于改革开放和社会主义现代化建设的伟大事业。

形势与政策课程在思想政治教育中的作用是不可替代的，是对大学生进行形势与政策教育的主要渠道和主要阵地，是每个大学生的必修课。当今国内外形势风云变幻，进入21世纪的中国正面临难得的机遇和巨大的挑战。在大学生中广泛开展形势与政策教育，能够提高大学生认识问题、分析问题和判断是非的能力，对当代大学生如何在纷繁复杂的国内外形势下，正视我国面临的机遇与挑战，坚定信念、振奋精神，努力学习、报效祖国，具有重大的现实价值与深远的历史意义。大学生进行形势与政策学习也是提高自身思想认识水平、开阔视野、增强责任感和大局意识的重要手段。

专题一

百年恰是风华正茂
——庆祝中国共产党成立100周年

百年征程波澜壮阔，百年初心历久弥坚。从上海石库门到嘉兴南湖，一艘小小红船承载着人民的重托、民族的希望，越过急流险滩，穿过惊涛骇浪，成为领航中国行稳致远的巍巍巨轮。胸怀千秋伟业，恰是百年风华。我们秉持以人民为中心，永葆初心、牢记使命，乘风破浪、扬帆远航，一定能实现中华民族伟大复兴。

2021 年 3 月 24 日，中共中央宣传部发布中国共产党成立 100 周年庆祝活动标识。活动标识由党徽、数字“100”“1921”“2021”和光芒线组成，生动展现中国共产党团结带领中国人民不忘初心、牢记使命、艰苦奋斗的百年光辉历程。

2021 年，伟大的中国共产党迎来了百年华诞。中国共产党在黑暗中诞生，在苦难中成长，在挫折中奋起，在奋斗中壮大，从一个只有 50 多名党员的组织，发展成为世界上最大的马克思主义执政党，让山河破碎的中国走向强盛，让备受屈辱的民族走近世界舞台中央。走过百年风雨征程，习近平总书记信心满怀：“中国共产党立志于中华民族千秋伟业，百年恰是风华正茂！”

一、中国共产党——历史和人民的正确选择

习近平总书记指出：“历史和人民选择中国共产党领导中华民族伟大复兴的事业是正确的，必须长期坚持、永不动摇。”站在“两个一百年”奋斗目标的历史交汇点上，回顾历史和人民选择中国共产党的过程与原因，对于进一步坚持和加强党的全面领导、深入推进党的自我革命、永葆党的生机活力具有重要意义。

（一）自觉理性的选择

一个政党赢得人民的尊重和信任，为历史和人民所选择，往往需要一个过程。历史和人民选择中国共产党，同样经过了一个从感性到理性、从自发到自觉的过程。

在中国共产党成立之前，为了改变旧中国半殖民地半封建的社会性质和中国人民的悲惨命运，各种思潮和政治力量纷纷登上历史舞台，也都进行过尝试和探索，结果却一再碰壁。最终，只有用科学理论武装起来、代表历史前进方向的中国共产党赢得了历史、赢得了人民。中国共产党刚刚诞生的时候，是一个仅有 50 多名党员的政党。新生的中国共产党立足中国现实需要，开展第一次国共合作。在大革命洪流中，中国共产党在领导五卅运动中得到很大发展，在北伐进军过程中共产党员发挥了先锋模范作用。

大革命失败后，国民党反动派对中国共产党进行残酷迫害，并极尽污蔑、丑化之能事。但是，就在这样极端恶劣的环境下，中国共产党获得了广大人民群众的拥护和支持，获得了大多数知识分子尤其是青年学生的拥护和支持。

中国共产党在农村革命根据地开展土地革命、在解放区开展土地制度改革，

让广大人民群众翻身做主人。人民群众认识到，只有中国共产党才能真正解决土地和农民问题。中国共产党领导的工农红军、八路军和新四军、人民解放军严格执行“三大纪律八项注意”，对群众秋毫无犯。人民群众认识到，只有这支武装力量才是真正的人民子弟兵。人民群众的拥护和支持，成为中国共产党战胜艰难险阻、夺取一个又一个胜利的根本底气。

知识链接

三大纪律八项注意

1927 年 9 月 29 日，毛泽东率领秋收起义部队在江西永新县三湾村进行改编，针对部分官兵破坏群众利益的行为，毛泽东宣布行军纪律：“说话要和气，买卖要公平，不拿群众一个红薯。”10 月 23 日，在向井冈山前进途中，毛泽东又强调了三项纪律：“第一，行动听指挥；第二，打土豪款子要归公；第三，不拿群众一个红薯。”这是人民军队发展史上最早的三项纪律。

1928 年 1 月 4 日，工农革命军攻占遂川县城，在部队发动群众的过程中违反群众利益的事情时有发生，毛泽东又宣布了六项注意：“第一，上门板；第二，捆铺草；第三，说话要和气；第四，买卖公平；第五，不拉夫；第六，不打人，不骂人。”3 月，在工农红军南下湘南的过程中，毛泽东将此前的三项纪律和六项注意合并，正式定为“三条纪律六项注意”予以颁布。三条纪律是：“第一，行动听指挥；第二，不拿工人农民一点东西；第三，打土豪要归公。”六项注意是：“一、上门板；二、捆铺草；三、说话和气；四、买卖公平；五、借东西要还；六、损坏东西要赔。”此后，毛泽东、朱德在赣南、闽西开辟根据地期间，对六项注意做了修改，加上“不得胡乱屙屎；不搜敌兵腰包”两项。至此，“三大纪律八项注意”从条款上被完整提出来了。

抗日战争胜利后，各解放区的人民军队从本区实际情况出发，对“三大纪律八项注意”的内容作了不同的规定。随着解放战争进入战略反攻阶段，为进一步加强党对军队的领导，加强部队的正规化建设，同时考虑到各路野战军在同一战区作战，需要同一纪律规范部队的行为，1947 年 10 月 10 日，中国人民解放军总部发布《关于重新颁布三大纪律八项注意的训令》：“三大纪律如下：一、一切行动听指挥；二、不拿群众一针一线；三、一切缴获要归公。八项注意如下：一、说话要和气；二、买卖公平；三、借东西要还；四、损坏东西要赔；五、不打人骂人；六、不损坏庄稼；七、不调戏妇女；八、不虐待俘虏。”从此，“三大纪律八项注意”，不但从形式上，而且从内容上被固定下来，全军有了统一的革命纪律。

抗日战争时期，中国共产党在全民族抗战中发挥了中流砥柱作用。同时，延安的团结、民主、廉洁氛围，吸引数万有志青年、知识分子义无反顾奔向延安。延安也吸引了许多民主人士、工商人士。1940 年，华侨领袖陈嘉庚率领南洋华侨回国慰劳考察团先后到重庆、延安两地考察，通过对比国统区与解放区，他大胆预言："得天下者，共产党也！"

抗日战争胜利后，国民党不顾社会各界反对，挑起全面内战。在进攻中国共产党的同时，压制进步声音、残害民主人士，导致离心离德、众叛亲离。1948 年 4 月 30 日，中共中央在纪念"五一"国际劳动节口号中提出："各民主党派、各人民团体、各社会贤达迅速召开政治协商会议，讨论并实现召集人民代表大会，成立民主联合政府！"这个号召得到各民主党派、无党派人士和社会各界的热烈响应，揭开了中国共产党同各党派、各团体、各族各界人士协商建国的序幕。

在中国人民政治协商会议第一届全体会议上，特邀代表宋庆龄表示："我们达到今天的历史地位，是由于中国共产党的领导。这是唯一拥有人民大众力量的政党。"这不但表达了全体与会代表的心声，也表达了四亿五千万中国人民的心声。

历经 28 年，历史给出结论，人民表明态度：只有共产党才能救中国，没有共产党就没有新中国。

（二）持续坚定的选择

历史和人民的选择，不是一次性的，而是一个持续不断的过程。习近平总书记指出："时代是出卷人，我们是答卷人，人民是阅卷人。"这揭示了一个深刻道理：中国共产党必须与时代同步，不断创造新业绩来接受历史和人民的检验。

相关链接：

答卷

1952 年年底，我国已具备有计划地进行大规模经济建设的条件，之后，我们党适时提出过渡时期总路线，逐步实现国家的社会主义工业化，并逐步实现国家对农业、手工业和资本主义工商业的社会主义改造。经过全党和全国人民的艰苦奋斗，到 1957 年年底，第一个五年计划的各项指标大幅度超额完成。第一个五年计划期间工业生产取得的成就，在旧中国是无法想象的。民族工商业者的代表人物荣毅仁表示："五年计划开始了……一切实现得比梦想还要快，多么令人鼓舞！没有共产党，不走社会主义的道路，哪能有今天？"

社会主义改造基本完成后，我们党开始领导人民积极推进社会主义建设。在艰辛探索社会主义建设道路的过程中，虽然受国际国内各种因素的影响，遭到严重挫折，但仍取得了独创性理论成果和巨大成就，并最终依靠自己的力量纠正了错误，找到了社会主义建设的正确道路。广大人民群众始终拥护中国共产党的领导，始终坚信自己的选择。

党的十一届三中全会后，我们党果断作出把工作中心转移到经济建设上来，实行改革开放的历史性决策，坚持走自己的路，开创和发展中国特色社会主义，得到广大人民群众热烈拥护和大力支持。面对苏联解体、东欧剧变，社会主义在世界范围内陷入低潮的严峻考验，我们党依旧满怀信心，坚定在中国特色社会主义道路上继续前进、埋头苦干的决心，把中国特色社会主义全面推向 21 世纪。广大人民群众的积极性、主动性、创造性不断被激发出来，汇集成坚持和发展中国特色社会主义、实现中华民族伟大复兴的磅礴力量。

1978 年 12 月 18 日，党的十一届三中全会在北京召开。会议作出把全党工作着重点转移到社会主义现代化建设上来、实行改革开放的历史性决策，实现了新中国成立以来党的历史上具有深远意义的伟大转折，开启了改革开放和社会主义现代化建设新时期。图为十一届三中全会通过会议公报。

党的十八大以来，中国特色社会主义进入新时代。以习近平同志为核心的党中央统筹推进“五位一体”总体布局，协调推进“四个全面”战略布局，党和国家事业取得历史性成就、发生历史性变革，不断谱写新时代中国特色社会主义新篇章，为实现中华民族伟大复兴奠定了坚实基础。我们党坚持以人民为中心，不断保障和改善民生，不断增强人民群众的获得感、幸福感、安全感。抗击新冠肺炎疫情取得重大战略成果，脱贫攻坚取得全面胜利，全面建成小康社会取得伟大历史性成就，一系列重大成就充分彰显了中国共产党坚持以人民为中心的根本政治立场，人民群众更加坚定地拥护和支持中国共产党。

新中国成立以来特别是改革开放以来，我们党带领人民创造了世所罕见的经济快速发展奇迹和社会长期稳定奇迹。这充分说明，只有中国共产党才能领导中华民族走向伟大复兴，没有中国共产党就没有社会主义中国，就没有中国特色社会主义，就没有中华民族伟大复兴。这是历史和人民的选择，也是历史和人民给出的结论。

（三）正确必然的选择

习近平总书记指出：“我们党来自于人民，党的根基和血脉在人民。为人民而生，因人民而兴，始终同人民在一起，为人民利益而奋斗，是我们党立党兴党强党的根本出发点和落脚点。”沧海横流，方显英雄本色。100 年来，中国共产党历经千锤百炼，始终巍然屹立。今天的中国共产党风华正茂，得到人民衷心拥护。100 年来，中国共产党用自己的实际行动不断证明着历史和人民的选择是正确的、必然的。

历史和人民的选择之所以是正确的、必然的，是因为中国共产党始终坚守初心使命。我们党的百年历史，就是一部践行党的初心使命的历史，就是一部党与人民心连心、同呼吸、共命运的历史。中国共产党不仅把人民利益写在自己的旗帜上，而且在路线方针政策制定、党员行为规范等各个方面都具体地体现出来。我们党带领人民进行革命、建设、改革，都是为了回应时代关切、倾听人民呼声，出发点和落脚点都在于为中国人民谋幸福、为中华民族谋复兴。

相关链接：

为人民服务

对于一个政党而言，要践行自己的宗旨、实现自己的政治理想，就要艰苦奋斗，敢于战胜艰难险阻、勇于作出巨大牺牲。中国共产党遭遇过反动势力的“围剿”，经历过无数风险挑战，但不论形势多么复杂严峻，中国共产党人都未曾气馁和放弃。因为中国共产党人有崇高的理想信念，有科学的理论指导，相信为之奋斗牺牲的事业代表历史前进的方向，为了国家、民族、人民的利益，不畏艰险、不惧牺牲。

党的力量来自组织，纪律严明是我们党不断从胜利走向胜利的重要保障。中国共产党是按照马克思主义建党原则建立起来的政党，组织严密是党的光荣传统和独特优势。党的二大通过的党章中，就对党员条件、党的各级组织和党的纪律作出具体规定。我们党坚持民主集中制，坚持用铁的纪律管党治党，严厉惩处侵害人民利益的行为，不断以为民谋利、为民尽责的实际成效取信于民。

今天，中国共产党已经发展成为一个走过百年光辉历程、在最大的社会主义国家执政 70 多年、拥有 9500 多万党员的世界上最大的马克思主义执政党，得到 14 亿中国人民最广泛的拥护和支持。历史和人民选择了中国共产党，中国共产党成为中华民族伟大复兴事业的坚强领导核心。面向未来，只要我们党始终站在时代潮流最前列、站在攻坚克难最前沿、站在最广大人民之中，就将永远立于不败之地，不断兑现对历史、对人民的庄严承诺。

二、中国共产党团结带领中国人民创造的伟大成就

中国共产党一经诞生，就把为中国人民谋幸福、为中华民族谋复兴确立为自己的初心使命。2021 年中国共产党迎来了百年华诞。这是矢志践行初心使命的 100 年，是筚路蓝缕奠基立业的 100 年，是创造辉煌开辟未来的 100 年。100 年来，

中国共产党团结带领中国人民进行的一切奋斗、一切牺牲、一切创造，归结起来就是一个主题：实现中华民族伟大复兴。

为了实现中华民族伟大复兴，中国共产党团结带领中国人民，浴血奋战、百折不挠，创造了新民主主义革命的伟大成就。我们经过北伐战争、土地革命战争、抗日战争、解放战争，以武装的革命反对武装的反革命，推翻帝国主义、封建主义、官僚资本主义三座大山，建立了人民当家作主的中华人民共和国，实现了民族独立、人民解放。新民主主义革命的胜利，彻底结束了旧中国半殖民地半封建社会的历史，彻底结束了旧中国一盘散沙的局面，彻底废除了列强强加给中国的不平等条约和帝国主义在中国的一切特权，为实现中华民族伟大复兴创造了根本社会条件。中国共产党和中国人民以英勇顽强的奋斗向世界庄严宣告，中国人民站起来了，中华民族任人宰割、饱受欺凌的时代一去不复返了。

为了实现中华民族伟大复兴，中国共产党团结带领中国人民，自力更生、发愤图强，创造了社会主义革命和建设的伟大成就。我们进行社会主义革命，消灭在中国延续几千年的封建剥削压迫制度，确立社会主义基本制度，推进社会主义建设，战胜帝国主义、霸权主义的颠覆破坏和武装挑衅，实现了中华民族有史以来最为广泛而深刻的社会变革，实现了一穷二白、人口众多的东方大国大步迈进社会主义社会的伟大飞跃，为实现中华民族伟大复兴奠定了根本政治前提和制度基础。中国共产党和中国人民以英勇顽强的奋斗向世界庄严宣告，中国人民不但善于破坏一个旧世界、也善于建设一个新世界，只有社会主义才能救中国，只有社会主义才能发展中国。

为了实现中华民族伟大复兴，中国共产党团结带领中国人民，解放思想、锐意进取，创造了改革开放和社会主义现代化建设的伟大成就。我们实现新中国成立以来党的历史上具有深远意义的伟大转折，确立党在社会主义初级阶段的基本路线，坚定不移推进改革开放，战胜来自各方面的风险挑战，开创、坚持、捍卫、发展中国特色社会主义，实现了从高度集中的计划经济体制到充满活力的社会主义市场经济体制、从封闭半封闭到全方位开放的历史性转变，实现了从生产力相对落后的状况到经济总量跃居世界第二的历史性突破，实现了人民生活从温饱不足到总体小康、奔向全面小康的历史性跨越，为实现中华民

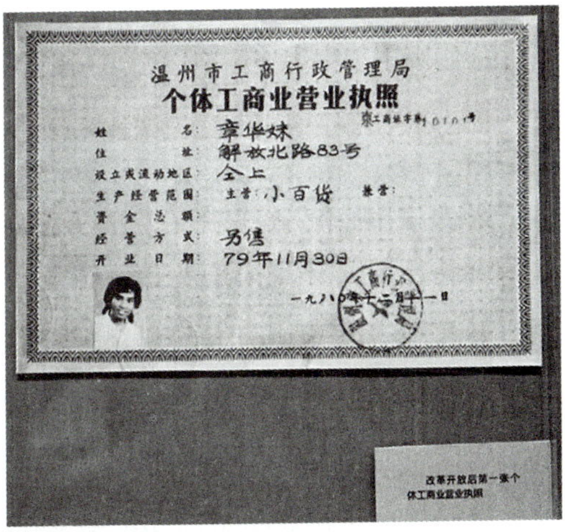

1980 年 12 月，浙江温州颁发了改革开放后我国第一张个体工商业营业执照。图为“伟大的变革——庆祝改革开放 40 周年大型展览”上展出的营业执照。

族伟大复兴提供了充满新的活力的体制保证和快速发展的物质条件。中国共产党和中国人民以英勇顽强的奋斗向世界庄严宣告，改革开放是决定当代中国前途命运的关键一招，中国大踏步赶上了时代。

为了实现中华民族伟大复兴，中国共产党团结带领中国人民，自信自强、守正创新，统揽伟大斗争、伟大工程、伟大事业、伟大梦想，创造了新时代中国特色社会主义的伟大成就。党的十八大以来，中国特色社会主义进入新时代，我们坚持和加强党的全面领导，统筹推进“五位一体”总体布局、协调推进“四个全面”战略布局，坚持和完善中国特色社会主义制度、推进国家治理体系和治理能力现代化，坚持依规治党、形成比较完善的党内法规体系，战胜一系列重大风险挑战，实现第一个百年奋斗目标，明确实现第二个百年奋斗目标的战略安排，党和国家事业取得历史性成就、发生历史性变革，为实现中华民族伟大复兴提供了更为完善的制度保证、更为坚实的物质基础、更为主动的精神力量。中国共产党和中国人民以英勇顽强的奋斗向世界庄严宣告，中华民族迎来了从站起来、富起来到强起来的伟大飞跃，实现中华民族伟大复兴进入了不可逆转的历史进程。

100年来，中国共产党团结带领中国人民，以“为有牺牲多壮志，敢教日月换新天”的大无畏气概，书写了中华民族几千年历史上最恢宏的史诗。这一百年来开辟的伟大道路、创造的伟大事业、取得的伟大成就，必将载入中华民族发展史册、人类文明发展史册！

相关链接：

中国共产党百年述职报告

三、从百年党史看中国共产党的独特优势

立志于中华民族千秋伟业的中国共产党，从一个最初只有50多名党员的小党，历经百年岁月风雨洗礼，百炼成钢，发展成为马克思主义的、成熟而坚强有力的世界第一大党，并团结带领全国各族人民勠力同心，成就了彪炳史册的不朽功勋，创造了世人瞩目的“中国奇迹”。我们党之所以取得这样伟大的成就，绝不是偶然的，是由中国共产党的自身性质及其独特的理论优势、政治优势、密切联系群众的优势、组织优势、制度优势和勇于自我革命的优势所决定的。百年来，这些独特优势始终引领和推动党的各项事业向前发展。

（一）坚持理论强党，是我们党始终高举旗帜、坚定方向的重要法宝

政党的指导思想表现为体系化的信念与理论，它是凝聚全党共识、指引全党

前进方向的旗帜。正如毛泽东所指出的：“主义譬如一面旗子，旗子立起了，大家才有所指望，才知所趋赴。”科学理论指导是先进政党的鲜明特征，是其不断成长壮大的思想基础。百年来，中国共产党始终重视理论指导和勇于进行理论创新，在领导中国革命、建设和改革的长期实践中，始终坚持把马克思主义基本原理同中国具体实际和时代特征相结合，不断推进马克思主义中国化，开辟马克思主义发展新境界。

马克思主义是历史的选择、人民的选择。在中华民族积贫积弱、任人宰割的时期，改良主义、自由主义、社会达尔文主义、无政府主义、实用主义、民粹主义、工团主义等各种主义和思潮“你方唱罢我登场”，但都没能解决中国的前途和命运问题。十月革命一声炮响，给中国送来了马克思列宁主义。中国先进分子从马克思列宁主义的科学真理中看到了解决中国问题的出路，中国共产党应运而生。可以说，中国共产党自成立之日起，就是一个用马克思主义武装起来的政党，马克思主义是共产党人理想信念的灵魂。

中国共产党成立后不久，就创办了人民出版社，广泛传播马克思主义理论。1922 年 6 月 30 日，陈独秀向共产国际报告人民出版社印行“马克思全书”2 种、“列宁全书”5 种、“康民尼斯特丛书”5 种。图为中国共产党第一次全国代表大会纪念馆展出的其中 11 种图书。

时代是思想之母，实践是理论之源。我们党坚持推进马克思主义中国化时代化大众化。在新民主主义革命时期，形成了被实践证明了的关于中国革命和建设的正确的理论原则和经验总结，这就是毛泽东思想。在党的十一届三中全会以后，形成了被实践证明了的关于在中国建设、巩固、发展社会主义的正确的理论原则和经验总结，这就是邓小平理论、“三个代表”重要思想、科学发展观。党的十八大以来，以习近平同志为主要代表的中国共产党人，顺应时代发展，从理论和实践结合上系统回答了新时代坚持和发展什么样的中国特色社会主义、怎样坚持和发展中国特色社会主义这个重大时代课题，创立了习近平新时代中国特色社会主义思想。这是我们国家政治生活和社会生活的根本指针，是当代中国马克思主义、21 世纪马克思主义，是新时代中国共产党的思想旗帜和最大思想优势。

坚持以马克思主义为指导，使中国共产党有了“定盘星”。100 年来，中国革命、建设与改革不是一帆风顺的，而是遭遇了各种风风雨雨。风浪来袭之时，中国共产党之所以能够做到沿着正确方向破浪前进，正是因为我们始终对马克思主义保持坚定信心、对社会主义保持必胜信念，在科学理论指引下，探索走出一条符合中国国情的革命、建设与改革之路。

新时代坚持和发挥党的理论优势，需要胸怀两个大局，立足中国、放眼世界，深刻认识马克思主义的时代意义和现实意义；需要用习近平新时代中国特色社会主义思想武装头脑、指导实践、推动工作，不断提高运用科学理论指导我们应对重大挑战、抵御重大风险、克服重大阻力、解决重大矛盾的能力；需要坚定马克思主义信仰和共产主义理想，不断提高全党特别是领导干部的理论思维能力和思想政治水平。

（二）坚定革命理想，是我们党始终做到初心如磐、使命在肩的政治优势

中国共产党较之其他政党的独特政治优势，在于其拥有崇高和明确的理想信念，以及保障理想和目标实现的政治定力、责任担当和铁的纪律。

中国共产党的理想信念，就是对马克思主义的信仰，对社会主义和共产主义的信念；是共产主义远大理想和中国特色社会主义共同理想的统一，是最高纲领和基本纲领的统一。中国共产党在最高理想和最高纲领的指引下，提出了党在各个历史阶段的具体行动纲领和目标，引领中国社会不断向前发展，并以巨大的政治定力和强烈的责任担当，将理想信念深深地写在中国大地和中华民族伟大复兴进程之中。

中国共产党的这种巨大政治优势不是凭空取得的，而是在长期奋斗过程中形成和发展的。与以往中国其他政党不同的是，中国共产党一经成立便旗帜鲜明地以马克思主义作为自己的指导思想，并将为社会主义和共产主义而奋斗确定为自己的纲领。毛泽东说："共产党人决不抛弃其社会主义和共产主义的理想，他们将经过资产阶级民主革命的阶段而达到社会主义和共产主义的阶段。"邓小平指出："我们全国人民有共同的根本利益和崇高理想，即建设和发展社会主义，并在最后实现共产主义。"党的十八大以来，以习近平同志为核心的党中央在推进党的建设、全面从严治党的过程中高度重视从理想信念上建党。习近平总书记指出："对马克思主义的信仰，对社会主义和共产主义的信念，是共产党人的政治灵魂，是共产党人经受住任何考验的精神支柱。"党的十九大报告把坚定理想信念作为党的思想建设的首要任务，提出要教育引导全党牢记党的宗旨，挺起共产党人的精神脊梁。

党的百年历史和实践充分证明，坚定理想信念是激励中国共产党人不断奋力前行的精神动力，是中国共产党人的精神支柱和政治灵魂，是我们取得革命、建设和改革伟大胜利的力量源泉。继续走好新时代的长征路，在百年未有之大变局中把准航向，更需要共产党人坚守精神家园，补足精神之钙，在更高的政治站位中充分发挥党的巨大政治优势，矢志拼搏奋斗。同时，要把严明纪律作为实现理想的重要保障，把遵守政治纪律和政治规矩摆在首要位置，强化对党

的政治认同、思想认同、情感认同，为党的各项纪律的执行奠定坚实思想和政治基础。

（三）密切联系群众，是我们党的最大优势

习近平总书记指出："密切联系群众是我们党的最大优势。我们任何时候都不能削弱和丢掉这个优势，否则党的一切工作都会成为无源之水、无本之木，就会招致挫折和失败。"无论是在革命、建设还是改革年代，我们党之所以能成为领导核心，关键在于我们党坚持了群众路线，始终保持与人民的血肉联系。我们党所取得的一切成就，都是与密切联系群众分不开的。

建党初期，我们党就明确提出党的任务是为中国广大人民的利益而奋斗，进行革命活动要发动群众，依靠群众。土地革命战争时期，革命根据地的党政组织和党员干部领导群众打土豪、分田地，为群众修桥、筑路、打井、办教育，充分依靠群众开展工作，给群众带来了切实利益。抗战时期，党在领导军民抗日的同时，实行减租减息，扶助农民，发展经济，保障供给，减轻人民负担。解放战争时期，党领导人民在解放区进行大规模土地改革，实行耕者有其田的土地制度，使人民群众真正成为土地的主人。新中国成立后，党领导人民进行社会主义革命、建设与改革的过程中，继续注重发扬密切联系群众的优良作风，坚持走群众路线。党的十八大以来，党中央从整治"四风"入手，推动广大党员干部深入实际、深入群众，直面和解决关乎群众切身利益的问题，得到人民群众的广泛认同。

当前，我国社会主要矛盾已经转化为人民日益增长的美好生活需要和不平衡不充分的发展之间的矛盾。我们党必须继续保持优良作风，发挥密切联系群众的优势，坚持以人民为中心的发展思想，把党的群众路线贯彻到治国理政全部活动之中，依靠人民创造历史伟业；建立健全为人民执政、靠人民执政各项制度，着力防范脱离群众的危险。

（四）坚持严密组织体系和强化组织力量，是我们党不断从胜利走向胜利的组织保障

党的组织优势集中体现在我们有正确的组织路线、严密的组织体系以及高素质、敢担当、作表率的庞大党员干部群体。

正确的组织路线是发挥组织优势的根本保证。100年来，党在推进革命、建设、改革的壮阔历史进程中，不断深化对党的组织路线的认识，逐步形成了一条与政治路线、思想路线、群众路线相适应的组织路线。党的组织路线不是静态的，而是与时俱进、创新发展的科学体系。毛泽东作出了"政治路线确定之后，干部就是决定的因素"的重要论断。邓小平指出，"这个问题解决不了，我们见

不了马克思”。习近平总书记提出新时代党的组织路线，即“全面贯彻新时代中国特色社会主义思想，以组织体系建设为重点，着力培养忠诚干净担当的高素质干部，着力集聚爱国奉献的各方面优秀人才，坚持德才兼备、以德为先、任人唯贤，为坚持和加强党的全面领导、坚持和发展中国特色社会主义提供坚强组织保证”。这些论断凝聚着我们党对不同时代命题的深刻把握、对不同阶段任务的深邃思考。百年来的实践表明，党的组织路线为加强党的组织建设提供了科学遵循，为增强党的创造力、凝聚力、战斗力提供了重要保证。

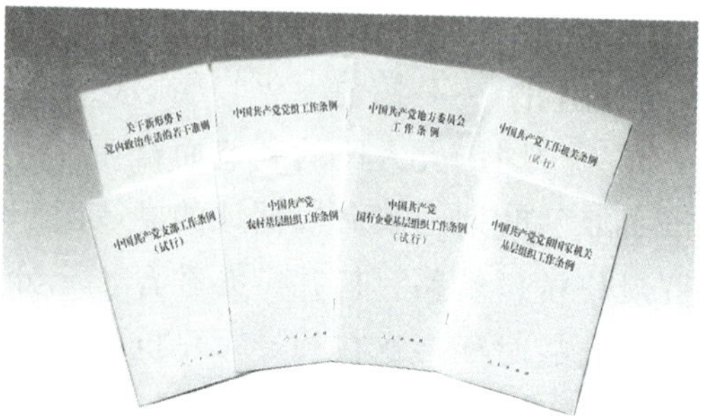

图为党的十八大以来，制定和修订的关于组织建设方面的部分党内法规。

严密的组织体系和重视组织建设是中国共产党发挥独特组织优势的关键。中国共产党自诞生之日起，便按照马克思主义建党原则，不断优化组织结构，形成了强大的组织动员力和执行力。党的十八大以来，以习近平同志为核心的党中央多次强调，要抓好党的组织体系建设。经过 100 年的建设和发展，中国共产党从初创时的 50 多名党员发展为拥有 9514.8 万名党员，3199 个地方党委，14.7 万个党组、工委，486.4 万个基层党组织的强有力的严密组织。习近平总书记指出：“这是世界上任何其他政党都不具有的强大优势。”

高素质、敢担当、作表率的庞大干部和党员群体是中国共产党发挥独特组织优势的力量所在。在革命和建设时期，我们党就提出五湖四海、德才兼备、任人唯贤等要求，坚决反对山头主义、团团伙伙、任人唯亲。改革开放以来，特别是党的十八大以来，我们党在培养选拔使用干部方面不断探索，相关制度日益完善。习近平总书记提出“信念坚定、为民服务、勤政务实、敢于担当、清正廉洁”的好干部标准，特别强调干部要忠诚干净担当。实现中华民族伟大复兴需要高素质、能够担当重任、经得起风浪考验的干部队伍。要始终注重把那些政治坚定、有真才实学、实绩突出、群众公认、德才兼备的干部及时发现出来、合理使用起来，只有这样才能始终保证党的事业后继有人。

（五）坚持制度治党、依规治党，是全面从严治党的长远之策、根本之策

制度事关根本，关乎长远。我们党的制度优势集中体现在民主集中制以及党的制度体系上。充分发挥党的制度优势，最重要的就是坚持民主基础上的集中和集中指导下的民主相结合，不断巩固党的团结统一和增强党的创造活力，从制度上保持和发展党的先进性和纯洁性。

民主集中制是我们党的最大制度优势，是增强党的团结和统一，确保全党步

调一致向前进的关键所在。作为我们党的根本组织制度和领导制度，民主集中制是正确规范党内政治生活、处理党内关系的基本准则，是反映、体现全党同志和全国人民利益与愿望，保证党的路线方针政策正确制定和执行的科学的合理的有效率的制度。我们党从成立之初，就强调全党服从中央，并把它作为维护党中央权威和集中统一领导的基本规定。1927 年 6 月中共五大党章开始将民主集中制确立为“党的指导原则”。党的七大把“四个服从”作为民主集中制的基本要求写入党章，并强调“四个服从”最根本的是全党服从中央。改革开放以来，我们党始终把民主集中制作为党的制度建设的重点，以民主集中制为核心，着力完善党的制度建设的各项具体制度，逐步恢复、实现党的制度的民主化、科学化、程序化。

完善的制度体系是发挥党的制度优势的根本保障。中国共产党从一开始就非常注重党内法规制度建设，力图通过党内法规制度建设来规范党组织的工作、活动及党员的行为。1978 年 12 月，邓小平在中央工作会议上重申：“国要有国法，党要有党规党法。党章是最根本的党规党法。没有党规党法，国法就很难保障。”适应不同历史时期形势任务的发展，我们党科学谋划、统筹布局，制定颁布了一系列党内法规。党的十八大以来，以习近平同志为核心的党中央站在战略和全局的高度，把加强党内法规制度建设作为全面从严治党的长远之策、根本之策，坚持依法治国与制度治党、依规治党统筹推进、一体建设，逐步形成以党章为根本，以民主集中制为核心，以准则、条例等为主干的党内法规制度体系。

（六）勇于自我革命，把党建设得更加坚强有力，是中国共产党永远年轻的根本秘诀

勇于自我革命是中国共产党作为马克思主义政党区别于其他政党的显著标志。习近平总书记指出：“勇于自我革命，是我们党最鲜明的品格。”100 年来，党勇于推进自我革命，确保了党始终走在时代前列，成为中国革命、建设和改革的坚强领导力量。

百年中国共产党发展壮大的历史，就是坚持不懈地把党的自我革命进行到底的历史，特别是在许多重要历史关头勇于自我纠错，制定正确路线，使我们党由小到大，由弱变强，走到今天。第一次国内革命战争失败后，党的八七会议及时制定出继续进行革命斗争的新方针，为中国革命斗争指明了方向。遵义会议确立了以毛泽东同志为主要代表的马克思主义正确路线在中共中央的领导地位，成为党的历史上一个生死攸关的转折点。延安整风运动从思想和作风上自我革命净化党的队伍，实现了全党思想和政治上的团结统一，提升了党的战斗力，为抗日战争的胜利和新民主主义在全国的胜利奠定了重要思想政治基础。党的七届二中全会提出“两个务必”，务必使同志们继续地保持谦虚、谨慎、不骄、不躁的作

风，务必使同志们继续地保持艰苦奋斗的作风，要求全党继续推进自我革命。党的十一届三中全会以来，我们党重新确立实事求是的思想路线，实现了伟大的历史转折，为新时期改革开放提供了政治保证。党的十八大以来，以习近平同志为核心的党中央以刀刃向内的自我革命精神，坚持全面从严治党，大力消除思想不纯、政治不纯、组织不纯、作风不纯等突出问题，夺取了反腐败斗争的压倒性胜利。习近平总书记告诫全党："越是长期执政，越不能丢掉马克思主义政党的本色，越不能忘记党的初心和使命，越不能丧失自我革命精神。"新时代在全党相继开展党的群众路线教育实践活动、"三严三实"专题教育、"两学一做"学习教育、"不忘初心、牢记使命"主题教育等，当前，正在开展党史学习教育。所有这些，都是着眼长远，以正视问题的勇气和刀刃向内的自觉，推进党的自我革命，打扫政治灰尘，激发全党革命精神和斗志。

在推进伟大社会革命，全面建设社会主义现代化国家的新征程上，必须继续深入推进自我革命，以坚定的决心和顽强的毅力加强党的建设，把党建设成为始终走在时代前列、人民衷心拥护、勇于自我革命、经得起各种风浪考验、朝气蓬勃、永远打不倒压不垮的马克思主义执政党。

四、以史为鉴、开创未来，在新征程上继续奋勇前进

初心易得，始终难守。以史为鉴，可以知兴替。我们要用历史映照现实、远观未来，从中国共产党的百年奋斗中看清楚过去我们为什么能够成功、弄明白未来我们怎样才能继续成功，从而在建设社会主义现代化国家的新征程上更加坚定、更加自觉地牢记初心使命、开创美好未来。

（一）以史为鉴、开创未来，必须坚持中国共产党坚强领导

办好中国的事情，关键在党。中华民族近代以来 180 多年的历史、中国共产党成立以来 100 年的历史、中华人民共和国成立以来 70 多年的历史都充分证明，没有中国共产党，就没有新中国，就没有中华民族伟大复兴。历史和人民选择了中国共产党。中国共产党领导是中国特色社会主义最本质的特征，是中国特色社会主义制度的最大优势，是党和国家的根本所在、命脉所在，是全国各族人民的利益所系、命运所系。

新的征程上，我们必须坚持党的全面领导，不断完善党的领导，增强"四个意识"、坚定"四个自信"、做到"两个维护"，牢记"国之大者"，不断提高党科学执政、民主执政、依法执政水平，充分发挥党总揽全局、协调各方的领导核心作用。

（二）以史为鉴、开创未来，必须团结带领中国人民不断为美好生活而奋斗

江山就是人民、人民就是江山，打江山、守江山，守的是人民的心。中国共产党根基在人民、血脉在人民、力量在人民。中国共产党始终代表最广大人民根本利益，与人民休戚与共、生死相依，没有任何自己特殊的利益，从来不代表任何利益集团、任何权势团体、任何特权阶层的利益。任何想把中国共产党同中国人民分割开来、对立起来的企图，都是绝不会得逞的。9500多万中国共产党人不答应，14亿多中国人民也不答应。

新的征程上，我们必须紧紧依靠人民创造历史，坚持全心全意为人民服务的根本宗旨，站稳人民立场，贯彻党的群众路线，尊重人民首创精神，践行以人民为中心的发展思想，发展全过程人民民主，维护社会公平正义，着力解决发展不平衡不充分问题和人民群众急难愁盼问题，推动人的全面发展、全体人民共同富裕取得更为明显的实质性进展。

（三）以史为鉴、开创未来，必须继续推进马克思主义中国化

马克思主义是我们立党立国的根本指导思想，是我们党的灵魂和旗帜。中国共产党坚持马克思主义基本原理，坚持实事求是，从中国实际出发，洞察时代大势，把握历史主动，进行艰辛探索，不断推进马克思主义中国化时代化，指导中国人民不断推进伟大社会革命。中国共产党为什么能，中国特色社会主义为什么好，归根到底是因为马克思主义行。

新的征程上，我们必须坚持马克思列宁主义、毛泽东思想、邓小平理论、“三个代表”重要思想、科学发展观，全面贯彻新时代中国特色社会主义思想，坚持把马克思主义基本原理同中国具体实际相结合、同中华优秀传统文化相结合，用马克思主义观察时代、把握时代、引领时代，继续发展当代中国马克思主义、21世纪马克思主义。

（四）以史为鉴、开创未来，必须坚持和发展中国特色社会主义

走自己的路，是党的全部理论和实践立足点，更是党百年奋斗得出的历史结论。中国特色社会主义是党和人民历经千辛万苦、付出巨大代价取得的根本成就，是实现中华民族伟大复兴的正确道路。我们坚持和发展中国特色社会主义，推动物质文明、政治文明、精神文明、社会文明、生态文明协调发展，创造了中国式现代化新道路，创造了人类文明新形态。

新的征程上，我们必须坚持党的基本理论、基本路线、基本方略，统筹推进“五位一体”总体布局、协调推进“四个全面”战略布局，全面深化改革开放，立足新发展阶段，完整、准确、全面贯彻新发展理念，构建新发展格局，推动高

质量发展，推进科技自立自强，保证人民当家作主，坚持依法治国，坚持社会主义核心价值体系，坚持在发展中保障和改善民生，坚持人与自然和谐共生，协同推进人民富裕、国家强盛、中国美丽。

中华民族拥有在5000多年历史演进中形成的灿烂文明，中国共产党拥有百年奋斗实践和70多年执政兴国经验，我们积极学习借鉴人类文明的一切有益成果，欢迎一切有益的建议和善意的批评，但我们绝不接受“教师爷”般颐指气使的说教。中国共产党和中国人民将在自己选择的道路上昂首阔步走下去，把中国发展进步的命运牢牢掌握在自己手中。

（五）以史为鉴、开创未来，必须加快国防和军队现代化

强国必须强军，军强才能国安。坚持党指挥枪、建设自己的人民军队，是党在血与火的斗争中得出的颠扑不破的真理。人民军队为党和人民建立了不朽功勋，是保卫红色江山、维护民族尊严的坚强柱石，也是维护地区和世界和平的强大力量。

2021年7月1日上午，庆祝中国共产党成立100周年大会在北京天安门广场隆重举行。图为我国自主研制的歼20双发重型隐身战斗机飞过天安门广场上空，向伟大的中国共产党百年华诞献礼。

新的征程上，我们必须全面贯彻新时代党的强军思想，贯彻新时代军事战略方针，坚持党对人民军队的绝对领导，坚持走中国特色强军之路，全面推进政治建军、改革强军、科技强军、人才强军、依法治军，把人民军队建设成为世界一流军队，以更强大的能力、更可靠的手段捍卫国家主权、安全、发展利益。

（六）以史为鉴、开创未来，必须不断推动构建人类命运共同体

和平、和睦、和谐是中华民族5000多年来一直追求和传承的理念，中华民族的血液中没有侵略他人、称王称霸的基因。中国共产党关注人类前途命运，同世界上一切进步力量携手前进，中国始终是世界和平的建设者、全球发展的贡献者、国际秩序的维护者。

新的征程上，我们必须高举和平、发展、合作、共赢旗帜，奉行独立自主的和平外交政策，坚持走和平发展道路，推动建设新型国际关系，推动构建人类命运共同体，推动共建“一带一路”高质量发展，以中国的新发展为世界提供新机遇。中国共产党将继续同一切爱好和平的国家和人民一道，弘扬和平、发展、公平、正义、民主、自由的全人类共同价值，坚持合作、不搞对抗，坚持开放、不

搞封闭，坚持互利共赢、不搞零和博弈，反对霸权主义和强权政治，推动历史车轮向着光明的目标前进。

中国人民是崇尚正义、不畏强暴的人民，中华民族是具有强烈民族自豪感和自信心的民族。中国人民从来没有欺负、压迫、奴役过其他国家人民，过去没有，现在没有，将来也不会有。同时，中国人民也绝不允许任何外来势力欺负、压迫、奴役我们，谁妄想这样干，必将在14亿多中国人民用血肉筑成的钢铁长城面前碰得头破血流。

（七）以史为鉴、开创未来，必须进行具有许多新的历史特点的伟大斗争

敢于斗争、敢于胜利，是中国共产党不可战胜的强大精神力量。实现伟大梦想就要顽强拼搏、不懈奋斗。今天，我们比历史上任何时期都更接近、更有信心和能力实现中华民族伟大复兴的目标，同时必须准备付出更为艰巨、更为艰苦的努力。

新的征程上，我们必须增强忧患意识、始终居安思危，贯彻总体国家安全观，统筹发展和安全，统筹中华民族伟大复兴战略全局和世界百年未有之大变局，深刻认识我国社会主要矛盾变化带来的新特征新要求，深刻认识错综复杂的国际环境带来的新矛盾新挑战，敢于斗争，善于斗争，逢山开道、遇水架桥，勇于战胜一切风险挑战。

（八）以史为鉴、开创未来，必须加强中华儿女大团结

在百年奋斗历程中，中国共产党始终把统一战线摆在重要位置，不断巩固和发展最广泛的统一战线，团结一切可以团结的力量、调动一切可以调动的积极因素，最大限度凝聚起共同奋斗的力量。爱国统一战线是中国共产党团结海内外全体中华儿女实现中华民族伟大复兴的重要法宝。

新的征程上，我们必须坚持大团结大联合，坚持一致性和多样性统一，加强思想政治引领，广泛凝聚共识，广聚天下英才，努力寻求最大公约数、画出最大同心圆，形成海内外全体中华儿女心往一处想、劲往一处使的生动局面，汇聚起实现民族复兴的磅礴力量。

（九）以史为鉴、开创未来，必须不断推进党的建设新的伟大工程

勇于自我革命是中国共产党区别于其他政党的显著标志。我们党历经千锤百炼而朝气蓬勃，一个很重要的原因就是我们始终坚持党要管党、全面从严治党，不断应对好自身在各个历史时期面临的风险考验，确保我们党在世界形势深刻变化的历史进程中始终走在时代前列，在应对国内外各种风险挑战的历史进程中始终成为全国人民的主心骨。

新的征程上，我们要牢记打铁必须自身硬的道理，增强全面从严治党永远在路上的政治自觉，以党的政治建设为统领，继续推进新时代党的建设新的伟大工程，不断严密党的组织体系，着力建设德才兼备的高素质干部队伍，坚定不移推进党风廉政建设和反腐败斗争，坚决清除一切损害党的先进性和纯洁性的因素，清除一切侵蚀党的健康肌体的病毒，确保党不变质、不变色、不变味，确保党在新时代坚持和发展中国特色社会主义的历史进程中始终成为坚强领导核心。

相关链接：

征途漫漫，惟有奋斗

五、争做堪当民族复兴重任的时代新人

一部中国共产党党史，也是一部中国青年在党领导下前赴后继、顽强拼搏的斗争史和奋进史。

中国青年是有远大理想抱负、深厚家国情怀、伟大创造力的青年，无论过去、现在还是未来，始终是实现中华民族伟大复兴的先锋力量。

站在“两个一百年”奋斗目标的历史交汇点，我们比以往任何时候都更需要朝气蓬勃的状态和青春洋溢的力量。

青春不仅是意气风发的韶华时光，更意味着一种人生境界、一种生命价值、一种精神状态。青春的意义，在于生机、希望和未来，永远朝气蓬勃，始终一往无前。

在100年的发展历程中，中国共产党始终怀有赤子之心、青春活力，因而能够从小到大、由弱到强，越过急流险滩，穿过惊涛骇浪，从一艘小小红船成为领航中国行稳致远的巍巍巨轮。中国共产党自建党之日起，就与中国青年相伴，青年始终与党同行。某种意义上，一部中国共产党党史，也是一部中国青年在党领导下前赴后继、顽强拼搏的斗争史和奋进史，是一首伟大的“青春之歌”。

在这波澜壮阔的历史画卷中，我们感受青春的脉搏，体悟青年的律动，会发现两个同向而行的进程：一方面是“党爱青年”，党为了青年更好更快成长不遗余力地搭建平台、创造舞台，让每个青年都能分享时代的机遇，梦想成真、人生出彩。习近平总书记深刻指出：“党的队伍中始终活跃着怀抱崇高理想、充满奋斗精神的青年人，这是我们党历经百年风雨而始终充满生机活力的一个重要原因。”2017年4月，中共中央、国务院印发了《中长期青年发展规划（2016—

2025 年)》，这是新中国历史上首个青年发展规划，充分体现了中国共产党对中华民族长远发展的高度责任感和强烈使命感。

另一方面是“青年爱党”，广大青年对党坚定追随，党取得的所有成就无不凝聚着青年的热情和奉献。100 年来，中国青年满怀对祖国和人民的赤诚之心，积极投身党领导的革命、建设、改革伟大事业，为人民战斗、为祖国献身、为幸福生活奋斗，把最美好的青春献给祖国和人民。实践充分证明，中国青年是有远大理想抱负、深厚家国情怀、伟大创造力的青年，无论过去、现在还是未来，始终是实现中华民族伟大复兴的先锋力量。

中华民族伟大复兴的道路，既宏伟壮丽又艰难曲折，不可能是一朝一夕、一蹴而就的事情。习近平总书记强调：“一代人有一代人的长征，一代人有一代人的担当。建成社会主义现代化强国，实现中华民族伟大复兴，是一场接力跑。”这一阐述本身不仅表达了中华民族伟大复兴的重要性、连续性和艰巨性，更突出强调了这一伟大梦想所具有的发展性、进步性和超越性。站在“两个一百年”奋斗目标的历史交汇点，我们比以往任何时候都更需要朝气蓬勃的状态和青春洋溢的力量。新时代中国青年的使命，就是在中国共产党领导下，同人民一道，为实现第二个百年奋斗目标、实现中华民族伟大复兴的中国梦而奋斗。

拓展阅读

“百年恰是风华正茂”
——庆祝中国共产党成立 100 周年

2020 年是新中国历史上极为不寻常的一年，每一个中国人都会铭刻下永难忘却的记忆。面对严峻复杂的国际形势、艰巨繁重的国内改革发展稳定任务，特别是新冠肺炎疫情的严重冲击，以习近平同志为核心的党中央保持战略定力，准确判断形势，精心谋划部署，果断采取行动，付出艰苦努力，交出了一份人民满意、世界瞩目、可以载入史册的答卷。在这一年，党的十九届五中全会描绘了 2035 年远景目标和“十四五”时期我国经济社会发展的指导方针、发展目标、重大战略和重要任务，为在全面建成小康社会之后，开启全面建设社会主义现代化国家新征程展现了一幅更加美好的画卷。

2021 年是中国共产党成立 100 周年，也是“十四五”开局之年，必将在中国历史上留下浓墨重彩的标注。开启历史新征程，朝着第二个百年奋斗目标进军，这是建党百年来前所未有的重要关口。站在“两个一百年”奋斗目标的历史交汇点上，既要充满信心，也要居安思危。要胸怀中华民族伟大复兴战略全局和世界百年未有之大变局，牢牢把握“国之大者”，锚定党中央擘画的宏伟蓝图，观大势、谋全局、抓大事，坚持底线思维，保持战略定力，勇于担当作为，增强斗争精神，认真做好各项工作，以优异成绩庆祝中国共产党成立100周年。

百年大党：“大就要有大的样子”

“百年征程波澜壮阔，百年初心历久弥坚。”2017年10月25日，再次当选中共中央总书记的习近平同志在同中外记者见面时说：“中国共产党立志于中华民族千秋伟业，百年恰是风华正茂！”走得再远都不能忘记来时的路，站在百年华诞的重要节点上，更要回顾我们党百年来的奋斗历程，彰显党的力量。

1945年4月21日，在党的七大预备会议上，毛泽东同志谈到中国共产党的成立时说：“我们中国《庄子》上有句话说：‘其作始也简，其将毕也必巨。’”在后来的一次演说中，他又一次提到这句话，并做了解释说：“这可以用来说明是有生命力的东西，有生命力的国家，有生命力的人民群众，有生命力的政党。”2017年10月31日，党的十九大闭幕仅一周，习近平总书记就率领中央政治局常委会全体同志，专程前往上海和浙江嘉兴瞻仰中共一大会址和嘉兴南湖红船。习近平总书记指出，“其作始也简，其将毕也必巨”，“唯有不忘初心，方可告慰历史、告慰先辈，方可赢得民心、赢得时代，方可善作善成、一往无前。”“其作始也简，其将毕也必巨。”我们党的两位领袖同时提到的这段话，短短十余字，言简意赅地展现出中国共产党充满旺盛生命力，不断发展壮大的辉煌图景。

历史不会忘记，我们党领导人民经过28年浴血奋战，推翻压在中国人民头上的帝国主义、封建主义、官僚资本主义三座大山，建立了中华人民共和国，实现了民族独立、人民解放，实现了中国从几千年封建专制制度向人民民主制度的伟大跨越，在艰难困苦当中为中华民族踏出了一条新生的道路，中华民族从此开启了发展进步的新纪元。毛泽东同志在中国人民政治协商会议第一届全体会议上说了一段令人永远难忘的话：“我们有一个共同的感觉，这就是我们的工作将写在人类的历史上，它将表明：占人类总数四分之一的中国人从此站立起来了。”参会的人有穿工装的，穿长袍的，穿短衫的，穿西装的，穿军装的，戴瓜皮帽的；有说汉语的，说英语的，说客家话的，说蒙语的，说藏语的，社会学家费孝通回忆说，“这些一看就知道是身份不同的人物，能够聚在一起开会，讨论建国大事，对我来说真是平生第一次遇到。”中国共产党带领人民建设的正是“一个崭新的强盛的名副其实的人民共和国”。

历史不会忘记，我们党带领全国各族人民完成了新民主主义革命，进行了社会主义改造，确立了社会主义基本制度，这是中国人民在前进道路上经历的一次历史性巨大变化，为当代中国一切发展进步奠定了根本政治前提和制度基础，为中国发展富强、人民生活富裕奠定了坚实基础。中华人民共和国成立初期，面对“一辆汽车、一架飞机、一辆坦克、一辆拖拉机都不能造”的现实，毛泽东同志豪迈地指出：“一张白纸，没有负担，好写最新最美的文字，好画最新最美的画图。”中国共产党带领全国人民在富有无限可能的白纸上，描绘着社会主义建设的宏伟蓝图，庄严告诉世界：“谁说鸡毛不能上天”。

历史不会忘记，我们党团结带领中国人民进行改革开放新的伟大革命，极大地激发了广大人民群众的创造性，极大地解放和发展了社会生产力，极大地增强了社会发展活力，人民生活显著改善，综合国力显著增强，国际地位显著提高。成功实现从高度集中的计划经济体制到充满活力的社会主义市场经济体制、从封闭半封闭到全方位开放的伟大历史转折，我们党引领人民绘就了一幅波澜壮阔、气势恢宏的历史画卷，谱写了一曲感天动地、气壮山河的奋斗赞歌……正如习近平总书记所强调的：“改革开放极大改变了中国的面貌、中华民族的面貌、中国人民的面貌、中国共产党的面貌。”“我们用几十年时间走完了发达国家几百年走过的工业化历程。在中国人民手中，不可能成为了可能。”

历史不会忘记，以习近平同志为核心的党中央坚持统筹推进“五位一体”总体布局、协调推进“四个全面”战略布局，推动党和国家事业发生历史性变革、取得历史性成就，国内生产总值跃居世界第二，实现了从温饱不足到总体小康再向全面小康迈进的历史性跨越，中华民族伟大复兴展现出前所未有的光明前景，中国特色社会主义进入了新时代。今天的中国，信息畅通，公路成网，铁路密布，高坝矗立，西气东输，南水北调，高铁飞驰，航母巡航，“北斗”成网，“嫦娥”揽月，“奋斗”深潜……正如习近平总书记所指出的：“这个新时代，是承前启后、继往开来、在新的历史条件下继续夺取中国特色社会主义伟大胜利的时代，是决胜全面建成小康社会、进而全面建设社会主义现代化强国的时代，是全国各族人民团结奋斗、不断创造美好生活、逐步实现全体人民共同富裕的时代，是全体中华儿女勠力同心、奋力实现中华民族伟大复兴中国梦的时代，是我国日益走近世界舞台中央、不断为人类作出更大贡献的时代。”

翻开风云激荡的红色篇章，100年来，在带领全国各族人民前仆后继、顽强奋斗，不断夺取革命、建设、改革的重大胜利的进程中，我们党尝尽了艰难困苦，却初心不改，矢志奋斗，勇毅前行。古今中外，很少有像中国共产党一样的政治集团，可以为了实现伟大的目标愿意付出一切。无论是弱小还是强大，无论是顺境还是逆境，我们党都矢志不渝，团结带领人民以“敢教日月换新天”的豪情壮志，无畏彻底的革命精神，攻克了一个又一个看似不可攻克的难关，创造了一个又一个彪炳史册的人间奇迹。

习近平总书记强调：“中国共产党是世界上最大的政党。大就要有大的样子。”这“大的样子”，来自中国共产党在百年奋斗中对初心的坚守、对使命的担当。用马克思主义武装起来的中国共产党，将自己的命运与国家、民族和亿万人民的命运紧密联系在一起，始终与人民同呼吸、共命运、心连心，始终把人民对美好生活的向往作为奋斗目标，在接续奋斗中，以“咬定青山不放松”的坚韧，朝着建设中国特色社会主义现代化强国的宏伟目标奋勇前进。

百年变局：“世界怎么了、我们怎么办”

1919年，一战后巴黎和会的所谓“万国”代表仅来自27国；今天，联合国会员国已达193个。2018年，新兴市场和发展中国家占世界经济总量约40%，对世界经济增长贡献约80%；十年后，经济总量将达世界总量一半。到2050年，全球人口将达约100亿，其中85亿将属于目前的新兴市场和发展中国家。这三组数据折射出百年维度下世界之变。

“当今世界正处于百年未有之大变局。”习近平总书记这一重大论断，深刻揭示了世界新的时代特征。基于对世界大势的敏锐洞察和深刻分析，习近平总书记深刻阐述了大变局的基本内涵，回应了“世界怎么了、我们怎么办”的时代之问，为我们分析世界形势变化，认清我国发展历史方位，在变化中把握战略机遇，谋划和推进各项工作提供了根本指引。

大变局意味着重大调整。世界正经历百年未有之大变局，核心是一个“变”字，本质在于世界秩序重塑，人类社会发展又一次站在了十字路口。一方面，当前国际格局和国际体系正在发生深刻调整，全球治理体系正在发生深刻变革，国际力量对比正在发生急剧变化。新一轮科技革命和产业变革正在重塑世界，新兴市场国家和发展中国家国际影响力不断增强，全球治理的话语权越来越向发展中国家倾斜，全球治理体系越来越向着更加公正合理的方向发展。另一方面，百年未有之大变局下，也面临前所未有的不确定性。新冠肺炎疫情全球大流行使这个大变局加速演进，经济全球化遭遇逆流，保护主义、单边主义上升，世界经济低迷，国际贸易和投资大幅萎缩，国际经济、政治、文化、安全等格局都在发生深刻调整，世界进入动荡变革期。可以说，世界多极格局在大国博弈中日渐显现，国际体系在各种制度、体制、机制的不断蜕变中正呈现出新的面貌。

大变局蕴含着重大机遇。变局同时蕴含机遇与挑战，我们应抓住机遇，应对挑战，推动变局向有利的方向发展。面对世界百年未有之大变局，中国始终高举和平、发展、合作、共赢旗帜，推动构建新型国际关系，推动构建人类命运共同体，在稳定大国关系方面，发挥了中流砥柱的作用。特别是中国成为疫情发生以来第一个恢复增长的主要经济体，也是2020年全球唯一实现正增长的主要经济体，在疫情防控和经济恢复上都走在世界前列。大变局之下，中国这艘巨轮的航向和速度关乎世界。“世界好，中国才能好；中国好，世界才更好”在当下愈发具有现实意义。正如习近平总书记所指出的：“当今世界正处于大发展大变革大调整时期，我们要具备战略眼光，树立全球视野，既要有风险忧患意识，又要有历史机遇意识，努力在这场百年未有之大变局中把握航向。”

大变局昭示着重大变革。构建人类命运共同体，是洞察世界大势、汲取历史经验的重大创见。《求是》杂志今年第1期刊登习近平总书记的重要文章《共同构建人类命运共同体》强调：坚持对话协商，建设一个持久和平的世界；坚持共建共享，建设一个普遍安全的世界；坚持合作共赢，建设一个共同繁荣的世界；坚持交流互鉴，建设一个开放包容的世界；坚持绿色低碳，建设一个清洁美丽的世界。从伙伴关系、安全格局、经济发展、文明交流、生态建设等方面指出国际社会要努力的方向，这深刻体现了中国将自身发展与世界发展相统一的全球视野、世界胸怀和大国担当。构建人类命运共同体，我们是这么说的，更是这么做的。中国始终是世界和平的建设者、全球发展的贡献者、国际秩序的维护者。推动构建人类命运共同体，中国是倡导者，更是负责任、有担当的实践者。中国将一如既往为世界和平安宁、共同发展、文明交流互鉴作贡献，共同推进构建人类命运共同体的伟大进程。

百年目标：“征途漫漫，惟有奋斗”

南京静海寺，明成祖朱棣为褒奖郑和下西洋之功而建。名字取意四海平静，天下太平。然而在1842年，清王朝代表被迫和英国侵略者在这里议定了中国近代史上第一个不平等条约《南京条约》。从此，中华民族蒙受了百余年的战火和灾难，山河破碎，生灵涂炭，中国人民遭遇了极大的痛苦和屈辱，苦难深重，命运多舛。

中华民族有5000多年的文明历史，创造了灿烂的中华文明，为人类作出了卓越贡献，成为世界上伟大的民族。面对近代以来空前严重的民族危机，我们不仅要求得民族独立和人民解放，还要实现国家富强和人民幸福，使中华民族重新巍然屹立于世界民族之林。这样的使命是光荣的，任务是艰巨的。正因为如此，实现中华民族伟大复兴，成为近代以来中国人民最伟大的梦想。

在近代中国历史舞台上，为了求得民族独立和人民解放，实现国家富强和人民幸福，各种政治力量轮番登场，各种主义思潮纷纷亮相。无数仁人志士不屈不挠、前仆后继，进行了可歌可泣的斗争和探索。多少轰轰烈烈，多少慷慨悲歌，多少热血洒神州，依然未能改变江山飘摇、神州陆沉的悲惨命运。毛泽东同志在深刻总结近代以来历史时感叹道：“在一个半殖民地的、半封建的、分裂的中国里，要想发展工业，建设国防，福利人民，求得国家的富强，多少年来多少人做过这种梦，但是一概幻灭了。许多好心的教育家、科学家和学生们，他们埋头于自己的工作或学习，不问政治，自以为可以所学为国家服务，结果也化成了梦，一概幻灭了。这是好消息，这种幼稚的梦的幻灭，正是中国富强的起点。”

“千淘万漉虽辛苦，吹尽狂沙始到金。”正当诸路皆走不通的时候，中国富强迎来了崭新的起点。十月革命一声炮响，给我们送来了马克思列宁主义。在中国人民反抗封建统治和外来侵略的激烈斗争中，在马克思列宁主义同中国工人运动的结合过程中，1921 年中国共产党应运而生。从此，中国共产党将自己的命运与国家、民族和亿万人民的命运紧密相连。没有哪个政党，能比中国共产党更懂中国的国情，更懂中华民族的渴望，更懂中国人民的呐喊，更能扛起复兴的使命。

在党的十九大胜利闭幕一周之际，习近平总书记带领中共中央政治局常委赴上海瞻仰中共一大会址、赴浙江嘉兴瞻仰南湖红船。习近平总书记深情地说：“上海党的一大会址、嘉兴南湖红船是我们党梦想起航的地方。”小小红船承载千钧，播下中国革命的火种，开启中国共产党的伟大航程。无论是弱小还是强大，无论是顺境还是逆境，引航中华民族伟大复兴这个近代以来最伟大的梦想，始终镌刻在“成为伟大中华民族的一部分而和这个民族血肉相联”的中国共产党人的初心和使命中。

100 年来，我们党团结带领人民前仆后继、顽强奋斗，把贫穷落后的旧中国变成日益走向繁荣富强的新中国，神州大地早已换了人间，近代以来久经磨难的中华民族迎来了从站起来、富起来到强起来的伟大飞跃，迎来了实现中华民族伟大复兴的光明前景。特别是党的十八大以来，经过 8 年持续奋斗，我国现行标准下农村贫困人口全部脱贫，贫困县全部摘帽，消除了绝对贫困和区域性整体贫困，近 1 亿贫困人口实现脱贫，取得了令全世界刮目相看的重大成就。延续几千年的绝对贫困问题在我们这一代人手中历史性地得到解决，全面建成小康社会胜利在望。中国人民挥写了一部惊天动地的壮丽史诗，无比自豪地向世界宣示——“今天，我们比历史上任何时期都更接近中华民族伟大复兴的目标，比历史上任何时期都更有信心、有能力实现这个目标。”

越接近目标，越考验耐力，越应拧紧发条。习近平总书记强调："一切伟大成就都是接续奋斗的结果，一切伟大事业都需要在继往开来中推进。"实现中华民族伟大复兴，是无比壮丽的崇高事业，需要一代又一代中国共产党人带领人民接续奋斗。今天，历史的接力棒传到了我们手里。历史和人民既赋予我们重任，也检验我们的行动。崇高信仰始终是我们党的强大精神支柱，人民群众始终是我们党的坚实执政基础。只要我们永不动摇信仰、永不脱离群众，我们就能无往而不胜。

成就是巨大的，而且必将变得越来越辉煌，而不变的是共产党人的初心使命。习近平总书记强调："百万雄师过大江能够气吞万里如虎，根本原因是我们党同人民一条心、军民团结如一人。""全党同志一定要永远与人民同呼吸、共命运、心连心，永远把人民对美好生活的向往作为奋斗目标，以永不懈怠的精神状态和一往无前的奋斗姿态，继续朝着实现中华民族伟大复兴的宏伟目标奋勇前进。"

1956 年，毛泽东同志提出："中国应当对于人类有较大的贡献。"1985 年，邓小平同志讲道："到下世纪中叶……社会主义中国的分量和作用就不同了，我们就可以对人类有较大的贡献。"2017 年，习近平总书记在十九届中央政治局常委同中外记者见面时的讲话中庄严宣布："同各国人民一道，积极推动构建人类命运共同体，不断为人类和平与发展的崇高事业作出新的更大的贡献。"

百年前，中国共产党打破了坚冰，今天，用火炬照亮征程。"征途漫漫，惟有奋斗。"一个生机盎然的社会主义中国已经巍然屹立在世界东方，14 亿中国人民正在中国特色社会主义伟大旗帜指引下满怀信心走向中华民族伟大复兴。

（资料来源：《红旗文稿》2021 年第 2 期）

阅读推荐

1. 曲青山：《中国共产党百年辉煌》，《光明日报》2021 年 2 月 3 日 11 版。

2. 顾海良：《中国共产党百年辉煌与中国现代化》，《人民日报》2021 年 4 月 22 日 09 版。

3.《百年大党，开放、包容、自信（百名外国政党政要看中共）》，《人民日报》2021 年 5 月 7 日 17 版。

思考题

1. 中国共产党为什么能够取得百年辉煌？
2. 为什么说中国共产党是历史和人民的正确选择？
3. 作为新时代青年应如何承担起民族复兴的历史重任？

专题

二

深入学习“四史”，坚守初心使命

2021年是“十四五”开局之年，也是我国在全面建成小康社会、实现第一个百年奋斗目标后，乘势而上全面开启建设社会主义现代化国家新征程，向第二个百年奋斗目标进军的关键节点。在庆祝中国共产党成立100周年的重大历史时刻，在全国范围内广泛深入开展包括党史、新中国史、改革开放史、社会主义发展史在内的“四史”学习教育，正当其时，适得其势。

习近平总书记在"不忘初心、牢记使命"主题教育总结大会上的讲话中明确指出，要把学习贯彻党的创新理论作为思想武装的重中之重，同学习马克思主义基本原理贯通起来，同学习党史、新中国史、改革开放史、社会主义发展史结合起来，同新时代我们进行伟大斗争、建设伟大工程、推进伟大事业、实现伟大梦想的丰富实践联系起来，在学懂弄通做实上下苦功夫，在解放思想中统一思想，在深化认识中提高认识，切实增强贯彻落实的思想自觉和行动自觉。

一、准确把握"四史"的主要内容及学习"四史"的现实意义

中国共产党在漫长的革命、建设和改革开放历史进程中，带领广大人民群众实现了从站起来、富起来到强起来的历史性飞跃。作为新时代中国特色社会主义建设的受益者，青年学子要牢记初心使命、勇担时代责任，要从学习好"四史"（党史、新中国史、改革开放史、社会主义发展史）做起。

（一）"四史"的主要内容

学习党史就是要学习中国共产党筚路蓝缕创业奋斗的历史、学习中国共产党不忘初心为民服务的历史。习近平总书记强调，党史是一部丰富生动的教科书，必须坚持实事求是研究和宣传党史。1921 年中国共产党成立，这一开天辟地的大事变，深刻改变了近代以来中华民族发展的方向和进程，深刻改变了中国人民和中华民族的前途和命运，深刻改变了世界发展的趋势和格局。党团结带领中国人民经过 28 年浴血奋战，完成新民主主义革命，建立了中华人民共和国，实现了中国从几千年封建专制政治向人民民主的伟大飞跃。党团结带领中国人民完成社会主义革命，确立社会主义基本制度，消灭一切剥削制度，推进了社会主义建设，实现了中华民族由不断衰落到根本扭转命运、持续走向繁荣富强的伟大飞跃。党团结带领中国人民进行改革开放新的伟大革命，开辟了中国特色社会主义道路，形成了中国特色社会主义理论体系，确立了中国特色社会主义制度，使中国赶上了时代，实现了中国人民从站起来、富起来到强起来的伟大飞跃。

相关链接：

中国共产党成立 100 周年艰辛历程

学习新中国史就是要学习中国共产党领导新中国建设的历史、学习中华民族焕发新活力的历史。1949 年 10 月 1 日，毛泽东同志向世界庄严宣告了中华人民共和国的成立，中国人民从此站起来了。这一伟大事件彻底改变了近代以来 100 多年中国积贫积弱、受人欺凌的悲惨命运，中华民族走上了实现伟大复兴的

壮阔道路。新中国成立后，全国各族人民同心同德、艰苦奋斗，取得了令世界刮目相看的伟大成就。今天，社会主义中国巍然屹立在世界东方，没有任何力量能够撼动我们伟大祖国的地位，没有任何力量能够阻挡中国人民和中华民族的前进步伐。

学习改革开放史就是要学习中国共产党推进社会主义制度不断完善的历史、学习中华民族富起来的历史。1978 年 12 月 18 日，党的十一届三中全会召开，实现新中国成立以来党的历史上具有深远意义的伟大转折，开启了改革开放和社会主义现代化的伟大征程。党作出实行改革开放的历史性决策，是基于对党和国家前途命运的深刻把握，是基于对社会主义革命和建设实践的深刻总结，是基于对时代潮流的深刻洞察，是基于对人民群众期盼和需要的深刻体悟。改革开放是我们党的一次伟大觉醒，正是这个伟大觉醒孕育了我们党从理论到实践的伟大创造。改革开放是中国人民和中华民族发展史上一次伟大革命，正是这个伟大革命推动了中国特色社会主义事业的伟大飞跃。

学习社会主义发展史就是要学习世界社会主义曲折发展的历史、学习中国特色社会主义道路开辟和发展的历史。道路问题是关系党的事业兴衰成败第一位的问题，道路就是党的生命。中国特色社会主义，是科学社会主义理论逻辑和中国社会发展历史逻辑的辩证统一，是根植于中国大地、反映中国人民意愿、适应中国和时代发展进步要求的科学社会主义，是加快推进社会主义现代化、实现中华民族伟大复兴的必由之路。

党史、新中国史、改革开放史、社会主义发展史，内容各有侧重，时间长短不一。但总的来说，学习“四史”就是要以党的领导为主线，学思践悟，将全党全国人民的思想和行动统一到实现中华民族伟大复兴的中国梦上来，统一到社会主义现代化强国建设上来。2020 年 6 月 27 日，习近平总书记在给复旦大学青年师生党员回信中提出，希望广大党员特别是青年党员认真学习马克思主义理论，结合学习党史、新中国史、改革开放史、社会主义发展史，进一步坚定理想信念，从而在奋发有为中践行初心使命，努力为实现“两个一百年”奋斗目标、实现中华民族伟大复兴的中国梦贡献智慧和力量。学习“四史”，要善于从中汲取养料，学习中国共产党人彻底革命的精神、独立自主的风骨、严字当头的禀赋、与时俱进的风貌、人类解放的情怀。“四史”呈现在人们眼前的是一幅幅共产主义者、人民大众为了人类彻底解放，为了中国人民的幸福，为了中华民族伟大复兴，而流血牺牲、勤恳劳作、艰苦创业、繁忙奔波、弄潮时代的壮丽画面；是经典作家卷卷传世的经典，是革命领袖和党的领导集体的篇篇重要文献，是决定党和国家命运的一份份党的会议的决定、决议、意见。假若我们掩卷而思，以先辈先贤为榜样而身体力行，我们就能悟到“四史”的智慧、精神，从而对马克思主义理论有一个崭新的认识。

（二）学习“四史”的现实意义

历史是最好的教科书。前事不忘，后事之师。“学史可以看成败、鉴得失、知兴替。”党的十八大以来，习近平总书记多次要求党员干部要学好党史、国史。2020年1月8日，在“不忘初心、牢记使命”主题教育总结大会上的讲话中，习近平总书记强调，“要把学习贯彻党的创新理论作为思想武装的重中之重，同学习马克思主义基本原理贯通起来，同学习党史、新中国史、改革开放史、社会主义发展史结合起来，同新时代我们进行伟大斗争、建设伟大工程、推进伟大事业、实现伟大梦想的丰富实践联系起来”。中国共产党立志于中华民族千秋伟业，百年恰似风华正茂。2021年，在中国共产党成立100周年之际，总结中国共产党100年来的历史经验，对广大党员进行“四史”教育，使这个世界上最大的政党永远保持先进性和纯洁性，永葆青春活力，具有特别的作用和意义。

在嘉兴南湖的一条小船上，中国共产党第一次全国代表大会胜利闭幕，庄严宣告了中国共产党的诞生。图为浙江嘉兴南湖。

历史是最好的营养剂。我们要不断地向历史学习，汲取历史智慧，总结历史经验和历史规律，以回答和解决在新的历史条件下党和国家发展面临的重大理论和现实问题。习近平总书记指出，“各级领导干部还要认真学习党史、国史，知史爱党，知史爱国。要了解我们党和国家事业的来龙去脉，汲取我们党和国家的历史经验，正确了解党和国家历史上的重大事件和重要人物。这对正确认识党情、国情十分必要，对开创未来也十分必要”。治国理政应该善于总结和学习历史经验，以历史为镜鉴。习近平总书记就善于在党的历史中总结提炼治国理政的思想和战略，新理念新思想新战略不是凭空产生的，而是通过总结我们党历史经验，不断升华提炼出来的。

历史是最好的清醒剂。历史不仅提供经验，还提供教训，可以使我们保持头脑清醒，吃一堑长一智，使我们不再重犯历史上曾经犯过的同类错误。习近平总书记指出，“历史总是向前发展的，我们总结和吸取历史教训，目的是以史为鉴、更好前进”。学好“四史”能够让我们在“历史性考试”中考出好成绩，能够让我们跳出“历史周期率”。今天，我们党团结带领全国人民进行的中国特色社会主义的伟大事业，实现中华民族伟大复兴的中国梦，就是一场新的历史性考试。在全面建设社会主义现代化国家的新征程中，还有很多更难的历史性考试等着我们，要想考出好成绩，就要不断地向历史学习。

二、深刻把握党史在“四史”中的重要地位

在2020年1月8日召开的“不忘初心、牢记使命”主题教育总结大会上，习近平总书记指出“要把学习贯彻党的创新理论作为思想武装的重中之重，同学习马克思主义基本原理贯通起来，同学习党史、新中国史、改革开放史、社会主义发展史结合起来”，这一重要嘱托表明“四史”教育事关党的理论传承及创新。党史作为“四史”的一个重要组成部分，它既是一段中国共产党带领人民筚路蓝缕奠基立业的百年历程，又是一部不断推进理论创新、进行理论创造的历史。党史在“四史”中起到理论立场担当、理论逻辑主线和理论价值归宿的重要作用，是“四史”的核心与关键所在。

（一）“四史”是一部延展的大党史

“四史”作为对党史、新中国史、改革开放史、社会主义发展史的统称，是自党的十八大以来，党中央在开展、推广、深化历史教育的实践过程中形成的历史学概念。虽然从形式上来看它是一个集合概念，但是从整体而言它是指中国共产党以人民为中心谋独立、谋幸福、谋复兴、谋大同的伟大斗争史。

近代以降，随着工业化进程的推进，仍长期在农业社会中缓慢演进的中国逐渐与快速进入资本主义工业文明的西方国家拉开差距。西方列强凭借自身的坚船利炮打开中国国门，强势入侵，中华民族被迅速卷入“三千年未有之大变局”中：政治上丧失主权、经济上割地赔款、军事上被动挨打、文化上自信全无。绵延发展5000多年的中国社会被按下了发展的暂停键甚至是倒带键，中华民族面临前所未有的危机。完成民族独立和人民解放，实现中华民族伟大复兴就成为中华民族近代以来最伟大的梦想。

为挽救民族于危亡之中，我国无数仁人志士进行了不懈探索。从地主阶级洋务派“师夷长技以制夷”的尝试，到农民阶级太平天国梦的破碎；从资产阶级维新派变法改良的努力，到资产阶级革命派辛亥革命的壮举，均没有从根本上改变近代中国的命运与历史走向。正如毛泽东所言：“自从一八四零年鸦片战争失败那时起，先进的中国人，经过千辛万苦，向西方国家寻找真理……中国人向西方学得很不少，但是行不通，理想总是不能实现。”1921年，随着中国共产党的成立，历史把实现中华民族伟大复兴重任的接力棒交托给中国共产党。

为了完成历史重托，中国共产党自成立之日起，便以实现中华民族伟大复兴为初心和使命，密切结合世情、国情、党情，始终坚持以人民为中心，不断完善自身建设，领导全国人民进行革命、建设与改革开放，谱写了磅礴激昂的中国共产党历史；随着反帝反封建的新民主主义革命的胜利，中华人民共和国成立，成

为执政党的中国共产党继续围绕中华民族伟大复兴的初心和使命，就建设一个什么样的国家，怎么建设国家而不断开展实践和努力，书写了激荡奔涌的新中国史；在追求国家富强的道路上，中国共产党领导人民经过长期的探索，在总结正反两方面经验与教训的基础上，推动了改革开放，使改革开放成为改变当代中国发展道路的关键一招，确立了中国社会主义市场经济体制，形成了社会主义初级阶段理论，创造了中国经济发展的奇迹，成就了振奋人心的改革开放史；在1956年建立社会主义制度后，从学习苏联模式，到“什么是社会主义，怎样建设社会主义”的追问，到对社会主义本质的思考，再到确立走中国特色社会主义道路，为社会主义在全世界的发展探索出了一套全新模式，推动了世界社会主义运动的历史潮流，缔造了一段既关于中国又属于世界的高亢激荡的社会主义发展史。

相关链接：

新中国成立

由是观之，“四史”虽然是四段不同时段的历史相互包容、交错而组成的恢宏历史，但是，从本质上而言，它是一部延展的党史。因为不论新中国史、改革开放史还是社会主义发展史其背后都有中国共产党身影，都离不开党的领导，都是中国人民在党的领导下分别在国家建设、经济社会发展乃至世界社会主义革命等维度下展开的历史实践。“四史”的主体是中国共产党和党领导下的中国人民，其核心逻辑是中国共产党以广大人民为中心，追求大多数人的自由和幸福乃至全人类的解放。这都与党史不谋而合。与此同时，实现中华民族伟大复兴是党的初心和使命，带领中国人民实现民族独立、国家富强，以及最终实现共产主义是党的方向。无疑，党史是“四史”的核心与关键所在，在“四史”中有着独特而重要的理论地位。

（二）党史是“四史”理论立场的担当

一般而言，历史是人类过去的活动，是一种事实性的客观存在。但历史又是“由活着的人和为了活着的人而重建的死者的生活”，其本身就背负着客观事实与价值判断的双重任务，前者是对历史事实客观存在的肯定，后者则是对历史事实价值与意义的判断。因此，伏尔泰就曾指出“人们对于历史不应该只是以堆积史实为能事，还应该达到一种哲学的或理论的理解”。于是，对历史的理论理解即意义判断也就构成了历史不可或缺的一部分。但历史的理论理解又取决于理论的立场，即理论为谁服务，从谁的利益出发，在根本上和总体上代表谁的利益。

党史的人民立场即“四史”的理论立场。首先，中国共产党作为一个政党而言，人民立场是其根本政治立场。中国共产党自成立以来就始终把人民放在最高的位置，强调一切为了人民、一切服务人民、全心全意为人民服务。在革命、建设以及改革开放的历史阶段，始终把保障人民群众的最根本利益作为党的全部工作的出发点，把带领人民谋幸福谋发展作为全部工作的落脚点，把密切联系群众、依靠群众、尊重人民主体地位作为全部工作的支撑点。其次，党的历史就是“人民书写的历史”。马克思主义唯物史观认为，人民是历史的创造者，是真正的英雄。人民是党的力量源泉和执政根基。中国共产党百年的奋斗历程是党与人民群众血肉相连、生死相依的历史，是党同人民群众风雨同舟、共同奋斗的历史，是党和人民群众携手共进、砥砺前行的历史。“人民既是历史的剧中人，也是历史的剧作者。”党的历史离不开人民，人民就是党史的书写者。因此，“四史”作为一部大党史，新中国的建设、改革开放的发展、社会主义在中国乃至在全世界范围内的推进，都离不开人民，都渗透着中国共产党一切为了人民、一切依靠群众的根本立场。

（三）党史是“四史”理论逻辑的主线

“逻辑不是关于思维的外形形式的学说，而是关于‘一切物质的、自然的和精神的事物’的发展规律的学说，即关于世界的全部具体内容的以及对它的认识的发展规律的学说，即对世界的认识的历史的总计、总和、结论”，这是列宁对理论逻辑的阐释。具体到历史的理论逻辑而言，就是指人们通过对具体的历史现象、事实的认识而获得的以形式结构反映历史规律的理论形态。“四史”的理论逻辑是历史的发展让人民选择了中国共产党，党从诞生之日起就肩负着民族独立、人民解放和实现国家富强、人民富裕两大历史任务。为完成这一初心和使命，中国共产党前28年的历史都在带领全国各族人民为实现民族独立和人民解放而奋斗，此后72年的岁月都在为国家富强、人民富裕的重大历史使命而努力。后一阶段因主要任务的不同又可划分为不同时期的专门史。即自1949年至今有中国共产党为建设一个什么样的国家、怎么建设国家的新中国史，自1956年至今有中国人民为什么选择社会主义、社会主义从哪里来、怎么开创和发展中国特色社会主义的社会主义发展史，自1978年至今有中国人民为什么要选择改革开放以及怎么进行改革开放的改革开放史。它们虽然是三段不同的专门史，但从历史事实背后的结论来看，都是从不同方面阐释了中国人民的选择，证明了中国共产党不忘初心、牢记使命为人民而奋斗的历史，是党史在不同方面的具体化。换言之，“四史”在纵向上，上可追溯到500年前社会主义的发端，下可探寻至当前，它实为中国共产党诞生、发展、成长、成熟的历史；横向上，虽然“四史”涵盖了政治、经济、文化、军事、外交等方方面面，但不变的主旨是党的初心与使命。纵横交错间的主题即中国共产党团结带领全国各族人民为实现中华民族伟大复兴乃至全人类的解放，这也是党史理论逻辑的主线。

（四）党史是“四史”理论价值的归宿

历史的理论价值在于发现历史规律并赋予历史以意义。换言之，无论是党史还是“四史”都不是庞杂的历史事实无意义的胡乱堆砌，它们是在党的人民立场的指引下，对党的历史以及新中国史、改革开放史和社会主义发展史背后历史规律的挖掘以及意义的赋予。因此，党史作为“四史”的重要支撑，是“四史”理论价值的归宿。

党史为“四史”提供了价值主体。虽然人是永恒的价值主体，但是，人作为价值主体并不是抽象的。在现实的维度，作为价值主体的人往往具有层次性，它可以是某些个体、组织、阶级、国家、民族，也可以是全人类。中国共产党自成立以来，便坚持马克思主义人民利益至上的价值观，强调党的事业本质是也只能是为人民的利益而奋斗的事业，认为人民群众是先进生产力和先进文化的创造主体，也是实现自身利益的根本力量，提出了全心全意为人民服务的宗旨，在领导中国人民进行革命、建设、改革的实践过程中始终把人民的利益放在首位。正因为如此，所以无论是党史，还是新中国史、改革开放史和社会主义发展史，它们所折射的都是中国共产党“完全是为着解放人民的，是彻底地为人民的利益工作的”。

党史为“四史”提供了价值取向。价值取向是一定主体在面对或处理各种矛盾、冲突、关系时，基于自身的价值观所持的基本价值立场、价值态度以及所表现出来的基本价值追求。中国共产党作为中国工人阶级的先锋队和各族人民的忠实代表，代表和实现最广大人民的根本利益是其一直坚守的价值取向。在百年奋斗历程中，党领导人民取得了新民主主义革命的胜利，改变了中国半殖民地半封建社会的状态，为人民争得了独立和自由；建立了独立自主的新中国，取得抗美援朝战争的胜利，开展社会主义建设，为人民夺得了尊严和安定；实行了改革开放，实现了经济的跨越式发展，提高了人民生活水平，为人民谋得了幸福与发展；开创了中国特色社会主义道路，形成了中国特色社会主义理论体系，确立了中国特色社会主义制度，为人民赢得了自信与尊重。

党史为“四史”提供了价值评判。以人民为中心是中国共产党一直坚持的价值标准。百年来，中国共产党始终坚持一切为了人民的价值目标，遵循一切依靠人民的价值原则，密切联系群众、相信群众，与人民群众一道创造了百年恢宏的党史、70 多年振奋的新中国史、40 多年昂扬的改革开放史。而这些历史也反映了人民群众是党的最大靠山、最重要的力量。中国共产党的根基在人民、血脉在人民、力量在人民。

三、学思践悟“四史”中的精神力量

从党史、新中国史、改革开放史、社会主义发展史这“四史”中感受中国共产党的伟大，感受中国人民的力量，感受社会主义制度的优越，感受新时代带来的巨变，青年学生更应去感悟中国共产党在不同历史阶段所产生的一系列伟大精神，从红船精神、延安精神、大庆精神、焦裕禄精神、改革开放精神、伟大抗疫精神等中国共产党人的精神谱系中汲取力量，从而激发起发扬红色传统、传承红色基因，赓续共产党人精神血脉，勤奋学习、为国奋斗的强大动力。在中国共产党成立100周年之际，要以“四史”教育为契机，以党史学习教育为重点，教育和引导全党坚定理想信念，为全面建设社会主义现代化国家、实现中华民族伟大复兴筑牢理想信念之基。

为助推青少年“四史”学习教育，培养青少年的爱国主义热情，由中共上海市委党史研究室等举办的“传承红色基因　迎接建党百年”2020年上海市青少年党团史教育系列活动，6月29日起在上海市青少年活动中心举行。

（一）从“四史”中感悟伟大精神的力量

从“四史”中感悟伟大精神的信仰力量。中国共产党人百年前确立了为中国人民谋幸福、为中华民族谋复兴的初心使命。从此，中国共产党人始终坚定马克思主义信仰，初心不变，使命如一。在革命战争年代，中国共产党人为了信仰，抛头颅洒热血，在所不惜；在和平年代，中国共产党人始终高举马克思主义伟大旗帜，不断推进马克思主义中国化，面对错综复杂的国内外形势，始终把民族振兴、人民幸福放在第一位。习近平总书记指出：“唯有不忘初心，方可告慰历史、告慰先辈，方可赢得民心、赢得时代，方可善作善成、一往无前。”新时代青年要从“四史”中感悟信仰的力量，坚定理想信念，立志民族复兴伟业，为全面建设社会主义现代化国家贡献青春和力量。

从“四史”中感悟伟大精神的创新力量。习近平总书记指出：“我们党的历史，就是一部不断推进马克思主义中国化的历史，就是一部不断推进理论创新、进行理论创造的历史。”100年来，中国共产党把马克思主义与中国实际相结合，不断开辟马克思主义新境界，产生了毛泽东思想、邓小平理论、“三个代表”重要思想、科学发展观和习近平新时代中国特色社会主义思想，为党和人民事业发展提供了科学理论指导，指引着中国革命、建设和改革的伟大胜利。惟创新者进，惟创新者强，惟创新者胜。要引导青年从“四史”中感悟马克思主义的真理力量和实践力量，深刻学习领会新时代党的创新理论，走在创新创造的前列。

从“四史”中感悟伟大精神的担当力量。中国共产党自成立后就承担起国家独立、民族振兴、人民幸福的历史使命。毛泽东指出，中国共产党的成立，是开天辟地的大事变，从此中国革命的面貌就焕然一新了。1931 年九一八事变爆发的第二天，中国共产党就发表抗日宣言，一致对外，共同抗日。七七事变爆发后的第二天，中共中央发表了《中国共产党为日军进攻卢沟桥通电》，号召建立民族统一战线，打倒日本帝国主义。1950 年朝鲜战争爆发，党中央断然作出“抗美援朝，保家卫国”的战略决策，取得了抗美援朝战争的伟大胜利，保卫了国家，保卫了和平，也为世界和平事业作出了贡献。改革开放以来，中国共产党同样展现出为国为民担当的精神和勇气，践行着党的初心和使命，带领人民实现了第一个百年奋斗目标。这种担当的责任和力量，需要青年一代来传承。

从“四史”中感悟伟大精神的奋斗力量。邓小平说过：“世界上的事情都是干出来的，不干，半点马克思主义都没有。”中国共产党成立后，与反动势力展开了 28 年的殊死斗争，解放了全中国，取得了政权，领导人民当家作主。社会主义建设时期，中国共产党为改变一穷二白的落后面貌，团结带领全国各族人民，自力更生、艰苦奋斗，建立起较为完备的国民经济体系，为国家的发展奠定了基础。改革开放和社会主义现代化建设新时期，解放思想，实事求是，坚定理想，百折不挠，大力推进改革开放，取得了举世瞩目的伟大成就。进入新时代，全面建成小康社会取得伟大历史性成就，脱贫攻坚战如期打赢，实现了从站起来、富起来到强起来的伟大飞跃，开启了全面建设社会主义现代化国家新征程。百年巨变，是中国人民在中国共产党带领下，团结奋斗、励精图治的结果。习近平总书记在党的十九大报告中多次强调奋斗，并在很多场合向全国人民发出奋斗动员令：“做新时代的奋斗者”“幸福都是奋斗出来的”“奋斗本身就是一种幸福”“撸起袖子加油干”，等等。新时代，我们更要发扬奋斗精神，持续奋斗，顽强奋斗，艰苦奋斗，让青春在奋斗中闪光。

从“四史”中感悟伟大精神的奉献力量。党史是贯穿于“四史”中的一根红线。中国共产党从诞生之日起就坚守初心，全心全意为人民服务。土地革命战争时期，打土豪，分田地，受到根据地人民的拥护和支持。抗日战争时期，中国共产党人以民族利益为重，建立广泛的抗日民族统一战线，一致对外，共同抗日，取得了抗日战争的伟大胜利。新中国成立，人民翻身得解放，成了国家的主人。改革开放以来，党坚持一切为了人民，为了人民的一切，人民的生活水平得到极大提高。习近平总书记指出，“人民对美好生活的向往就是我们的奋斗目标”。面对新冠肺炎疫情，以习近平同志为核心的党中央果断决策，坚持人民至上、生命至上，取得了抗击疫情的伟大胜利。立党为公，忠诚为民，是中国共产党人的政治品格。江山就是人民，人民就是江山。我们要从“四史”中感悟中国共产党人的奉献精神，教育引导青年热爱党、热爱祖国、热爱人民，牢固树立人民利益高于一切的职业观，努力提高为人民服务、为社会尽责的本领。

知识链接

2016年12月26日至27日，习近平总书记在中共中央政治局召开的民主生活会上指出，人民立场是马克思主义政党的根本政治立场，人民是历史进步的真正动力，群众是真正的英雄，人民利益是我们党一切工作的根本出发点和落脚点。中南海要始终直通人民群众，我们要始终把人民群众放在心中脑中。中央政治局的同志必须做到以人民忧乐为忧乐、以人民甘苦为甘苦，牢固树立以人民为中心的发展思想，始终怀着强烈的忧民、爱民、为民、惠民之心，察民情、接地气，倾听群众呼声，反映群众诉求。

（二）在“四史”学习中坚定理想信念

1. 寻求理想信念之源

历史是一面镜子，我们要从历史中得到启迪、增强定力。历史在记载以往的人的社会实践活动的同时，客观上也记录下每一个历史事件、历史故事背后所承载、所伴同的思想、精神等。历史是最好的教科书，是最好的清醒剂、营养剂。历史学习教育的一项重要功能就是用历史事实教育、引导和启迪人们树立正确的人生观、价值观和世界观，延续和传承历史中蕴含的强大精神动力、理想信念，为正在进行的伟大事业凝聚力量、增强定力。

历史总能给人以前行的智慧和力量。我们党始终把历史学习教育作为优良传统和重要经验，秉持唯物史观，旗帜鲜明反对历史虚无主义，坚持用历史发言，注重从历史中汲取养分。毛泽东指出：“如果不把党的历史搞清楚，不把党在历史上所走的路搞清楚，便不能把事情办得更好。”他多次号召全党研究和学习历史，经常用党史中的一些重大事件和坚守理想信念、英勇斗争的人物及故事激励全党坚定理想信念、继续奋斗。邓小平十分重视历史的教育功能，指出：“要懂得些中国历史，这是中国发展的一个精神动力。”他还特别强调要用历史教育青年、教育人民，鼓舞和引导青年一代成为有理想、有道德、有文化、有纪律的社会主义接班人。江泽民指出，了解我们国家悠久的文明发展史和历经沧桑、饱经忧患的辛酸史，了解我们的先辈为国家的独立富强而进行可歌可泣的斗争，了解我们民族、我们党的优良传统，对于坚定爱国主义、社会主义信念，极为重要。胡锦涛强调要把学习中国革命史与加强理想信念教育紧密结合起来，注重学习和弘扬革命先辈对崇高理想矢志不渝、对党和人民无比忠诚、对革命事业锲而不舍的坚定信念，牢固树立中国特色社会主义共同信念和共产主义远大理想。党的十八大以来，习近平总书记高度重视“四史”学习教育，特别注重党史学习教育对于筑牢理想信念之基的积极作用，明确指出党史学习教育的一个重要任务就是教育引导全党同志坚定理想信念、筑牢初心使命，强调要在党的历史学习领悟中巩固和升华理想信念。

中国共产党成立 100 周年，要充分发挥历史学习教育涵养全党理想信念重要作用，回顾党史、新中国史、改革开放史、社会主义发展史，从党的百年奋斗历程和百年来取得的伟大成就中，从党百年传承的光荣传统和优良作风中不断汲取理想信念的力量。

2. 坚定理想信念之本

心有所信，方能行远。习近平总书记指出：“在新时代，坚定信仰信念，最重要的就是要坚定中国特色社会主义道路自信、理论自信、制度自信、文化自信。”学史增信是党史学习教育的基本要求。增信，既要求增强对中国特色社会主义的道路自信、理论自信、制度自信、文化自信，也要求增强对共产主义信仰和对中国特色社会主义信念。

习近平总书记指出，当今世界，要说哪个政党、哪个国家、哪个民族能够自信的话，那中国共产党、中华人民共和国、中华民族是最有理由自信的。中国特色社会主义既坚持了马克思主义基本原理和科学社会主义基本原则，又紧密结合了中国实践的具体情况，回答了马克思主义经典作家受历史局限而没能回答的关于社会主义建设的基本问题。历史和实践都表明，中国特色社会主义伟大实践取得了举世瞩目的成绩，深化和发展了科学社会主义的理论和实践。坚定对中国特色社会主义道路、理论、制度、文化的自信，就是坚定理想信念的基本表现和现实要求，没有“四个自信”，坚定理想信念就缺少了基础和前提，所以新时代坚定理想信念首要的就是要坚定“四个自信”。

对共产主义远大理想的信仰和中国特色社会主义共同理想的信念来自对共产主义、中国特色社会主义的信心，而这种信心来自马克思主义的胜利和马克思主义指导下的实践的胜利。习近平总书记指出：“党的百年奋斗历程和伟大成就是我们增强‘四个自信’最坚实的基础。”实践的胜利最具说服力。回顾和学习党史、新中国史、改革开放史、社会主义发展史，就是通过对历史事实的分析和深入思考，明白党领导人民正在进行的中国特色社会主义伟大事业背后的历史逻辑和实践逻辑，感悟马克思主义科学真理的强大理论伟力和实践伟力，深刻理解中国共产党为什么“能”、马克思主义为什么“行”、中国特色社会主义为什么“好”等重大问题，增强对共产主义远大理想和中国特色社会主义共同理想必将实现的信心，进而夯实巩固前行道路的理想信念之基。

3. 厚植理想信念之基

“四史”就是中国共产党人践行理想信念的光辉历史，是理想信念教育的生动教材。习近平总书记指出：“我们党之所以能够经受一次次挫折而又一次次奋起，归根到底是因为我们党有远大理想和崇高追求。”

回顾历史，在革命战争年代，纵然是“红米饭，南瓜汤，挖野菜，也当粮”这样的艰苦条件，纵然是空气稀薄的冰山雪岭、渺无人烟的沼泽草地这样的恶劣环境，纵然是国民党反动派和日本侵略者凶恶残暴的烧杀抢掠、“围剿”攻击，共产党人心中革命理想高于天，面对敌人铁骨铮铮、毫无惧色，成千上万的共产党人壮烈牺牲，留下“砍头不要紧，只要主义真”的英雄凯歌。新中国成立后，共产党人没有因战争的胜利而骄傲自满，始终牢记远大理想，继续艰苦奋斗、攻坚克难，领导中国人民“意气风发投身中国历史上从来不曾有过的热气腾腾的社会主义建设”。其间涌现出的大庆精神、北大荒精神、红旗渠精神、“两弹一星”精神等就是坚定理想信念的真实写照。改革开放之初，面对人民温饱都成问题的基本国情，共产党人没有退缩，而是坚定理想信念，“摸着石头过河”，用短短几十年时间使国家彻底摆脱贫困并跃升为世界第二大经济体，实现了中华民族从站起来到富起来、强起来的伟大飞跃。40 多年来，共产党人前赴后继，付出巨大牺牲，仅党的十八大以来的脱贫攻坚斗争，就有 1800 多名党员献出了宝贵的生命。

相关链接：

截至 2020 年年底，超 1800 人牺牲在脱贫攻坚一线

要充分挖掘“四史”这座充满着理想信念光辉的宝库，在“四史”教育中厚植理想信念之基。一要以重要事件、重要人物为依托，讲好党的故事、革命的故事、根据地的故事、英雄和烈士的故事。例如，习近平总书记经常讲起“狼牙山五壮士”“半条被子”“半截皮带”等故事，时常谈到“严守纪律、勇于牺牲”的邱少云，“活着没有治好沙丘，死了也要看着把沙丘治好”的焦裕禄，“先祭谷公，后拜祖宗”的谷文昌，“一辈子深藏功名、初心不改”的张富清，“誓干惊天动地事，甘做隐姓埋名人”的黄旭华，兑现“水过不去、拿命来铺”誓言的黄大发，“心有大我、至诚报国”的黄大年，“步履蹒跚与时间赛跑，身患绝症与新冠周旋”的张定宇等人物。这些真实的感人故事、鲜活的英雄人物能够有效带动人们的情感共鸣，起到深刻教育的作用。二要充分利用好党的红色资源，积极开展重回革命圣地、重走长征路、祭奠革命先烈等实践活动，让人们在实际感受中体悟理想信念的力量。习近平总书记指出：“革命博物馆、纪念馆、党史馆、烈士陵园等是党和国家红色基因库。”置身革命圣地、瞻仰烈士陵园，一幅幅照片、一件件实物、一个个故事、一座座墓碑，更能让人们体悟先辈们理想信念的坚定，让精

神和思想得到洗礼。

4. 激发奋斗之力

我们党已经风雨兼程地走过 100 年，时代变化了，但共产党人的理想和奋斗精神没有变。党的十九大报告指出，我国社会主要矛盾的变化，没有改变我们对我国社会主义所处历史阶段的判断，我国仍处于并将长期处于社会主义初级阶段的基本国情没有变，我国是世界最大发展中国家的国际地位没有变。必须清醒看到，我们的工作还存在许多不足，也面临不少困难和挑战。新时代仍然有许多具有新的历史特点的伟大斗争必须面对，发展存在不平衡不充分问题、民生领域存在短板问题、社会矛盾和问题交织叠加、意识形态领域斗争依然复杂、党的建设方面还存在不少薄弱环节，等等。由此可见，实现中国特色社会主义共同理想、共产主义远大理想还有很长的路要走，风险挑战依旧严峻，坚定的理想信念仍然是我们党继续前行的坚强依靠。

学史力行，在“四史”学习中要学会悟思想、办实事、开新局，要“把党史学习教育同党和国家中心工作紧密结合起来，同统筹疫情防控和经济社会发展紧密结合起来，同动员人民群众创造美好生活紧密结合起来，以昂扬姿态奋力开启全面建设社会主义现代化国家新征程”。

在全面建设社会主义现代化国家新征程中要发扬党的优良传统，践行理想信念。推进社会革命需要坚定的理想信念。习近平总书记指出：“我们现在所处的，是一个船到中流浪更急、人到半山路更陡的时候，是一个愈进愈难、愈进愈险而又不进则退、非进不可的时候。”当前和今后一段时间内，党和国家必将面对更加集中、更加复杂的矛盾。一代人有一代人的使命，一代人有一代人的担当。人民对美好生活的向往，中华民族伟大复兴的现实需要都要求我们接续奋斗，我们只有不忘初心、牢记使命，保持战略定力，弘扬奋斗精神，踏踏实实地把自己的事做好，才能实现中华民族伟大复兴的中国梦。

四、坚守初心使命，在新征程上展现新担当新作为

深入学习“四史”，不仅可以深入理解不同时期共产党人坚定理想信念的奋斗牺牲和历史传承，而且能够帮助我们在新时代把坚定理想信念和实现中华民族伟大复兴紧密结合起来，在实现中国梦的伟大实践中坚守和践行初心使命，在实现社会主义现代化国家建设新征程上展现新担当新作为。

（一）坚守人民立场

人民立场是马克思主义政党的根本政治立场，是马克思主义政党区别于其他政党的显著标志。把人民立场作为根本立场，坚持全心全意为人民服务的根本宗

旨，是中国共产党人一以贯之的坚守。

坚守人民立场，必须坚持人民主体地位。马克思主义认为，人民是社会物质财富和精神财富的创造者，是社会变革的决定性力量。中国共产党从诞生之日起就高度重视人民主体地位。1925 年，毛泽东在《中国社会各阶级的分析》中，通过对中国社会各阶级经济地位和基本立场的分析，清醒地看到中国无产阶级最广大和最忠实的同盟军是农民。1945 年，毛泽东在《论联合政府》中指出：“人民，只有人民，才是创造世界历史的动力。”邓小平指出，改革开放中许许多多的东西，都是由群众在实践中提出来的。“农村搞家庭联产承包，这个发明权是农民的。农村改革中的好多东西，都是基层创造出来，我们把它拿来加工提高作为全国的指导。”党的十八大以来，习近平总书记反复强调，必须始终坚持人民立场，坚持人民主体地位。人民是历史的创造者，人民是真正的英雄。要虚心向人民学习，倾听人民呼声，汲取人民智慧，把人民拥护不拥护、赞成不赞成、高兴不高兴、答应不答应作为衡量一切工作得失的根本标准。

坚守人民立场，就要全心全意为人民服务。在《共产党宣言》中，马克思、恩格斯把无产阶级的历史使命同以往的运动作了科学区分，指出“过去的一切运动都是少数人的或者为少数人谋利益的运动。无产阶级的运动是绝大多数人的、为绝大多数人谋利益的独立的运动”。1944 年，毛泽东发表《为人民服务》，从理论上阐明了为人民服务的宗旨和思想，明确向全党提出要完全、彻底地为人民服务。在党的七大上，毛泽东指出：“我们共产党人区别于其他任何政党的又一个显著的标志，就是和最广大的人民群众取得最密切的联系。全心全意地为人民服务，一刻也不脱离群众；一切从人民的利益出发。”新中国成立后，为人民服务依然是各级人民政权及其工作人员的根本宗旨。1957 年，毛泽东指出：“要全心全意为人民服务，不要半心半意或者三分之二的心三分之二的意为人民服务。”刘少奇在党的八大上强调：“一个好党员、一个好领导者的重要标志，在于他熟悉人民的生活状况和劳动状况，关心人民的痛痒，懂得人民的心。”

通览《习近平谈治国理政》三卷和习近平总书记系列重要讲话，可以发现，“人民”始终在场，鲜明的人民立场、深厚的人民情怀、笃定的人民信仰，是习近平新时代中国特色社会主义思想最为鲜亮的底色。图为外国友人在翻阅《习近平谈治国理政》。

党的十八大以来，习近平总书记反复强调，我们党的最大政治优势是密切联系群众，党执政后的最大危险是脱离群众。在长期执政条件下，能不能始终坚持全心全意为人民服务的根本宗旨，是我们党必须解决好的一个时代课题。我们任何时候都必须把人民利益放在第一位，把实现好、维护好、发展好最广大人民根本利益作为一切工作的出发点和落脚点。学习“四史”，不仅能够深入了解我们党为人民服务的奋斗历程、党与人民群众的血肉联系，而且也为我们深刻理解“人民对美好生活的向往，就是我们的奋斗目标”，更好坚持以人民为中心的发展思想提供了经验与启示。

（二）践行使命担当

从最初提出“四个现代化”到现在提出全面建设社会主义现代化强国，推进现代化建设是中国共产党持之以恒的历史使命与宏伟目标。深入学习“四史”，打通历史与现实来观察，中国已经成功开辟了一条不同于西方的现代化道路。

1949年3月，毛泽东向全党发出“进京赶考”的号召，并且掷地有声地指出，“我们决不当李自成，我们都希望考个好成绩”。新中国成立后，建设一个工业化和全方位的社会主义现代化国家始终是中国共产党人的使命与追求。1954年6月，毛泽东指出：“我们的总目标，是为建设一个伟大的社会主义国家而奋斗。大概经过五十年即十个五年计划，就差不多了，就像个样子了，就同现在大不一样了。”毛泽东结合新中国的实际情况，设想了新中国工业化的时间跨度和具体任务要求。1979年12月，邓小平在会见日本首相大平正芳时指出：“我们要实现的四个现代化，是中国式的四个现代化。我们的四个现代化的概念，不是像你们那样的现代化的概念，而是‘小康之家’。”1987年，邓小平又完整概括了“三步走”的现代化发展战略。经过数十年如火如荼的社会主义建设和改革，建设社会主义现代化强国的伟业一以贯之、接续进行。

党的十八大以来，以习近平同志为核心的党中央根据世情国情党情的变化发展，总揽全局，以勇于担当、敢于斗争的精神，一分部署、九分落实的实干，推动中国特色社会主义进入新时代。党的十九届五中全会强调，实现“十四五”规划和2035年远景目标，必须坚持党的全面领导，充分调动一切积极因素，广泛团结一切可以团结的力量，形成推动发展的强大合力。我们既需要继承前人不懈奋斗的精气神，也需要从中外历史中汲取智慧与经验。学习“四史”不仅能够深入了解一代代中国共产党人接力“赶考”的历史经验，而且可以帮助我们深刻领会中国特色社会主义现代化的时代特征和实现路径，助力我们实现中华民族伟大复兴的中国梦。

（三）在新征程上展现新担当新作为

在党史学习中领略“开天辟地”的历史意义。毛泽东在《论人民民主专政》中曾经生动地描述：“多次奋斗，包括辛亥革命那样全国规模的运动，都失败了。国家的情况一天一天坏，环境迫使人们活不下去。怀疑产生了，增长了，发展了。”由此，“开天辟地”就是对中国共产党成立的历史意义评估，就是对中国共产党重塑乾坤、再造日月的深刻理解。所以，只有学习党史，才能清醒地认识到红色政权来之不易，才能深刻认识中国共产党的政治立场、政治品质、政治理想、政治追求，认识中国共产党人的革命精神、执政使命、根本宗旨、人民情怀。当今世界正处于百年未有之大变局，时代在变，主题在变，但共产党人的初心本色不会变也不能变。新时代的共产党人要秉持“开天辟地”的气魄在工作中一往无前，知党史、懂党史、用党史，书写更辉煌的党史。

在新中国史学习中厚植爱国主义的情怀。新中国史和党的奋斗史紧密相连，新中国成立 70 多年来，正是党领导人民创造了翻天覆地的变化、改天换地的壮举、惊天动地的事业。聚焦新中国史，可以清晰地看到中国为什么选择社会主义道路；聚焦新中国史，可以清晰地看到大庆精神、红旗渠精神、“两弹一星”精神等民族精神的培育、继承与发展。“幸福都是奋斗出来的，奋斗本身就是一种幸福。”新中国史与一代又一代中国人前赴后继、辛勤奋斗密不可分。党员干部要在奋斗中解读新中国史，要在爱国中传承新中国史，要更加自觉地维护国家和民族的尊严，要更加坚定地扛起国家和民族的重任，争做新时代的见证者、开创者、建设者，让爱国和奋斗的元素融入时代发展的洪流。

在改革开放史学习中巩固“伟大征程”的磅礴力量。改革开放是我们党的一次伟大觉醒，也是中国人民和中华民族发展史上一次伟大革命。改革开放 40 多年来，我们看到了中国翻天覆地的变化，看到了中国人民把不可能变成可能的伟大创造力，中华民族实现了从站起来、富起来到强起来的伟大飞跃。成绩在风雨中取得，传奇在奋斗中书写，从“赶上时代”到“引领时代”，改革开放是决定当代中国命运的关键一招。回顾改革开放史，是为了不忘来路、不改初心，也是为了汇聚力量、勇担使命，更是为了启迪当下、继往开来。面对当前改革路上的“娄山关”“腊子口”，党员干部对历史最好的铭记就是传承“逢山开路、遇水搭桥”的开拓精神，凝心聚力、奋勇向前，将改革进行到底，将蓝图变为现实。

在社会主义发展史学习中坚定中国特色社会主义的信念。从 16 世纪欧洲早期空想社会主义开始，人类对社会主义事业的探索已有 500 多年。如果说党史、新中国史、改革开放史是纯粹地讲中国故事，那么社会主义发展史则是探寻中国道路、中国故事的世界意义。习近平总书记指出：“只有了解一个国家从哪里来，才能弄懂这个国家今天怎么会是这样而不是那样，也才能搞清楚这个国家未来会往哪里去和不会往哪里去。”党的十八大以来，以习近平同志为核心的党中央系统回答“新时代坚持和发展什么样的中国特色社会主义、怎样坚持和发展中国特色社会主义”这个重大时代课题，中国特色社会主义道路、理论、制度、文化交相辉映。中国共产党找到了既符合马克思主义基本原理又适合中国国情的社会主义发展模式。因此，党员干部学习社会主义发展史，一方面是要认清我们所处的历史方位，洞察中国的昨天、今天和明天；另一方面是要坚定不移地走中国特色社会主义道路，坚定“四个自信”、增强“四个意识”，用习近平新时代中国特色社会主义思想武装头脑，矢志不渝为共产主义远大理想和中国特色社会主义共同理想而奋斗，不断创造社会主义发展史上新的奇迹和新的辉煌。

历史是人类社会的过去，学习历史是为了以史鉴今、昭示未来。学习“四史”，就要坚持唯物主义历史观和方法论，总结历史经验，汲取历史营养，深刻领会蕴含其中的思想内涵、实践经验、精神财富，为实现中华民族伟大复兴和共产主义远大理想孜孜以求、阔步前进，在社会主义现代化国家建设新征程上展现新担当新作为。

拓展阅读

不断从“四史”学习教育中汲取智慧力量

习近平总书记指出：“历史是最好的教科书，也是最好的清醒剂。”在庆祝中国共产党百年华诞的重大时刻，在“两个一百年”奋斗目标历史交汇的关键节点，高校开展以党史为核心的“四史”学习教育，必须作为党员干部理论学习的必修课，作为对青年学生政治引领最鲜活的教科书，讲清“为什么学、怎么学、如何用”的问题，教育引导广大师生在党的奋斗历程和伟大成就中鼓舞斗志、树立信心，在党的光荣传统和优良作风中坚定信念、凝聚力量，在党的实践创造和历史经验中启迪智慧、砥砺品格，切实坚守“为党育人、为国育才”使命，努力为培养担当民族复兴大任的时代新人贡献力量。

学懂：把准“四史”学习教育的起点，看清楚我们从哪里来、到哪里去，讲清为什么学的问题。“四史”贯穿着中国共产党人的初心和使命，党的十八大以来，习近平总书记高度重视以史鉴今，突出强调通过学史看成败、鉴得失、知兴替，将学习党史、新中国史作为坚持和发展中国特色社会主义、把党和国家各项事业继续推向前进的必修课。

高校要把深入学习贯彻习近平新时代中国特色社会主义思想贯穿“四史”学习教育始终，校党委理论学习中心组要先学一步、学深一层，坚持读原著、学原文、悟原理，通过举办“回首百年征程、重温党史故事”读书班，品读《党史必修课》《苦难辉煌》等书籍，全面系统学习党的百年奋斗史，专题学习新民主主义革命时期历史、社会主义革命和建设时期历史以及改革开放新时期历史，特别要深入学习贯彻习近平总书记在党史学习教育动员大会上的重要讲话精神，领会习近平总书记以三个“必然要求”精要论述党史学习教育的重大现实意义和深远历史意义。要深入开展“四史”学习教育专题研讨，依托党建云平台推出的《党史故事100讲》，通过观看“四史”专题纪录片和微视频等学习方式，讲述历史、讲好故事、讲清规律，引导广大师生以唯物史观把握历史规律和历史方向，在思想上弄清楚、理解透红色政权来之不易、新中国来之不易、中国特色社会主义来之不易，进一步夯实“四史”基础知识，不断从“四史”学习教育中坚定理想信念、增强历史担当、践行初心使命，汲取奋进“十四五”、投身一流大学建设的智慧、勇气和力量。

弄通：定准“四史”学习教育的基点，突出把握党的领导这条主线，讲清如何学的问题。党的十八大以来，习近平总书记多次强调：“党政军民学，东西南北中，党是领导一切的。”坚持党对一切工作的领导，这是马克思主义政党的必然要求。这一重要原则在中国共产党领导的革命、建设、改革实践中逐渐形成与完善。“四史”是中国共产党领导人民在长期实践中的探索、奋斗与发展，是我们弥足珍贵的政治财富和精神瑰宝。中国共产党的领导是贯穿党史、新中国史、改革开放史、社会主义发展史的主导性实践逻辑。学习“四史”，核心是史实、史观、史鉴，高校要准确把握党的领导这一主线，把党对高校的领导落实到加强自身建设、坚持社会主义办学方向、办好人民满意的教育上，切实增强在实践中守初心、担使命的思想自觉和行动自觉。

高校发展建设的历史足迹中，蕴藏着可歌可泣的“长征路”上的奋进精神，承载着老一辈革命家科学家波澜壮阔的革命史、艰苦卓绝的奋斗史，形成了连接“四史”的红色脉络，蕴含了爱党报国的崇高理想和坚定信念，传承了教育报国初心和立德树人使命，这为抓实抓好“四史”学习教育提供了优质资源和鲜活教材。高校要坚持“三全育人”理念，深入推进红色传统教育基础工程，把红色文化蕴含的革命精神、传统文化资源纳入课堂教学及学科建设。注重以“报国与初心、责任与事业、担当与使命”为主题，区分党史光辉路、教育报国心、立德树人责、科研攻坚志、激扬爱国情、砥砺奋进时等专题，以一个个鲜活的小故事作为切入点，讲“四史”微党课，让小讲堂激发大力量，用身边人讲身边事，用身边事育身边人，持续增强学习教育的吸引力、说服力和感染力，教育引导广大师生深刻感悟中国共产党为什么“能”、马克思主义为什么“行”、中国特色社会主义为什么“好”，进一步增强“四个意识”、坚定“四个自信”、坚决做到“两个维护”。

做实：找准“四史”学习教育的落点，把个人的理想追求融入党和国家事业之中，讲清怎么用的问题。习近平总书记在给复旦大学青年师生党员的回信中指出：“希望广大党员特别是青年党员认真学习马克思主义理论，结合学习党史、新中国史、改革开放史、社会主义发展史，在学思践悟中坚定理想信念，在奋发有为中践行初心使命，努力为实现‘两个一百年’奋斗目标、实现中华民族伟大复兴的中国梦贡献智慧和力量。”“四史”是中国共产党为人民谋幸福、为民族谋复兴的伟大历史，“四史”中的伟大实践，蕴含着对广大师生政治引领的丰富元素，是最鲜活的教科书和必修课，重在以史为戒、以史为训。知行合一方为真知，学习教育的最终目的是见行动、促发展。

高校要聚焦“旗帜鲜明跟党走、使命在肩报家国、集优聚力攻难关、服务振兴谋创新”的事业发展目标，找准“四史”学习教育落脚点，引导党员干部实实在在地干出业绩来。通过梳理校史院史、建设文化长廊、拓展丰富活动等方式，特别是以入学季、毕业季为契机搭建红色基因传承平台，以老一辈科学家精神为驱动构筑红色基因浸润平台，以爱党爱国、爱校爱院为目标砥砺红色基因感召平台，持续激活精气神，不断汇聚正能量，引导师生做到爱党和爱国、爱社会主义高度统一，确保“四史”学习教育取得扎实成效。要大力开展红色经典推广、红色文学创作和红色先锋巡讲等活动，逐步打造“四史”学习教育特色高地，使红色基因渗进血液、浸入心扉，把个人的理想抱负融入党和国家事业发展之中，真正做到知史爱党、知史爱国、知史担责，持续把学习“四史”的成果转化为为实现中国梦而奋斗的激情和干劲，促进岗位成长成才、立功立业。要把学习“四史”同总结经验、观照现实、推动工作结合起来，特别要开展好“我为师生办实事”实践活动，围绕师生急难愁盼问题，发挥基层党组织战斗堡垒作用、党员先锋模范作用和党员领导干部表率作用，把广大师生的信心提振起来、士气鼓舞起来，努力将“四史”学习教育势能转化为推动事业发展的实践动能，凝聚起建设一流大学的强大力量，以优异成绩迎接建党百年！

（资料来源：中国社会科学网，2021 年 4 月 7 日）

阅读推荐

1. 张雷生：《推进全国教育系统“四史”教育的核心要义》，中国社会科学网，2021 年 4 月 6 日。

2.《学史明理要做到四个“深刻领悟”》，求是网，2021 年 3 月 28 日。

3. 习近平：《在党史学习教育动员大会上的讲话》，《求是》2021 年第 7 期。

思考题

1. 学习“四史”有什么重要意义？

2. “四史”对你有什么启发？

3. 如何在总结历史的基础上展现新担当新作为？

专题三

把握新发展阶段，贯彻新发展理念，构建新发展格局

站在“两个一百年”奋斗目标的历史交汇点上，国家现代化和民族复兴征程到了一个关键的历史当口。全面建设社会主义现代化之路应当怎么走？面对历史的重托、人民的期待，习近平总书记以强烈的责任感使命感，登高望远、运筹帷幄，亲自担任“十四五”规划《建议》起草组组长，主持召开一系列重要会议，就一系列关系国家中长期发展的重大议题作出顶层设计；深入基层考察调研，主持召开不同领域专家和企业家、基层群众座谈会，以各种方式广泛听取意见和建议。“我国将进入新发展阶段”，“新时代新阶段的发展必须贯彻新发展理念，必须是高质量发展”，“构建新发展格局，是与时俱进提升我国经济发展水平的战略抉择，也是塑造我国国际经济合作和竞争新优势的战略抉择”……总书记的一系列战略谋划，为科学编制“十四五”规划《建议》和《纲要》提供了根本遵循，为全面建设社会主义现代化国家擘画了宏伟蓝图。

进入新发展阶段、贯彻新发展理念、构建新发展格局，是由我国经济社会发展的理论逻辑、历史逻辑、现实逻辑决定的，三者紧密关联。进入新发展阶段明确了我国发展的历史方位，贯彻新发展理念明确了我国现代化建设的指导原则，构建新发展格局明确了我国经济现代化的路径选择。把握新发展阶段是贯彻新发展理念、构建新发展格局的现实依据，贯彻新发展理念为把握新发展阶段、构建新发展格局提供了行动指南，构建新发展格局则是应对新发展阶段机遇和挑战、贯彻新发展理念的战略选择。

一、准确把握新发展阶段

正确认识党和人民事业所处的历史方位和发展阶段，是我们党明确阶段性中心任务、制定路线方针政策的根本依据，也是我们党领导革命、建设、改革不断取得胜利的重要经验。

新民主主义革命时期，我们党经过艰辛探索，逐步认识到中国革命必须经过新民主主义革命这个历史阶段，在此基础上提出了中国革命的任务和战略策略，领导人民取得中国革命胜利。新中国成立之初，我们党深刻认识到，从新民主主义社会进入社会主义社会需要经历一个过渡阶段，由此形成了党在过渡时期的总路线，胜利完成了社会主义革命任务，进入社会主义建设阶段。改革开放以后，我们党深刻总结世界社会主义特别是我国社会主义建设正反两方面经验，作出我国正处于并将长期处于社会主义初级阶段的重大判断，并据此提出了党的基本路线，开辟了改革开放和社会主义现代化建设的崭新局面。党的十八大以来，我们在前人长期奋斗的基础上统筹推进“五位一体”总体布局、协调推进“四个全面”战略布局，推动党和国家事业取得历史性成就、发生历史性变革，推动中国特色社会主义进入新时代。

（一）我国进入新发展阶段的深刻依据

党的十九届五中全会提出，全面建成小康社会、实现第一个百年奋斗目标之后，我们要乘势而上开启全面建设社会主义现代化国家新征程、向第二个百年奋斗目标进军，这标志着我国进入了一个新发展阶段。习近平总书记指出：“进入新发展阶段明确了我国发展的历史方位。”进入新发展阶段，是以习近平同志为核心的党中央科学分析社会主义初级阶段基本特征、深刻把握国内国际发展大势作出的战略判断，有着深刻的理论依据、历史依据、现实依据。

就理论依据而言，马克思主义是远大理想和现实目标相结合、历史必然性和发展阶段性相统一的统一论者，坚信人类社会必然走向共产主义，但实现这一崇高目标必然经历若干历史阶段。我们党在运用马克思主义基本原理解决中国实际问题的实践中逐步认识到，发展社会主义不仅是一个长期历史过程，而且是需要划分为不同历史阶段的过程。1959 年年底至 1960 年年初，毛泽东在读苏联《政治经济学教科书》时就提出：“社会主义这个阶段，又可能分为两个阶段，第一个阶段是不发达的社会主义，第二个阶段是比较发达的社会主义。后一阶段可能比前一阶段需要更长的时间。”1987 年，邓小平指出：“社会主义本身是共产主义的初级阶段，而我们中国又处在社会主义的初级阶段，就是不发达的阶段。一切都要从这个实际出发，根据这个实际来制订规划。”今天我们所处的新发展阶段，就是社会主义初级阶段中的一个阶段，同时是其中经过几十年积累、站到新的起点上的一个阶段。

从历史依据来看，新发展阶段是我们党带领人民迎来从站起来、富起来到强起来历史性跨越的新阶段。我们党成立后，团结带领人民经过 28 年浴血奋战和顽强奋斗，建立了中华人民共和国，实现了从新民主主义革命到社会主义革命的历史性跨越。新中国成立后，我们党团结带领人民创造性完成社会主义改造，确立社会主义基本制度，大规模开展社会主义经济文化建设，中国人民不仅站起来了，而且站住了、站稳了，实现了从社会主义革命到社会主义建设的历史性跨越。进入历史新时期，我们党带领人民进行改革开放新的伟大革命，极大激发广大人民群众的积极性、主动性、创造性，成功开辟了中国特色社会主义道路，使中国大踏步赶上时代，实现了社会主义现代化进程中新的历史性跨越，迎来了中华民族伟大复兴的光明前景。今天，我们正在此前发展的基础上续写全面建设社会主义现代化国家新的历史。

就现实依据来讲，我们已经拥有开启新征程、实现新的更高目标的雄厚物质基础。经过新中国成立以来特别是改革开放 40 多年的不懈奋斗，到“十三五”规划收官之时，我国经济实力、科技实力、综合国力和人民生活水平跃上新的大台阶，成为世界第二大经济体、第一大工业国、第一大货物贸易国、第一大外汇储备国，国内生产总值超过 100 万亿元，人均国内生产总值超过 1 万美元，城镇化率超过 60%，中等收入群体超过 4 亿人。特别是全面建成小康社会取得伟大历史成果，解决困扰中华民族几千年的绝对贫困问题取得历史性成就。这在我国社会主义现代化建设进程中具有里程碑意义，为我国进入新发展阶段、朝着第二个百年奋斗目标进军奠定了坚实基础。

“十三五”时期，创新驱动发展成果与广阔的应用场景交汇融合，显著提升我国装备制造水平，持续完善交通运输体系，深入推进区域协调发展，支撑我国经济高质量发展取得新成效。图为国产 C919 客机在进行动态展示。

（二）深入把握新发展阶段的特征和要求

习近平总书记指出："认识和把握我国社会发展的阶段性特征，要坚持辩证唯物主义和历史唯物主义的方法论，从历史和现实、理论和实践、国内和国际等的结合上进行思考，从我国社会发展的历史方位上来思考，从党和国家事业发展大局出发进行思考，得出正确结论。"这为我们深入把握新发展阶段的特征和要求提供了科学指南。

新发展阶段面临新的发展环境。当今世界正经历百年未有之大变局，新一轮科技革命和产业变革深入发展，国际力量对比深刻调整，和平与发展仍然是时代主题，人类命运共同体理念深入人心，同时国际环境日趋复杂，不稳定性不确定性明显增加，新冠肺炎疫情影响广泛深远，经济全球化遭遇逆流，世界进入动荡变革期，单边主义、保护主义、霸权主义对世界和平与发展构成威胁，我国发展将面对更多逆风逆水的外部环境。更应看到，时与势在我们一边，这是我们的定力和底气所在，也是我们的决心和信心所在。我国经济长期向好的基本面没有改变，外部冲击只能倒逼我们加快改革创新步伐。有以习近平同志为核心的党中央坚强领导，充分发挥社会主义制度集中力量办大事的制度优势，我国一定能够在新发展阶段实现经济行稳致远、社会安定和谐，一定能够在有力有效应对世界之变、时代之变、历史之变中推进中华民族伟大复兴。

相关链接：

习近平：新发展阶段，时与势在我们一边

新发展阶段要解决新的社会主要矛盾。社会主要矛盾发生积极变化是一个国家、一个社会发展跃上新水平的重要标志，也对推动发展提出了更高要求。进入新时代，我国社会主要矛盾已经转化为人民日益增长的美好生活需要和不平衡不充分的发展之间的矛盾。发展不平衡，主要指各区域各领域各方面发展不够平衡，存在"一条腿长、一条腿短"的失衡现象，制约了整体发展水平提升；发展不充分，主要指一些地区、一些领域、一些方面还存在发展不足的问题，发展的任务仍然很重。发展不平衡不充分，已经成为满足人民日益增长的美好生活需要的主要制约因素，也是需要解决的社会主要矛盾的主要方面。在新发展阶段解决好我国社会主要矛盾，需要增强系统性，坚持系统观念，加强前瞻性思考、全局性谋划、战略性布局、整体性推进；增强针对性，深刻认识人民对美好生活的向往呈现多样化、多层次、多方面的特点，解决好人民群众最关心最直接最现实的利益问题，推动人的全面发展、社会全面进步。

新发展阶段要实现新的奋斗目标。党的十九大综合分析国际国内形势和我国发展条件，明确提出到2035年基本实现社会主义现代化，到本世纪中叶把我国建成富强民主文明和谐美丽的社会主义现代化强国。新发展阶段，我们要锚定党的十九届五中全会确定的2035年远景目标不懈奋斗，进而实现新时代“两步走”战略安排。2035年远景目标涵盖我国经济社会发展方方面面，包括：经济实力、科技实力、综合国力将大幅跃升，经济总量和城乡居民人均收入将再迈上新的大台阶，关键核心技术实现重大突破，进入创新型国家前列；基本实现新型工业化、信息化、城镇化、农业现代化，建成现代化经济体系；人均国内生产总值达到中等发达国家水平，中等收入群体显著扩大，基本公共服务实现均等化，城乡区域发展差距和居民生活水平差距显著缩小；等等。实现这样的远景目标，首先要实现“十四五”时期经济社会发展主要目标，为全面建设社会主义现代化国家开好局、起好步。

2021年3月11日，第十三届全国人民代表大会第四次会议表决通过关于国民经济和社会发展第十四个五年规划和2035年远景目标纲要的决议。

二、深入贯彻新发展理念

我们党领导人民治国理政，很重要的一个方面就是要回答好实现什么样的发展、怎样实现发展这个重大问题。创新、协调、绿色、开放、共享的新发展理念，是习近平新时代中国特色社会主义思想的重要内容，是确保我国经济社会持续健康发展的科学理念。习近平总书记指出：“新发展理念是一个系统的理论体系，回答了关于发展的目的、动力、方式、路径等一系列理论和实践问题，阐明了我们党关于发展的政治立场、价值导向、发展模式、发展道路等重大政治问题。”“十四五”规划和2035年远景目标纲要把“坚持新发展理念”作为“十四五”时期经济社会发展必须遵循的一条原则。立足新发展阶段、构建新发展格局、推动高质量发展，必须不断深化对新发展理念的理解，把新发展理念完整、准确、全面贯穿发展全过程和各领域，奋力实现更高质量、更有效率、更加公平、更可持续、更为安全的发展。

（一）经过实践检验、彰显实践伟力的科学理念

在领导社会主义现代化建设的实践探索中，我们党对发展规律的认识不断深化和升华。党的十八大以来，我们党对经济形势进行科学判断，对经济社会发展提出了许多重大理论和理念，对发展理念和思路作出及时调整，其中新发展理

念是最重要、最主要的。2015 年 10 月，在党的十八届五中全会上，习近平总书记明确提出并系统论述了创新、协调、绿色、开放、共享的新发展理念。在新发展理念引领下，我国经济社会发展取得历史性成就、发生历史性变革，展现出应对风险挑战的强劲韧性。实践有力证明，新发展理念是经得起实践检验、历史检验，充分彰显实践伟力的科学理念。

科学引领“十三五”时期经济社会发展彰显新发展理念实践伟力。习近平总书记强调：“发展理念是否对头，从根本上决定着发展成效乃至成败。”正是在新发展理念引领下，“十三五”时期我国经济社会发展取得巨大成就：经济总量突破 100 万亿元，人均国内生产总值迈上 1 万美元台阶，对世界经济增长贡献率保持在 30% 左右；脱贫攻坚战取得全面胜利，现行标准下 9899 万农村贫困人口全部脱贫，832 个贫困县全部摘帽，12.8 万个贫困村全部出列，消除了绝对贫困和区域性整体贫困，取得了令全世界刮目相看的重大胜利。这 5 年，北斗组网完成，“嫦娥”登月返回，5G 商用加速，量子计算原型机“九章”问世，高速磁悬浮试验样车下线……在 2020 年发布的全球 131 个经济体创新能力排名中，我国列第十四位。这 5 年，京津冀协同发展持续推进，长江经济带发展稳步实施，粤港澳大湾区建设扎实开展，长三角一体化深入推进，发展协调性明显增强。这 5 年，蓝天持续增多，河流更加澄澈，绿色发展方式和生活方式深入人心。这 5 年，我国营商环境持续优化，增设 17 个自贸试验区，从沿海省份扩大到中部、东北、西北、西南等区域，对外开放水平不断提升。这 5 年，我国建成世界上规模最大的社会保障体系，基本医疗保险覆盖超过 13 亿人，基本养老保险覆盖近 10 亿人，人民群众获得感、幸福感、安全感不断增强，全面建成小康社会取得伟大历史性成就。面对突如其来的新冠肺炎疫情，以习近平同志为核心的党中央带领全党全国各族人民，统筹推进疫情防控和经济社会发展工作，我国在全球范围内率先控制住疫情，成为 2020 年唯一实现经济正增长的主要经济体。我国抗击疫情斗争取得重大战略成果，一个重要原因就是我们始终坚持新发展理念，持续培育发展新动能、塑造发展新优势，为疫情防控奠定了坚实的经济实力、科技实力、综合国力基础。

相关链接：

北斗——夜空中最亮的星

有机衔接“两个一百年”奋斗目标彰显新发展理念实践伟力。新发展理念科学引领“十三五”时期和“十四五”时期发展目的、发展动力、发展方式、发展路径一以贯之，有机衔接“两个一百年”奋斗目标，为如期全面建成小康社会、开启全面建设社会主义现代化国家新征程提供了科学指引。“十三五”时期是全面建成小康社会决胜阶段。全面建成小康社会的成色和质量如何，直接影响向第二个百年奋斗目标进军能否开好局、起好步。新发展理念直指全面建成小康社会面临的突出问题、瓶颈问题、短板问题，引领我们在优化结构、增强动能、化解矛盾、补齐短板上取得突破性进展，促使发展更加平衡、协调、可持续。新发展理念不仅确保全面建成小康社会取得决定性成就，还充分考虑更长时期的发展要求，前瞻引领新发展阶段的经济社会发展。随着“十三五”圆满收官、“十四五”全面开启，我们踏上全面建设社会主义现代化国家新征程。在新发展阶段，结构性、体制性、周期性问题相互交织，需要系统性、针对性解决发展不平衡不充分问题。坚定不移贯彻新发展理念，将持续释放发展新动力，不断开辟发展新空间，促进城乡区域平衡发展、产业合理布局和结构优化、经济和社会协调发展、人与自然和谐共生、人的全面发展和社会全面进步，推动我国向第二个百年奋斗目标稳步迈进。

2020年1月31日，在比利时布鲁塞尔的欧洲议会大厦外，工作人员降下英国国旗。布鲁塞尔当地时间1月31日24时（英国时间1月31日23时），英国正式脱离欧盟。

有效应对世界百年未有之大变局彰显新发展理念实践伟力。进入21世纪以来，新兴市场国家和发展中国家群体性崛起，以往长期由西方国家主导的国际格局向世界多极化加速演变，国际博弈更加激烈；新一轮科技革命和产业变革蓬勃兴起，带来的生产力跃升和激烈竞争前所未有，推动世界经济结构、产业结构、国际分工发生深刻变革。同时，单边主义、保护主义、霸权主义抬头，经济全球化遭遇逆流，新冠肺炎疫情大流行使世界百年未有之大变局加速演变，我国发展的外部环境更加严峻复杂。大变局中“危”“机”并存。能否做到准确识变、科学应变、主动求变，抓住机遇、应对挑战，更好实现自身发展，在很大程度上取决于发展理念是否适应新的发展环境和发展条件。在惊涛骇浪中，我们保持战略定力，集中力量办好自己的事，坚定不移贯彻新发展理念，全面做强自己。坚持创新在我国现代化建设全局中的核心地位，把科技自立自强作为国家发展的战略支撑；坚持实施区域重大战略、区域协调发展战略、主体功能区战略，构建高质量发展的区域经济布局和国土空间支撑体系；坚持绿水青山就是金山银山理念，促进经济社会发展全面绿色转型，建设人与自然和谐共生的现代化；坚持实施更大范围、更宽领域、更深层次对外开放，依托我国超大规模市场优势，促进国际合作，实现互利共赢；坚持人民主体地位，坚持共同富裕方向，始终做到发展为了人民、发展依靠人民、发展成果由人民共享……崇尚创新、注重协调、倡导绿色、厚植开放、推进共享的新发展理念，与当今世界发展进步的时代潮流高度契合，是我们在大变局中顺势而为、抢抓机遇、抵御风浪，赢得优势、赢得主动、赢得未来的强大思想武器。

（二）把握新发展阶段、构建新发展格局、推动高质量发展的科学指引

理念是行动的先导，一定的发展实践都是由一定的发展理念来引领的。“十四五”规划和2035年远景目标纲要明确：“‘十四五’时期推动高质量发展，必须立足新发展阶段、贯彻新发展理念、构建新发展格局。”强调“贯彻新发展理念为把握新发展阶段、构建新发展格局提供了行动指南”。准确把握新发展阶段，加快构建新发展格局，开启全面建设社会主义现代化国家新征程，必须充分发挥新发展理念的科学引领作用。

引领我们准确把握新发展阶段。新发展阶段是社会主义初级阶段中的一个阶段，同时是其中经过几十年积累、站到新的起点上的一个阶段。“十四五”时期，我国进入新发展阶段，国内外环境发生深刻复杂变化。我国已转向高质量发展阶段，制度优势显著，治理效能提升，经济长期向好，物质基础雄厚，人力资源丰富，市场空间广阔，发展韧性强劲，社会大局稳定，继续发展具有多方面优势和条件。但也要看到，我国发展不平衡不充分问题仍然突出，重点领域关键环节改革任务仍然艰巨，创新能力不适应高质量发展要求，农业基础还不稳固，城乡区域发展和收入分配差距较大，生态环保任重道远，民生保障存在短板，社会治理还有弱项。与此同时，国际经济、科技、文化、安全、政治等格局发生深刻调整，世界进入动荡变革期，我们将面对更多逆风逆水的外部环境。当前和今后一个时期，我国发展仍然处于重要战略机遇期，但机遇和挑战都有新的发展变化，机遇和挑战之大都前所未有，总体上机遇大于挑战。只有完整、准确、全面贯彻新发展理念，加快推进质量变革、效率变革、动力变革，努力实现创新成为第一动力、协调成为内生特点、绿色成为普遍形态、开放成为必由之路、共享成为根本目的的高质量发展，才能有效破解一系列结构性、周期性、体制性问题，才能在国内外环境的深刻复杂变化中育先机、开新局，推动“中国号”巨轮在新发展阶段乘风破浪、行稳致远。

引领我们加快构建新发展格局。习近平总书记强调：“要全面把握新发展阶段的新任务新要求，坚定不移贯彻新发展理念、构建新发展格局。”加快构建以国内大循环为主体、国内国际双循环相互促进的新发展格局，是适应我国发展阶段新要求、塑造国际合作和竞争新优势的必然选择。随着全球政治经济环境变化，逆全球化趋势加剧，有的国家大搞单边主义、保护主义，传统国际循环明显弱化。我国有14亿人口，是全球最大和最有潜力的消费市场，拥有全球最完整、规模最大的工业体系和完善的配套能力，国内循环在我国经济中的作用不断

上升。进入新发展阶段、贯彻新发展理念、构建新发展格局，是由我国经济社会发展的理论逻辑、历史逻辑、现实逻辑决定的，是对我国客观经济规律和发展趋势的正确把握。新发展理念是一个系统的理论体系，以新发展理念为“指挥棒”，构建新发展格局就有了清晰的路线图。完整、准确、全面贯彻新发展理念，要求经济增长动力从要素驱动转向创新驱动，加快科技自立自强，确保国内大循环畅通，塑造我国在国际大循环中新优势；推进以人为核心的新型城镇化、全面实施乡村振兴战略、促进城乡区域协调发展，增强发展内生动力；从根本上破解资源约束趋紧、环境污染严重、生态系统退化等问题，推动产业链供应链可持续发展；实施更高水平对外开放，更深度融入全球经济，构建国内国际双循环相互促进的统一体；更加注重共同富裕问题，改善收入分配格局，壮大中等收入群体，从而有效扩大内需。完整、准确、全面贯彻新发展理念，必然要求构建新发展格局；构建新发展格局最本质的特征是实现高水平的自立自强，是坚持新发展理念的生动实践。

引领我们切实推动高质量发展。习近平总书记指出：“新时代新阶段的发展必须贯彻新发展理念，必须是高质量发展。”全面建设社会主义现代化国家，承接第一个百年奋斗目标，锚定第二个百年奋斗目标，在中华民族伟大复兴历史进程中具有承前启后的重大意义，“十四五”时期必须开好局、起好步。全面建设社会主义现代化国家，从根本上说仍是发展问题，而这个发展必须是高质量发展。新征程上，我们既要破解长期存在的制约我国高质量发展的深层次问题，还可能要应对不少从未经历、难以预测的问题，存量矛盾和新增风险相互叠加，工作的复杂程度、艰巨程度绝不亚于过去。在新征程上解决一系列尖锐复杂的问题和挑战，推动高质量发展，必须推动新发展理念在更深更广层面落细落实。比如，破解一些领域关键核心技术“卡脖子”问题，必须坚持创新在我国现代化建设全局中的核心地位，把科技自立自强作为国家发展的战略支撑。只有坚持以人民为中心的发展思想，把完整、准确、全面贯彻新发展理念和推动高质量发展的要求贯穿到经济社会发展全过程和各领域，使创新、协调、绿色、开放、共享发展协同发力、形成合力，不畸轻畸重，不以偏概全，才能确保经济社会发展行稳致远，如期实现“十四五”时期经济社会发展主要目标和2035年远景目标。

在“绿水青山就是金山银山”理念指引下，长江经济带各地进一步加强环境保护、完善基础设施、推进协调发展、扩大对外开放，共同奏响高质量发展新乐章。图为上海洋山港集装箱码头。

（三）完整准确全面贯彻新发展理念

习近平总书记强调："新发展理念是一个整体，必须完整、准确、全面理解和贯彻。"新发展理念是我国发展思路、发展方向、发展着力点的集中体现，具有很强的战略性、纲领性、引领性。只有完整、准确、全面理解和贯彻新发展理念，把新发展理念贯穿发展全过程和各领域，才能真正实现高质量发展。

从根本宗旨把握新发展理念。习近平总书记指出："人民是我们党执政的最深厚基础和最大底气。为人民谋幸福、为民族谋复兴，这既是我们党领导现代化建设的出发点和落脚点，也是新发展理念的'根'和'魂'。"人民是历史的创造者，全心全意为人民服务是我们党的根本宗旨。党的十八大以来，我们党始终坚持以人民为中心的发展思想，坚持发展为了人民、发展依靠人民、发展成果由人民共享，坚持共同富裕方向，付出艰苦努力，不断改善民生，取得辉煌发展成就。"人民有所呼、改革有所应"的全面深化改革、较短时间实现超大规模人口脱贫的中国奇迹、建成世界上规模最大的社会保障体系……一系列事关人民群众长远利益和现实利益的民生建设成就，成为贯彻新发展理念最生动的写照。我们推动经济社会发展，归根结底是为了不断满足人民群众对美好生活的需要，必须站稳人民立场，树立正确的发展观、现代化观。从根本宗旨把握新发展理念，就要统筹考虑需要和可能，按照经济社会发展规律循序渐进，自觉主动解决地区差距、城乡差距、收入差距等问题，不断增强人民群众获得感、幸福感、安全感。

从问题导向把握新发展理念。习近平总书记指出："我们党领导人民干革命、搞建设、抓改革，都是为了解决我国的实际问题。"问题是时代的声音。新发展理念是针对我国发展中的突出矛盾和问题提出来的，是在深刻总结国内外发展经验教训、深刻分析国内外发展大势的基础上形成的，关注的是怎样发展得更好的问题，主要解决"发展起来以后"出现的问题，科学回答了在新时代新阶段实现什么样的发展、怎样实现发展的问题。新时代，我国社会主要矛盾已经转化为人民日益增长的美好生活需要和不平衡不充分的发展之间的矛盾，我国经济发展已经由高速增长阶段转向高质量发展阶段。这既是全局性转变，也是历史性跨越。当前，我国发展不平衡不充分的问题仍然突出，发展中的矛盾和问题集中体现在发展质量上。满足人民日益增长的美好生活需要，实现从规模速度型粗放增长转向质量效率型集约增长、从要素投资驱动转向创新驱动、从"有没有"转向"好不好"，这要求我们坚持问题导向，更加精准地贯彻新发展理念，举措要更加精准务实，切实解决好发展不平衡不充分的问题，真正实现高质量发展。

从忧患意识把握新发展理念。习近平总书记指出："我们党是生于忧患、成长于忧患、壮大于忧患的政党。”我们党在内忧外患中诞生，在磨难挫折中成长，在攻坚克难中壮大，始终有着强烈的忧患意识。当今世界正经历百年未有之大变局，全球动荡源和风险点增多，我国发展外部环境更加复杂严峻。“十四五”时期是我国跨越中等收入陷阱的关键阶段，也是各类风险易发多发阶段，面临的风险挑战不会少，面临的重大斗争也不会少。我们必须增强忧患意识、坚持底线思维，随时准备应对更加复杂困难的局面。把握发展主动权、有效应对风险挑战，就要贯彻新发展理念，实现高质量发展，增强我们的生存力、竞争力、发展力、持续力。我们要统筹国内国际两个大局，办好发展安全两件大事，坚持政治安全、人民安全、国家利益至上有机统一，既要敢于斗争，也要善于斗争，牢牢掌握斗争主动权，在伟大斗争的洗礼和磨炼中成长壮大，全面做强自己。任凭风云变幻，全力办好自己的事，时与势就始终在我们一边。这是我们的定力和底气所在，也是我们的决心和信心所在。

贯彻新发展理念是关系我国发展全局的一场深刻变革，具有重大现实意义和深远历史意义。理念是行动的先导，能否完整、准确、全面贯彻新发展理念，是检验广大党员、干部的一个重要尺度。把思想和行动统一到自觉贯彻新发展理念上来，崇尚创新、注重协调、倡导绿色、厚植开放、推进共享，我们就一定能在新时代新征程上创造新的更大奇迹。

三、加快构建新发展格局

在实现“两个一百年”奋斗目标的历史交汇点上，以习近平同志为核心的党中央根据我国发展阶段、环境、条件变化，特别是基于我国比较优势变化，审时度势作出了构建新发展格局的重大决策。习近平总书记强调：“加快构建以国内大循环为主体、国内国际双循环相互促进的新发展格局，是‘十四五’规划《建议》提出的一项关系我国发展全局的重大战略任务，需要从全局高度准确把握和积极推进。”“十四五”规划和 2035 年远景目标纲要提出，“‘十四五’时期推动高质量发展，必须立足新发展阶段、贯彻新发展理念、构建新发展格局”，并强调构建新发展格局是“应对新发展阶段机遇和挑战、贯彻新发展理念的战略选择”。

（一）充分认识加快构建新发展格局的重大意义

构建新发展格局明确了我国经济现代化的路径选择，是党中央根据我国发展阶段、环境、条件、任务、要求变化，特别是基于我国比较优势变化，审时度势作出的重大决策，是把握未来发展主动权的战略性布局和先手棋，对我国实现更高质量、更有效率、更加公平、更可持续、更为安全的发展，意义重大而深远。

构建新发展格局是适应新发展阶段要求的主动选择。从国际比较看，大国经济的特征都是内需为主导、内部可循环。党的十八大以来，我们坚持实施扩大内需战略，使发展更多依靠内需特别是消费需求拉动，对外贸易依存度从2012年的47.3%下降到2020年的31.7%，延续2006年达到峰值后持续下降的趋势；过去9年中有4个年份内需对经济增长的贡献率超过100%，国内大循环活力日益强劲。近年来，经济全球化遭遇逆流，一些主要国家政策内顾倾向上升，国际经济循环格局发生深度调整，市场和资源两头在外的国际大循环动能明显减弱，伴随着我国决胜全面建成小康社会取得决定性成就，并向第二个百年奋斗目标进军，国内需求结构、产业结构、技术体系和经济增长动能等都在发生深刻变化。我们必须遵循大国发展规律，对国内经济循环同国际经济循环的关系主动作出调整，根据新形势新任务提出引领发展的新思路新格局。

构建新发展格局，必须坚持扩大内需这个战略基点，把扩大消费同改善人民生活品质结合起来。图为2020年10月5日，游客在海南三亚国际免税城购物。

构建新发展格局是深入贯彻新发展理念的重大举措。党的十八大以来，以习近平同志为核心的党中央对经济社会发展提出了许多重大理论和理念，其中新发展理念是最重要的、最主要的，社会各界对贯彻新发展理念已经形成高度共识，实践也在不断深化。当前，我国发展不平衡不充分问题仍然突出，创新能力不适应高质量发展要求，地区差距、城乡差距、收入差距较大，生态环保任重道远，民生保障和社会治理还有不少短板弱项。我们必须树牢系统观念，坚持目标导向和问题导向，统筹处理当前和长远、自主和开放、政府和市场、全局和局部、发展和安全等重大关系，打通堵点、补齐短板、畅通循环，不断提高发展质量效益，把贯彻新发展理念的实践不断引向深入。

构建新发展格局是应对国际环境深刻变化的必然要求。当前，国际力量对比正在发生历史性变化，国际政治经济环境日趋复杂，世界进入动荡变革期，我们将面对更多逆风逆水的外部环境，必须做好应对一系列新的风险挑战的准备，从统筹发展和安全的高度深刻把握和认识这一变化，更多立足国内谋划发展，加快推进解决关键核心技术“卡脖子”和部分商品对外采购率过高的问题，畅通国内经济大循环，形成强大的国内经济循环体系和稳固的基本盘，不断增强经济体系的抗冲击能力。只有这样才能提高我们的生存力、竞争力、发展力、持续力，在国际风云变幻中始终充满朝气生存和发展下去。与此同时，坚持在开放发展中争取战略主动，通过扩大更高水平的对外开放，充分利用国际国内两个市场两种资源，以国际循环提升国内大循环效率和水平，改善我国生产要素质量和配置水平，塑造我国在国际竞争和发展中的新优势。

（二）准确把握构建新发展格局面临的机遇和挑战

当前和今后一个时期，我国发展仍然处于重要战略机遇期，但机遇和挑战都有新的发展变化。加快构建新发展格局具有坚实基础和巨大优势，总体上机遇大于挑战，机遇更具有战略性、可塑性，挑战更具有复杂性、全局性，挑战前所未有，应对好了，机遇也前所未有。

从国际看，世界百年未有之大变局加速演进，国际经济、科技、政治、安全等格局都在发生深刻调整。一是新冠肺炎疫情加快世界经济格局演变，世界经济在大幅下行后有望出现恢复性增长，但发达经济体经济走势分化明显，新兴经济体和发展中国家复苏面临较多困难。二是全球产业链分工格局加速调整。各国更加重视本国供应链安全，生产网络区域化、本地化趋势更加明显。新一轮科技革命和产业变革深入发展，各国抢占新一轮科技制高点的竞争更趋激烈。三是经济全球化遭遇逆流。部分发达经济体实施贸易保护政策，推动建立排他性保护性较强的区域贸易协定，新兴经济体面临更高贸易投资规则门槛。四是传统与非传统安全风险交织蔓延。单边主义、保护主义、霸权主义对世界和平与发展构成威胁，恐怖主义、气候变化、重大传染性疾病、网络安全等非传统安全风险明显增加。

相关链接：

新发展格局应对新变局

从国内看，我国正处于转变发展方式、优化经济结构、转换增长动力的攻关阶段，结构性、体制性、周期性问题相互交织。一是国内经济恢复的基础尚不牢固。经济循环梗阻加快打通、市场预期不断改善，但内需稳步回升受到制约，居民消费恢复相对滞后，企业特别是制造业企业投资意愿不强。二是发展质量效益有待提高。一些关键核心技术受制于人，部分关键元器件、零部件、原材料依赖进口。低端无效供给过剩与中高端有效供给不足并存，金融、房地产与实体经济发展不够均衡。三是重点领域风险不容忽视。粮食供求仍将维持紧平衡状态，油气对外采购率较高，能源资源安全面临不少挑战。宏观杠杆率仍然较高，银行不良贷款风险可能继续显现，一些企业生产经营存在较多困难。四是民生保障仍存短板。就业压力大和招工难问题并存，新成长劳动力数量仍处高位，制造业、中小企业招工难题更加凸显。公共服务供需不均衡问题仍然突出，人口老龄化程度加深，老年抚养比持续上升，对养老保障可持续性造成较大挑战。

在看到风险挑战的同时，也要看到我国已转向高质量发展阶段，构建新发展格局具有多方面突出优势和条件。我们有以习近平同志为核心的党中央的坚强领导，有习近平新时代中国特色社会主义思想的科学指引，在面对困难复杂局面时就能够万众一心、众志成城，凝聚起破浪前行的强大力量，这是我国发展的最大有利条件和优势所在。我们有中国特色社会主义制度的显著优势，国家治理体系和治理能力现代化取得重大进展，各方面制度更加成熟更加定型，防范和化解重大风险体制机制不断健全，突发公共事件应急能力显著增强，发展安全保障更加有力。我们有雄厚的物质基础，粮食总产量连续6年超过1.3万亿斤，220多种工业产品产量居世界第一位，高铁运营里程、高速公路里程、5G终端连接数均居世界第一，经济高质量发展的基础更加坚实。我们有规模庞大和最具增长潜力的消费市场，拥有14亿人口、4亿多中等收入人群、1.3亿多户市场主体和1.7亿多受过高等教育或拥有各种专业技能的人才，有条件、有能力充分发挥大国经济的规模效应和集聚效应，有力推动构建新发展格局。

（三）坚持以新发展理念引领构建新发展格局

构建新发展格局是一个系统工程，必须把新发展理念完整、准确、全面贯彻到构建新发展格局的全过程和各领域，找准加快构建新发展格局的着力点和突破口，切实将党中央、国务院各项部署落到实处。

坚持创新驱动发展，巩固增强国内大循环主体地位。这是决定我国生存和发展的基础能力，也是确保国内大循环畅通、塑造我国在国际大循环中新优势的关键。加快构建新发展格局，必须把科技自立自强作为国家发展的战略支撑，注重以高质量供给适应引领创造新需求，形成消费和投资互促共进的强大国内市场。加快完善科技创新体制机制，强化国家战略科技力量，提升企业技术创新能力，激发人才创新活力。加快发展现代产业体系，推动产业链供应链优化升级，发展壮大战略性新兴产业，形成需求牵引供给、供给创造需求的更高水平动态平衡。加快培育完整内需体系，把实施扩大内需战略同深化供给侧结构性改革有机结合起来，紧扣改善民生拓展需求，提升传统消费，培育新型消费，发展服务消费，适当增加公共消费。促进消费与投资良性互动，加大投资补短板力度，加强现代流通体系建设，推进新型基础设施、新型城镇化、交通水利等重大工程建设。

实行高水平对外开放，推动国内国际双循环相互促进。这是以开放促改革促发展、充分发挥比较优势、提高资源配置效率的重要途径。加快构建新发展格局，必须着眼于促进国内国际大循环的良性互动，实施更大范围、更宽领域、更深层次对外开放，促进国际合作，开拓互利共赢新局面。增强对外贸易综合竞争力，推进外贸企业转型升级，优化促进外贸发展的财税政策。推进贸易和投资自由化便利化，进一步缩减外资准入负面清单，落实准入后国民待遇，完善自由贸易试验区布局，稳步推进海南自由贸易港建设。推动共建“一带一路”高质量发展，加强发展战略和政策对接，推进基础设施互联互通，深化国际产能合作。积极参与全球治理体系改革和建设，推动构建人类命运共同体。

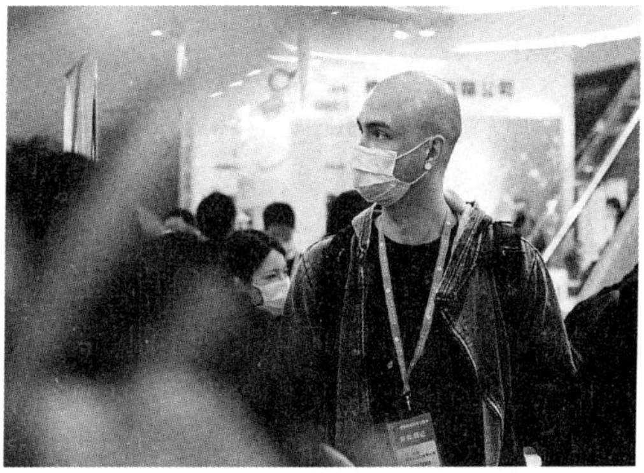

促进国内国际大循环的良性互动，必须实施更大范围、更宽领域、更深层次对外开放。2021年3月18日，首届中国跨境电商交易会在福建省福州市举行，共吸引全球33个跨境电商平台、35个全国出口型产业带、200多家跨境电商服务企业和2000多家外贸供货企业参展。图为采购商在交易会现场参观。

推进城乡区域协调发展，培育壮大发展动力源。这是在全国统一大市场基础上搞国内大循环的集中体现。加快构建新发展格局，必须增强城乡区域发展协调性，优化国内大循环的空间布局。推动农业农村现代化，深化农业供给侧结构性改革，优化农业生产结构和区域布局，健全城乡融合发展体制机制，做好巩固拓展脱贫攻坚成果同乡村振兴有效衔接。坚定实施区域重大战略、区域协调发展战略，健全区域协调发展机制，形成优势互补、高质量发展的区域经济布局。推进以人为核心的新型城镇化，深化户籍制度改革，完善城市群一体化发展体制机制，促进大中小城市和小城镇协调发展。坚持宜山则山、宜水则水，宜粮则粮、宜农则农，宜工则工、宜商则商，塑造城市化地区、农产品主产区、生态功能区三大空间优势互补的区域格局。

大力推动绿色低碳发展，促进人与自然和谐共生。这是提升国内大循环质量效益的重要手段。加快构建新发展格局，必须坚持尊重自然、顺应自然、保护自然，大力推进生态文明建设，促进国内大循环的绿色低碳发展。持续改善环境质量，深入开展污染防治行动，全面提升环境基础设施水平，完善能源消费总量和强度双控制度，制定和实施2030年前碳排放达峰行动方案，力争2060年前实现碳中和。促进发展方式绿色转型，坚决遏制高耗能、高排放项目盲目发展，推进重点行业和重要领域绿色化改造。全面推进资源高效利用，加快构建废旧物资循环利用体系，推动垃圾资源化利用和无害化处置。

知识链接

“碳达峰”是指二氧化碳排放量达到历史最高值，然后经过平台期进入持续下降的过程，也是二氧化碳排放量由增转降的历史拐点。“碳中和”是指通过能效提升和能源替代将人为活动排放的二氧化碳减至最低程度，然后通过森林碳汇或捕集等其他方式抵消掉二氧化碳的排放，实现源与汇的平衡。

切实保障和改善民生，不断增强人民群众获得感幸福感安全感。这是畅通国内大循环的出发点和落脚点，也是国内国际双循环相互促进的关键联结点。加快构建新发展格局，必须坚持以人民为中心的发展思想，加强普惠性、基础性、兜底性民生建设，让发展成果更多更公平惠及全体人民。把促进全体人民共同富裕摆在更加重要位置，通过开展示范区建设，探索扎实推动共同富裕的有效途径。优化收入分配格局，健全各类生产要素由市场评价贡献、按贡献决定报酬的机制，提高劳动报酬在初次分配中的比重，完善再分配调节体系。提高公共服务质量和水平，加快补齐基本公共服务短板，继续实施就业优先战略，加快健全覆盖全民、统筹城乡、公平统一、可持续的多层次社会保障体系。

统筹发展安全两件大事，强化国家经济安全保障。这是构建新发展格局的重要前提和保障，也是畅通国内大循环的题中应有之义。加快构建新发展格局，必须增强忧患意识、坚持底线思维，随时准备应对更加复杂困难的局面。深入实施藏粮于地、藏粮于技战略，抓住耕地和种子两个关键，严守18亿亩耕地红线，实施黑土地保护工程，推进现代种业提升工程，开展种源“卡脖子”技术攻关，深化粮食等重要农产品收储制度改革，确保谷物基本自给、口粮绝对安全。坚持立足国内、补齐短板、多元保障、强化储备，完善能源产供储销体系，优化能源结构，增强能源持续稳定供应和风险管控能力。提升产业基础能力和产业链水平，打好关键核心技术攻坚战，构建自主可控、安全高效的产业链供应链，增强产业体系抗冲击能力。积极参与配合做好稳妥防范化解财政、金融、房地产等重点领域安全风险隐患，坚决守住不发生系统性风险的底线。加强“一带一路”建设风险防控。

“积力之所举，则无不胜也；众智之所为，则无不成也。”构建新发展格局需要付出长期艰苦的努力，各地区各部门必须把思想和行动统一到党中央决策部署上来，找准自己在国内大循环和国内国际双循环中的位置和比较优势，在服务和融入新发展格局上展现更大作为；各市场主体都可以立足优势、把握机遇、乘势而上，在推动国内大循环、畅通国内国际双循环中实现新的更大发展。“十四五”规划和2035年远景目标纲要已经对构建新发展格局作出了全面部署。只要坚持以习近平新时代中国特色社会主义思想为指导，充分发挥党的领导和中国特色社会主义制度的显著优势，完整、准确、全面贯彻新发展理念，贯彻实施“十四五”规划和2035年远景目标纲要，就一定能在构建新发展格局中不断开拓发展新境界，在全面建设社会主义现代化国家新征程上不断取得新胜利。

拓展阅读

坚持全国一盘棋思想　服务和融入新发展格局

立足新发展阶段、贯彻新发展理念、构建新发展格局，推动高质量发展，是当前和今后一个时期全党全国必须抓紧抓好的工作。习近平总书记强调：“推动经济高质量发展，既要深刻认识贯彻新发展理念、构建新发展格局对推动地方高质量发展的原则要求，又要准确把握本地区在服务和融入新发展格局中的比较优势，走出一条符合本地实际的高质量发展之路。”新发展格局强调的是开放的国内国际双循环，决不是封闭的国内经济单循环。国内大循环是建立在国内统一大市场基础上的大循环，而不是每个地方都搞自我小循环。这要求各地坚持全国一盘棋思想，找准自己在国内大循环和国内国际双循环中的位置和比较优势，主动担当、积极作为，努力服务和融入新发展格局。

畅通经济循环。构建新发展格局的关键在于经济循环的畅通无阻。习近平总书记指出：“经济活动需要各种生产要素的组合在生产、分配、流通、消费各环节有机衔接，从而实现循环流转。”以国内大循环为主体，意味着把满足国内需求作为发展的出发点和落脚点，生产、分配、流通、消费更多依托国内市场，各个环节环环相扣，建立一个高效率的内部循环体系，把内在潜力更好发挥出来；国内国际双循环相互促进，意味着在世界范围内整合配置资源要素，促进整个循环系统更加畅通。当前，畅通经济循环要求各地立足做好自己的事，坚持深化供给侧结构性改革，继续完成“三去一降一补”的重要任务，实现经济在高水平上的动态平衡；同时全面优化升级产业结构，增强我国在全球产业链供应链创新链中的影响力。

推动构建统一大市场。市场资源是我国的巨大优势，必须充分利用和发挥这个优势，不断巩固和增强这个优势，形成构建新发展格局的深厚基础。习近平总书记强调，“在实践中，我们要注意防范一些认识误区”，其中之一是“各自为政、画地为牢，不关心建设全国统一的大市场、畅通全国大循环，只考虑建设本地区本区域小市场、搞自己的小循环”。我国幅员辽阔，各地区资源禀赋不同，发展水平也存在差异。这就决定了不同地区在全国构建新发展格局中所承担的角色和定位各有不同，需要在维护全国大局、服务全国大局的前提下，根据各地区经济发展实际情况，充分发挥各自积极性与主动性，加快培育完整内需体系，扩大居民消费、提升消费层次，推动构建全国统一的大市场，畅通全国大循环。

实行高水平对外开放。构建新发展格局不是封闭的国内单循环，而是开放的国内国际双循环。习近平总书记强调："构建新发展格局，实行高水平对外开放，必须具备强大的国内经济循环体系和稳固的基本盘。"通过发挥内需潜力，使国内市场和国际市场更好联通，以国内大循环吸引全球资源要素，有利于更好利用国内国际两个市场、两种资源，提高我国在全球配置资源能力，更好争取开放发展中的战略主动。这就要求各地区推动更高水平的对外开放，通过持续深化要素流动性开放、稳步拓展制度型开放，形成对全球要素资源的吸引力，改善生产要素质量和配置水平，营造良好营商环境。同时，注重了解国际事务，深入研究利益相关国、贸易伙伴国、投资对象国的情况，做到心中有数、趋利避害。

（资料来源：《人民日报》2021 年 6 月 17 日 13 版）

阅读推荐

1. 王一鸣：《准确把握"十四五"时期我国发展环境的深刻变化》，《人民日报》2021 年 5 月 10 日 17 版。

2. 钟瑛：《新发展阶段的发展主题是实现高质量发展》，《红旗文稿》2021 年第 9 期。

3.《深入把握我国经济社会发展的战略导向》，《人民日报》2021 年 6 月 1 日 13 版。

思考题

1. 如何理解我国已经进入新的发展阶段？
2. 新发展理念是一种什么样的发展理念？
3. 构建新发展格局有何重大意义？

专题

四

以乡村全面振兴助力农业农村现代化

“十四五”时期我国农业农村发展将迎来双循环战略更加强化农业“压舱石”地位、“三农”工作重心历史性转移、加快促进城乡要素双向流动等多重机遇，也将直面我国发展外部环境不确定性增多、农业综合成本不断抬升、农村生态环境和要素制约问题愈加突出等严峻挑战。为更好抓住机遇、有效应对挑战，根据《中华人民共和国国民经济和社会发展第十四个五年规划和2035年远景目标纲要》（以下简称《纲要》）相关要求，需要从农业、农村、农民三个层面出发，重点推进实现农业高质高效、乡村宜居宜业、农民富裕富足，助力实现农业农村现代化发展。

没有农业农村的现代化，就没有国家的现代化。没有乡村的振兴，就没有中华民族的伟大复兴。实施乡村振兴战略是实现农业农村现代化的必然选择。当前，我国已开启全面建设社会主义现代化国家新征程，“三农”工作转入全面推进乡村振兴、加快农业农村现代化新阶段。2021年的中央一号文件强调，要坚持把解决好“三农”问题作为全党工作重中之重，把全面推进乡村振兴作为实现中华民族伟大复兴的一项重大任务，举全党全社会之力加快农业农村现代化，让广大农民过上更加美好的生活。这为我们以乡村全面振兴助力农业农村现代化指明了方向和路径。

一、乡村振兴战略的伟大意义和实施目标

当前，我国正处在全面建成小康社会，实现第一个百年奋斗目标，开启全面建设社会主义现代化国家新征程，迈向第二个百年奋斗目标的历史新起点上。深入学习和领会乡村振兴战略的伟大意义，才能有更高的站位，增强战略思维的自觉性，推进党的基本路线和基本方略落地生根。

（一）乡村振兴战略的伟大意义

1. 全局性和历史性意义

没有农业农村现代化，就没有整个国家的现代化。在现代化进程中，如何处理好工农关系、城乡关系，在一定程度上决定着现代化的成败。习近平总书记指出，没有农业现代化，没有农村繁荣富强，没有农民安居乐业，国家现代化是不完整、不全面、不牢固的。

从世界各国现代化历史看，随着工业化和城市化的发展，乡村衰落，大量农民涌向城市贫民窟，有的国家甚至造成社会动荡。我国作为中国共产党领导的社会主义国家，应该吸取和借鉴西方国家在现代化进程中处理城乡关系的经验教训，使城乡发展实现优势互补、融合发展。

从新中国成立以来城乡发展历史看，我国依靠农业农村支持，在一穷二白的基础上建立起比较完整的工业体系和国民经济体系。改革开放以来，广大农民为推进工业化、城镇化作出了巨大贡献。当前我国面临正确处理工农关系、城乡关系新的历史关口。我国发展最大的不平衡是城乡发展不平衡，最大的不充分是农村发展不充分。乡村振兴战略，就是为了从全局和战略高度来把握和处理工农关系、城乡关系，解决“一条腿长、一条腿短”的问题。

从实施乡村振兴战略的实践来看，通过第一、第二、第三产业融合发展实现农业的转型升级、提质增效；通过践行“两山”理论、推进产业绿色化和绿色产业化，加快发展生态农业；通过“互联网 + 现代农业”，实现电子商务进农村、

为乡村振兴插上信息化翅膀；通过产业扶贫与乡村振兴相结合，持续改善社会民生；通过壮大乡村集体经济，实现乡村产业可持续发展，这些实践已经取得良好的社会效益和经济效益。

乡村振兴战略，关系到农业农村现代化的实现，关系到社会主义现代化的全面实现，关系到第二个百年奋斗目标的实现。因此，包括产业振兴、人才振兴、文化振兴、生态振兴、组织振兴在内的乡村全面振兴，对于全面建设社会主义现代化国家具有全局性和历史性意义。

为保护生态环境，宜昌市兴山县通过水上架桥的方式修建了一条“路景相融”的水上公路，因地制宜发展生态旅游产业。图为车辆行驶在宜昌市兴山县境内的水上公路上。

2. 理论和现实意义

党的十九大提出，我国社会主要矛盾已经转化为人民日益增长的美好生活需要和不平衡不充分的发展之间的矛盾。解决的首要问题是城乡之间发展的不平衡、农业农村发展的不充分问题。满足亿万农民对美好生活的新期待，必须把乡村发展摆到国家的战略位置，坚持农业农村优先发展，加快推进农业农村现代化。乡村经济处于整个经济发展的末端，经济要素依然高度集中于大城市和中心城市，农村转型升级面临基础设施、金融环境、人才支撑等现实制约，成为乡村振兴最大的现实瓶颈。党的十八大以来，国家采取了一系列政策、举措扶持和推动“工业反哺农业、城市支持农村”。党的十九大提出，乡村振兴战略正是要从根本上解决新时代社会主要矛盾，解决城乡差别、乡村发展不平衡和不充分的问题，实现“四化”即工业化、城镇化、农业产业化、信息化同步发展，实现城乡融合和可持续发展，从而实现中国共产党的执政宗旨和社会主义的本质要求。

中国共产党坚持以人民为中心，始终把人民放在最高位置，让全体中国人都过上更好的日子，让亿万农民有更多实实在在的获得感、幸福感、安全感，实现共同富裕，践行立党为公、执政为民的执政宗旨。如果在现代化进程中把农村 4 亿多人落下，一边是繁荣的城市，一边是凋敝的农村，这不符合中国共产党的执政宗旨，也不符合社会主义的本质要求。因此，习近平总书记提出“中国要强，农业必须强，中国要美，农村必须美，中国要富，农民必须富”，不断缩小城乡差距，让农业成为有奔头的产业，让农民成为有吸引力的职业，让农村成为安居乐业的家园。

综上所述，乡村振兴战略对于解决新时代我国社会主要矛盾，实现党的执政宗旨和社会主义的本质要求具有重大理论和现实意义。

3. 创新性的实践意义

实现乡村振兴是前无古人、后无来者的伟大创举，没有现成、可照抄照搬的经验。我国的耕地资源也不允许各地都像欧美那样搞大规模农业、大机械作业，只能根据客观条件发展农民合作社和家庭农场两类农业经营主体，实现小规模农户和现代农业发展的有机衔接，发展新型集体经济，走共同富裕的中国特色乡村振兴之路。实施乡村振兴战略是改革开放40多年来不断探索和不断丰富的结果，符合中国的乡村发展规律。从“美丽乡村”建设、社会主义新农村建设、特色小镇建设，再到乡村振兴战略的实施，对城乡关系的处理也经历了从城乡兼顾、统筹城乡，再到城乡融合的发展历程，探索出一条符合中国国情的乡村振兴之路。习近平总书记指出，“要把乡村振兴战略这篇大文章做好，必须走城乡融合发展之路”。城乡融合是未来城乡关系发展的根本出路。

中国经历了几千年的农业社会，创造了辉煌的农耕文明，历史积淀下来的优秀传统文化依靠乡村社会的维系和传承。正如习近平总书记所说，“我国农耕文明源远流长、博大精深，是中华优秀传统文化的根”。这样的国情也决定了在乡村振兴中文化铸魂的重要性。随着城市化的加速推进，农民工大规模进城务工，乡村文化主体和文化生态面临挑战需要重塑。乡村文化振兴，一方面是解决城乡间文化地位不均等、文化公共服务供给不平衡、文化产业发展不充分等问题，弥补城乡文化发展差距。另一方面是对乡村传统美德的继承、弘扬和振兴。整理挖掘中国传统乡土文化中家风家训的内容，比如知书达理、精忠报国、崇德向善、清廉自守、勤政廉洁、耕读传家、自立自强、严于律己、勤劳俭朴、邻里和谐、勤俭持家、德业双修、患难相恤等传统美德，摒弃乡村社会的文化糟粕，抵制拜金主义等对乡村文明的侵蚀，通过乡村文化振兴，实现创造性转化和创新性发展，焕发农村社会主义文明新气象。将优秀传统文化根脉中的思想精华“唤醒”和“活化”，让中华文化精髓在现代乡村得以延续传承，让中华民族的精神品格、精神血脉和文化基因绵延发展，使之融入社会主义先进文化建设，为实施乡村振兴战略提供强大的精神资源。总之，乡村振兴战略既是顶层设计，又符合中国国情，符合中国乡村建设规律，具有创新性的实践意义。

（二）乡村振兴战略的实施目标

《中共中央关于制定国民经济和社会发展第十四个五年规划和二〇三五年远景目标的建议》指出，要坚持把解决好“三农”问题作为全党工作重中之重，走中国特色社会主义乡村振兴道路，全面实施乡村振兴战略，强化以工补农、以城带乡，推动形成工农互促、城乡互补、协调发展、共同繁荣的新型工农城乡关系，加快农业农村现代化。

1. 提高农业质量效益和竞争力

适应确保国计民生要求，以保障国家粮食安全为底线，健全农业支持保护制度。坚持最严格的耕地保护制度，深入实施藏粮于地、藏粮于技战略，加大农业水利设施建设力度，实施高标准农田建设工程，强化农业科技和装备支撑，提高农业良种化水平，健全动物防疫和农作物病虫害防治体系，建设智慧农业。强化绿色导向、标准引领和质量安全监管，建设农业现代化示范区。推动农业供给侧结构性改革，优化农业生产结构和区域布局，加强粮食生产功能区、重要农产品生产保护区和特色农产品优势区建设，推进优质粮食工程。完善粮食主产区利益补偿机制。保障粮、棉、油、糖、肉等重要农产品供给安全，提升收储调控能力。开展粮食节约行动。发展县域经济，推动农村第一、第二、第三产业融合发展，丰富乡村经济业态，拓展农民增收空间。

2. 实施乡村建设行动

把乡村建设摆在社会主义现代化建设的重要位置。强化县城综合服务能力，把乡镇建成服务农民的区域中心。统筹县域城镇和村庄规划建设，保护传统村落和乡村风貌。完善乡村水、电、路、气、通信、广播电视、物流等基础设施，提升农房建设质量。因地制宜推进农村改厕、生活垃圾处理和污水治理，实施河湖水系综合整治，改善农村人居环境。提高农民科技文化素质，推动乡村人才振兴。

相关链接：

乡村振兴 2020 田园报告：藏在深山里的“网红”数字乡村

3. 深化农村改革

健全城乡融合发展机制，推动城乡要素平等交换、双向流动，增强农业农村发展活力。落实第二轮土地承包到期后再延长 30 年政策，加快培育农民合作社、家庭农场等新型农业经营主体，健全农业专业化社会化服务体系，发展多种形式适度规模经营，实现小农户和现代农业有机衔接。健全城乡统一的建设用地市场，积极探索实施农村集体经营性建设用地入市制度。建立土地征收公共利益用地认定机制，缩小土地征收范围。探索宅基地所有权、资格权、使用权分置实现形式。保障进城落户农民土地承包权、宅基地使用权、集体收益分配权，鼓励依法自愿有偿转让。深化农村集体产权制度改革，发展新型农村集体经济。健全农村金融服务体系，发展农业保险。

4. 实现巩固拓展脱贫攻坚成果同乡村振兴有效衔接

建立农村低收入人口和欠发达地区帮扶机制，保持财政投入力度总体稳定，接续推进脱贫地区发展。健全防止返贫监测和帮扶机制，做好易地扶贫搬迁后续帮扶工作，加强扶贫项目资金资产管理和监督，推动特色产业可持续发展。健全农村社会保障和救助制度。在西部地区脱贫县中集中支持一批乡村振兴重点帮扶县，增强其巩固脱贫成果及内生发展能力。坚持和完善东西部协作和对口支援、社会力量参与帮扶等机制。

二、做好脱贫攻坚与乡村振兴的有效衔接

脱贫攻坚与乡村振兴有效衔接的两个关键：一是对已经脱贫的832个贫困县、12.8万个贫困村和近亿脱贫人口如何做到扶上马、送一程，做到不返贫；二是全国其他的非贫困县、非贫困村与非脱贫人口如何在乡村振兴中衔接学习脱贫攻坚战中形成的体制机制，加快实施农业农村现代化。

（一）脱贫攻坚与乡村振兴有效衔接的整体布局

脱贫摘帽不是终点，而是新生活新奋斗的起点。2020年脱贫攻坚任务如期完成后，中央经济工作会议要求巩固拓展脱贫攻坚成果，坚决防止发生规模性返贫现象，要做好脱贫攻坚与乡村振兴的有效衔接。当年的中央农村工作会议也强调，脱贫攻坚取得胜利后，要全面推进乡村振兴，这是“三农”工作重心的历史性转移。中共中央国务院2021年3月22日发布的《关于实现巩固拓展脱贫攻坚成果同乡村振兴有效衔接的意见》（以下简称《意见》）是落实习近平总书记在中央农村工作会议讲话精神更具体的文件，也是国家“十四五”经济社会发展计划的重要组成部分。接续推进脱贫攻坚与乡村振兴的有效衔接，下一步“三农”工作的核心任务就是要推动减贫战略和工作体系的平稳转型，把脱贫人口统筹纳入乡村振兴战略，建立长短结合、标本兼治的体制机制。使脱贫地区经济实力显著增强，脱贫地区的农村低收入人口生活水平显著提高，城乡差距进一步缩小，在促进全体人民共同富裕上取得更为明显的实质性进展。

（二）脱贫攻坚与乡村振兴有效衔接的具体政策

从《意见》内容来看，未来我国要通过六大方面共24项措施推进脱贫攻坚成果与乡村振兴有效衔接，主要包括建立健全巩固拓展脱贫攻坚成果长效机制；聚力做好脱贫地区巩固拓展脱贫攻坚成果同乡村振兴有效衔接重点工作；健全农村低收入人口常态化帮扶机制；着力提升脱贫地区整体发展水平；加强脱贫攻坚与乡村振兴政策有效衔接；全面加强党的集中统一领导等。

早在2020年3月6日决战决胜脱贫攻坚座谈会上，为了巩固和保持脱贫攻坚的成果，习近平总书记就提出“四个不摘”：“摘帽不摘责任”，防止松劲懈怠；“摘帽不摘政策”，防止急刹车；“摘帽不摘帮扶”，防止一撒了之；“摘帽不

摘监管”，防止贫困反弹。因为有些贫困地区摘帽之后，如果后续的各种政策没跟上，可能又会重新回到贫困状态，所以总书记提出“四个不摘”，就是让脱贫变得更具备可持续性。在2020年年底中央农村工作会议上习近平总书记又提出脱贫攻坚目标任务完成后，对摆脱贫困的县，从脱贫之日起设立5年过渡期。这个政策是给已经脱贫县的定心丸。过渡期内要保持主要帮扶政策总体稳定，现有帮扶政策逐项分类优化调整，合理把握调整节奏、力度、时限，逐步实现由集中资源支持脱贫攻坚向全面推进乡村振兴平稳过渡。全国832个国家级贫困县，在逐步有序退出后可以有5年过渡期，来保持脱贫的成果可持续性。

在这5年过渡期究竟要做好哪些衔接工作，《意见》提供了非常明确具体的政策，为全国各地做好衔接工作提出了更精准的工作指南，有利于各地做好脱贫攻坚与乡村振兴的有效衔接。此外，《意见》对于如何加强对已脱贫地区的有效监测防止大规模返贫，如何在已脱贫的西部地区设立一批国家乡村振兴重点帮扶县等都有明确的工作布置。

（三）要完成“三农”工作从脱贫攻坚到乡村振兴的历史性转移

经过8年持续奋斗，脱贫攻坚取得胜利后，要全面推进乡村振兴，这也是“三农”工作重心的历史性转移。巩固拓展脱贫攻坚成果全面实施脱贫攻坚同乡村振兴的有效衔接，加快农业农村现代化建设。乡村振兴与脱贫攻坚，虽说同为“三农”工作，但脱贫攻坚是解决温饱问题，而乡村振兴是解决富有问题，“三农”工作的重心转移是解决全国所有农民如何富有的问题，包括未来的农业如何高质高效，未来的乡村如何宜居宜业，未来的农民如何富裕富足。脱贫攻坚和乡村振兴差别很大，前者主要涉及1亿人脱贫问题，后者涉及6亿农民问题；前者涉及12.8万个贫困村，后者涉及57万个行政村；前者主要集中在832个国家级贫困县，后者涉及全国2800多个县；前者主要解决绝对贫困问题，后者着重解决农业农村现代化问题。

相关链接：

从脱贫攻坚到全面推进乡村振兴

（四）运用脱贫攻坚的宝贵经验做好乡村振兴这篇大文章

2021年4月6日，国务院新闻办发布了《人类减贫的中国实践》白皮书，真实记录中国消除绝对贫困的伟大历程，全面介绍人类减贫的中国探索和实践，深入分享中国扶贫脱贫的经验做法，生动展现了中国坚持以人民为中心、让人民过上好日子的坚定信念和务实行动，充分彰显了中国积极参与全球贫困治理、为建设更加美好的世界作出更大贡献的责任担当。

过去的脱贫攻坚，可以说是倾举国之力，这是党的十九届四中全会提出来的我国国家制度和国家治理体系显著优势，也可以说是我们国家集中力量办大事的显著优势。在脱贫攻坚这个重大问题上，我们必须这样做，因为要解决近1亿贫困人口问题，1亿人口是什么概念呢？欧洲最大的人口大国是德国，才8000多万人，法国6000多万人，英国5000多万人，意大利5000多万人，所以我们过去8年解决的贫困人口，比欧洲最大的国家还要多1000多万人口。同样的道理，接下来的乡村振兴要解决惠及我们国家6亿农民的问题，让6亿农民都能够过上更好的生活，这个问题非常复杂，数量又非常庞大。从这个角度来讲，乡村振兴的力度、规模要比脱贫攻坚大很多。

脱贫攻坚一个非常重要的经验就是举全党全社会之力。在接下来的乡村振兴中，也要举全党全社会之力来推动。早在《乡村振兴战略规划（2018—2022年）》中，习近平总书记就提出“要让乡村振兴成为全党与全国人民的共同行动”。不是任何国家战略都能享受到这样高规格待遇的，只有非常重大的问题才可能举全党与全社会之力来推动。从这个层面上讲，今天的乡村振兴与过去脱贫攻坚战一样，党政军民学齐动员，五级书记一起抓来促进我国乡村振兴的实施。

我国乡村振兴建设工作的复杂性与艰巨性，需要加强顶层设计，推动政策创新。在国家层面上，我国过去几年乡村振兴战略实施的“四梁八柱”的重要文件都已经制定出来，包括各个部委都制定了乡村振兴的五年规划，各个省、市、县也都制定了本地的乡村振兴规划。前几年全国各个地方已经开展了3年的农村人居环境整治项目。随着2021年全面实施乡村振兴落地，预计还有更多更具体的文件出台。无论是村庄道路建设、基础设施建设，还是农村村容村貌改善等，需要有更具体的支持政策。乡村振兴要解决的最核心问题是人、钱、地的问题，包括如何让更多进入城市的人享受到城市的公共服务、如何吸引更多人才留在乡村、乡村振兴的钱从哪里来、农村的地怎么才能带来更大的增值收益等。过去几年，国家脱贫攻坚中有很多新政策的探索，哪些政策在乡村振兴实施战略中可以直接移植过来，哪些政策需要在新的背景下进行改革，这些都是有效衔接的一部分。要充分学习脱贫攻坚战的好的做法，做好乡村振兴这篇大文章。

三、促进“十四五”时期农业、农村和农民的全面发展

《纲要》把“基本实现新型工业化、信息化、城镇化、农业现代化，建成现代化经济体系”列为2035年的远景目标。当前，农业现代化滞后于新型工业化、信息化、城镇化发展，是制约全面建设社会主义现代化强国的一块“短板”。自2004年以来，中央一号文件连续18年聚焦“三农”问题，特别是党的十九大首

次提出坚持农业农村优先发展，将农业农村工作摆在优先位置，全力推动“三农”工作高质量发展，我国农业农村发展取得了一系列举世瞩目的成就。但毋庸讳言，当前农业农村发展仍存在高质量农产品供给不足、农村基础设施“最后一公里”问题突出、农民持续增收能力不足等困境以及类似种业这样的“卡脖子”问题，未来农业农村发展“补短板、强弱项”的任务依然艰巨。

“十四五”时期是我国开启全面建设社会主义现代化国家新征程的第一个五年，也是2035年基本实现社会主义现代化的起步阶段，抓好开局、走好起步至关重要。从多维度来审视，“十四五”时期我国农业农村发展将迎来双循环战略更加强化农业“压舱石”地位、“三农”工作重心历史性转移、加快促进城乡要素双向流动等多重机遇，也将直面我国发展外部环境不确定性增多、农业综合成本不断抬升、农村生态环境和要素制约问题愈加突出等严峻挑战。为更好抓住机遇、有效应对挑战，根据《纲要》相关要求，需要从农业、农村、农民三个层面出发，重点推进实现农业高质高效、乡村宜居宜业、农民富裕富足，助力实现农业农村现代化发展。

“十四五”时期，要全面实施乡村振兴战略，加快农业农村现代化步伐，促进农业高质高效、乡村宜居宜业、农民富裕富足。图为2021年1月21日，在浙江省建德市杨村桥草莓小镇的智慧大棚里，管理人员正在采摘成熟的果实。

推动农业高质高效。促进农业农村现代化发展，必须努力实现农业全产业链“高质高效”。传统农业生产规模小、科技含量低、要素投入单一、产品品质不高、经济效益差。站在农业全产业链发展的角度看，要实现农业“高质高效”，必须推动整个农业产业链条上游、中游、下游的高质量发展。就农业产业“上游”而言，应通过保护和利用好种子资源、强化自主创新和知识产权保护、培育壮大育繁推一体化龙头企业等举措，重点解决我国种业中存在的原创核心技术较少、部分品种单产不高、商业化育繁推一体化能力不足等“卡脖子”问题，以显著缩小与美国、法国等种业发达国家的差距，彻底扭转我国种业“大而不强”的局面；就农业产业“中游”而言，产业体系应以“特色化、规模化、标准化、绿色化”为方向，生产体系应以“机械化、信息化、节水化”为目标，经营体系应以“组织化、机制化”为遵循，大力发展符合当地资源禀赋的特色农业产业，为市场提供绿色优质农产品，在更好满足人民美好生活需要的基础上，全面提升农业产业效益，保证农民务农收益赶上或超过进城务工收入；就农业产业“下游”而言，要加大农村第一、第二、第三产业深度融合，延伸产业链条，并借势数字乡村建设，大力推动农产品品牌建设，着力提高农产品附加值。实现农业“高质高效”，必须牢牢守住粮食安全底线，严守18亿亩耕地红线，严禁耕地“非粮化”“非农化”，始终端牢中国饭碗。

促进乡村宜居宜业。经过“十三五”时期持续建设，我国广大农村地区早已“旧貌换新颜”，但与城镇相比，乡村基础设施和生活配套建设“最后一公里”问题依然突出，公共服务水平明显偏低，农民稳定增收动力不足。务农收入远低于外出务工收入，乡村青壮年劳动力大量外流，村落空心化、衰败化现象比较普遍。实现农业农村现代化，必须有人愿意留在乡村、流入乡村，尤其是需要有情怀、懂技术、善经营、会管理的“新农人”流入乡村。要做到这一点，乡村必须成为宜居之所、宜业之地。为此，《纲要》提出实施乡村建设行动，对乡村宜居宜业作出了具体部署。乡村建设行动强调坚持以人为本，把人的因素调动起来，把农民的积极性调动起来，让农民成为乡村建设行动的受益者。“十四五”期间应着力弥补乡村基础设施建设短板，解决乡村基础设施“最后一公里”问题，持续改善路、水、电、物流等基础条件，逐步实现城乡基础设施共建共享、互联互通，全面提升农村科教文卫体、养老社保等公共服务水平，推动城乡基本公共服务更为均等化，整治农村人居环境，加快推进美丽乡村建设，厚植农业创新创业土壤，让留在乡村、流入乡村的新老农人拥有干事创业的平等机会，让农业成为有奔头的产业，让农民成为有吸引力的职业，让农村成为安居乐业的美丽家园。

实现农民富裕富足。农民收入主要包括工资性收入、经营性收入、财产性收入和转移性收入，工资性收入是目前农民收入的主要来源，经营性收入和财产性收入则是未来挖掘农民持续增收的潜力所在。增加经营性收入，必须有乡村产业发展作支撑。发展乡村产业绝不是仅仅让农民种地，而是以现代农业技术作支撑，用现代化方式组织生产，目标是发展优质高效农业。西部地区在促进农业发展的同时，要因地制宜激活生态资源价值，推动生态资源产业化和产业生态化，实现生态资源价值再造。增加财产性收入，需要发展壮大乡村新型集体经济，盘活乡村集体资源和资产，让农民在深度融入集体经济中获得有稳定保障的可持续性收入。我国地域辽阔，各地情况千差万别，新型集体经济发展也要从实际出发，因地制宜，不能搞“一刀切”。此外，做好巩固拓展脱贫攻坚成果同乡村振兴的有效衔接，坚决守住不发生规模性返贫的底线，这是实现农民富裕富足的前提和基础。

四、打造乡村振兴新格局，全面推进农业农村现代化

“三农”问题作为我国实现社会主义现代化宏伟蓝图的重中之重，一直备受关注。当前，我国进入全面建设社会主义现代化国家的新发展阶段，“城乡发展

不均衡、农村发展不充分”已成为新时代我国社会矛盾的突出体现。习近平总书记在全国脱贫攻坚总结表彰大会上强调，乡村振兴是实现中华民族伟大复兴的一项重大任务。为此，我们要立足新发展阶段新形势，树立乡村振兴新理念，坚持农业农村优先发展，加强科技兴农，促进教育兴农，加快城乡融合，加快实现共同富裕，打造乡村振兴新格局，进而形成新发展阶段的中国特色社会主义乡村振兴道路。

以加强科技兴农助力乡村振兴。科技兴农即根据各地情况及特点，依托科学技术解决“三农”现实痛点，促进“三农”高质量发展。农业是中国国民经济的重要基石，科技兴农是针对现实国情的正确选择，是推进中国特色社会主义乡村振兴的助力器，是激发乡村振兴活力的原动力。首先，因地制宜促进农业科技成果转化，完善相关流程、机制和示范基地建设，实现科技成果落地生根。例如，北京通州漷县镇种植园，采用水肥一体化设备实现水肥同步管理，大幅降低成本，提高了收益。其次，提升农业技术水平，依托科技创新发展智慧农业、循环农业等新模式，促进农业转型升级，并利用云技术、大数据及抖音、快手等新媒体，发展认养农业、共享农业、“网红＋农产品”等线上线下相融合的新营销模式，打造平台农业。再次，实施“引进＋创新”战略，借鉴成功经验，排除发展痛点，充分利用独特资源，打造“一村一品”的特色农业。最后，注重农业科技人才培育工作，创新工作机制。增强农专科技人才团队建设与培育，深入落实科普工作，大力提升基层科技人员素质；筑巢引凤，工农结合，以工补农，加快实现农村现代化，促进城乡协同发展。

知识链接

浙江省平湖市农业经济开发区突破传统农业园区功能定位为“农业硅谷、农创高地”，力求成为乡村振兴战略的大平台、主阵地、先导区，让资金、人才、服务、科技等资源更多更快更好地回归农村、流向农业、造福农民。按照农村第一、第二、第三产业融合发展要求，提出“产业生态化、园区景区化、农旅一体化”目标，做到“三通一转”（通水、通电、通路、土地流转）。为全面推进乡村振兴战略实施提供了有力保障。

以促进教育兴农助力乡村振兴。习近平总书记强调，乡村振兴应优先发展乡村教育。教育兴农是中国特色社会主义乡村振兴的关键举措。一是发展乡村教育，应全面统筹规划乡村基础教育学校，逐步完善义务教育学校配套设施，推进学校标准化建设，逐步解决教育发展“不平衡不充分”问题，不断缩小城乡差距。二是教师是推动乡村教育发展、提升乡村教育质量的重要主体，地方政府应关注乡村教育人才队伍建设与人才质量提升，逐步改善乡村教育人员教学条件和福利待遇，完善乡村教育人才政策。三是充分吸收好家风、好民俗等地方文化精华，结合我国德育及教育的基本要求，打造独具乡村特色的德育教育课程体系。四是借助互联网、物联网等现代信息技术，发展“线上 + 线下”“课堂内 + 课堂外”的多维融合教学模式，促进资源共享。

以促进城乡融合助力乡村振兴。“十四五”规划纲要强调，全面实施乡村振兴战略，强化以工补农、以城带乡，推动形成工农互促、城乡互补、协调发展、共同繁荣的新型工农城乡关系，加快农业农村现代化。一是统筹城乡融合总体战略布局，促进城乡资源互补互惠，为城乡共同发展提供新动力。推进乡村建设工作，完善乡村基础设施，加强乡村环境治理，改善乡村风貌，助力乡村振兴。二是不断推进农村改革与创新，鼓励开拓多种经营形式。继续落实土地承包三十年政策，鼓励扶植成立农民合作社，打造家庭农场，积极创新农业经营模式。三是结合新阶段我国城乡发展的实际情况，积极探索土地制度改革，逐步推动形成城乡统一的建设用地市场。在保持乡村特色的基础上推行绿色、生态和可持续发展的经济建设模式，注重产业深度融合，协同发展，完善产业链，促进产业转型升级，助力乡村振兴。

以实现共同富裕助力乡村振兴。全面推进乡村振兴战略，应深入巩固拓展脱贫攻坚成果，努力实现全体人民共同富裕。目前，我国农村贫困人口全部脱贫，贫困县全部摘帽，贫困村全部出列，创造了中华民族扶贫史上的一个奇迹，形成了值得弘扬与传承的中国特色脱贫攻坚精神。在扶贫攻坚过程中，我国不断完善精准扶贫组织保障体系，不断创新扶贫方式，积极探寻扶贫长效机制，加强区域协作与对口支援，充分发挥政府、企业、社会三方协同力量，打造专项扶贫、产业扶贫与社会扶贫相结合的多元化扶贫格局。进入新发展阶段，踏上乡村振兴新征程，应继续稳固脱贫攻坚基础与成效，加强致贫返贫监测，不断完善防止致贫返贫预警体系。防止返贫是乡村振兴战略顺利推进的重要保障，应积极进行脱贫攻坚成果巩固工作后评估，根据评估结果动态调整工作方案，科学预防，从根本上阻断致贫返贫。

以创新乡村治理助力乡村振兴。乡村治理是国家治理的基础和重要组成部分，是乡村振兴实施的关键影响因素。进入新发展阶段，创新乡村治理，应坚持以人为本原则，积极鼓励多主体参与，加强自治、法治与德治“三治”融合。首先，自治是居民参与乡村治理的自发性与主动性的体现，应积极引导并鼓励村民自治，科学组建村民自治组织，完善自治管理流程及相关配套制度，激发乡村治理新动力。其次，法治是乡村治理的法律保障与科学武器，应加强乡村法治宣传与法治教育，提升居民法治意识，注重乡村法律服务平台搭建，夯实乡村治理的法治基础。最后，德治是乡村治理的道德后盾，应传承并弘扬中华传统美德，传播榜样力量，彰显社会正能量。积极宣传与引导善行义举，提升村民道德情操与综合素养，提高居民遵纪守法、助人为乐的自觉性与主动性；鼓励并扶持乡村举办多种形式的文化活动，提供资金支持与专业指导，让乡村文化遍地开花，推动乡村文化大发展大繁荣，构建新阶段乡村文化新生态。

拓展阅读

让绿色成为农业生产的鲜明底色

农业绿色发展是大势所趋。推广绿色技术，既要有精准扶持政策，也要有针对性强的到户服务，让农民“用得上、用得起、见实效”，更多绿色技术才能有效转化落地。

一树树桃花压满枝头，树底下的油菜花吐着芬芳，天津市武清区梅厂镇灰锅口村桃林里姹紫嫣红。采用果园绿肥间作模式，果农王秋祥的300多亩桃林近两年效益越来越好：绿肥抑制杂草、保墒肥田，每年仅除草一项就能节省十来万元，桃子的甜度还提高了10%以上，俏销市场。他不禁点赞：“这绿色技术真是太实用了！”

眼下正是春耕春管时节，绿色生产成为各地田园的一抹亮色。近年来，适应消费需求升级，农业供给侧结构性改革深入推进，田间地头掀起绿色新风尚，绿色优质农产品供给能力不断提升。2020年，我国新认证绿色、有机、地理标志农产品2.2万个，农产品例行监测合格率达到97.8%。

采访中笔者了解到，虽说绿色生产是潮流，但有的农民还不太接受，有时也未必立竿见影。比如，有的种粮大户说，一体化滴灌技术确实先进，省肥省水，但买设备一次性投入高，觉得不划算。有的农民反映，生物防控集成技术专业性强，操作起来复杂，想用但不容易掌握要领。

当前，提升农业质量效益和竞争力，推进农业绿色发展是大势所趋。那么，如何让更多农业绿色技术落地开花呢？

政策要更精准到位，让更多农民“用得上、用得起”绿色技术。一方面，应鼓励市场主体加快农业绿色技术研发，增加绿色投入品和节能低耗农机供给，充分发挥农机购置补贴等惠农政策的作用，引导生产经营主体购买使用新型环保机具。另一方面，多元化筹措资金，加快推进高标准农田建设，因地制宜铺设节水灌溉管带、地面传感系统等农田设施，为绿色技术应用提质扩面创造良好条件。

与此同时，也要加强和创新服务，促进绿色技术有效转化落地。就拿王秋祥的果园来说，绿肥技术之所以见效显著，离不开当地农科院专家的全程跟踪服务。要创新完善参与机制，鼓励基层农技员多向农户推荐易上手的实用技术，强化双向反馈和到户服务。在山东省淄博市临淄区蔬菜示范园，开展绿色防控技术集成示范，通过大量技术培训班和示范现场会，让菜农们看着学、跟着干，生物治虫等技术在全区大面积推广应用。

好产品是产出来的，也是管出来的。前不久，我国农残新标准出台，让舌尖上的安全更有保障。各地要加快产地环境、投入品管控等关键环节标准的制定修订，完善农产品质量全程追溯体系，推进标准化生产和全程质量监管，提高农产品品质。同时，也要建立相应的市场准入制度，提高绿色优质农产品的市场认可度，畅通产销对接，让更多好产品卖上好价钱。

绿色是农业高质量发展的鲜明底色。通过技术赋能，让田园多一抹绿意，现代农业就会更生机勃勃，农民丰收的滋味也将更加浓郁甘醇。

（资料来源：《人民日报》2021 年 5 月 7 日 18 版）

阅读推荐

1. 刘淑文、王岩：《展现乡村文明新气象》，《人民日报》2021 年 5 月 10 日 15 版。

2. 邱泽奇：《乡村振兴与城乡关系再探索：人口生计何以可转换？》，《社会发展研究》2020 年第 4 期。

3. 秦保强：《在乡村振兴上开新局》，求是网，2021 年 4 月 13 日。

思考题

1. 乡村振兴战略有哪些重要意义？
2. 你对你所在的乡村在“十四五”时期的发展有哪些建议？
3. 你认为现代化的农业农村是什么样的？

专题五

矢志科技自立自强，加快建设科技强国

党的十八大以来，习近平总书记关于科技创新发表一系列重要讲话、作出一系列战略部署，为我国科技事业发展把舵领航。在开启全面建设社会主义现代化国家新征程的关键时期，以习近平同志为核心的党中央统筹国内国际两个大局，在党的十九届五中全会上提出“把科技自立自强作为国家发展的战略支撑”，既强调立足当前的现实性、紧迫性，也体现着眼长远的前瞻性、战略性，为我国科技事业未来一个时期的发展指明了前进方向、提供了根本遵循。

科技兴则民族兴，科技强则国家强。近代以来世界发展历程清楚地表明，一个国家和民族的科技创新能力，从根本上影响甚至决定着国家和民族的前途命运，科技自立则家国屹立，科技自强则民族免遭外辱。可以说，科技自立自强是强国的标志，是应对大变局的底气。习近平总书记察大势、谋全局，作出了世界百年未有之大变局的重大战略判断。大变局下，国际形势、格局风云变幻，国内发展日新月异，机遇与挑战并存，时代变迁、民族复兴无比迫切地呼唤科技自立自强。

一、我国科技创新建设发展历程及成就

5000多年积淀的中国科技文明，如星空般璀璨。近代以来，闭关锁国、列强入侵，使中华民族陷入积贫积弱、内忧外患的苦难境地。于是，一批批能人志士开始了科技救国的探索之路。

（一）近代以来我国科技创新建设发展历程

从以魏源"睁眼看世界"为代表的有识之士师夷长技以制夷，到五四新文化运动促进西方先进科技知识在中国的传播，一批留学生赴西方求学，中国先进知识分子抱着振兴中华的信念，试图从西方科学中寻找到中国的救亡道路。一时间，发起社团、兴办学会、创办报刊、兴办实业等成为潮流，致力于开启民智，欲将国人从蒙昧中唤醒。孙中山于1895年在广州创立首个农学会。詹天佑于1912年发起成立"中华工程师会"。1915年，颜福庆、伍连德等在上海发起成立中华医学会。同年，留美学生赵元任、任鸿隽、胡明复等在美国发起成立了中国科学社，创办了第一本《科学》杂志，甘愿做科学昌明的"开路小工"。

图为中国科学社第一届董事会成员合影（1915年10月25日摄）。后排：秉志（左1）、任鸿隽（左2）、胡明复（左3）；前排：赵元任（左1）、周仁（左2）。

十月革命一声炮响，给中国送来了马克思列宁主义。1921年，中共一大召开时，全国各地的党员有50多人，他们的出身、学历、成分和职业中，知识分子占了很大比例，留学日本的18人，北大毕业的17人，其他大学毕业的8人，中师、中学毕业的13人。这些进步知识分子抱着对马克思主义的无限信仰、对中国革命的必胜信念，探索一条将马克思主义同中国具体实践相结合的革命道路。

中国共产党历来重视科技工作，尊重知识分子，重视用科学来改造世界。1939 年 12 月，中共中央发出毛泽东亲自起草的《大量吸收知识分子的决定》，先后在抗日根据地、解放区建立起科技工作者组织，主要任务是密切联系实际，研究解决根据地生产建设和军事问题。影响最大的是 1940 年 2 月成立的陕甘宁边区自然科学研究会，毛泽东出席成立大会并发表讲话："自然科学是很好的东西，它能解决衣、食、住、行等生活问题，所以每一个人都要赞成它，每一个人都要研究自然科学。"朱德在中共中央机关报《解放日报》发表文章，提出"把科学与抗战建国的大业密切结合起来，以科学方面的胜利来争取抗战建国的胜利"！面对敌人封锁、物资匮乏，广大科技人员和边区军民自己动手丰衣足食，开展了轰轰烈烈的大生产运动，开垦南泥湾、用马兰草造纸、制造手榴弹等军械物资，创办了抗大、陕北公学、延安中央医院、延安自然科学院等。怀着革命理想高于天的信念，革命圣地延安会聚了一大批从全国各地奔赴而来的知识分子和国外归来的留学生。以李强、武衡、乐天宇、傅连暲、陈康白等为代表的一批党领导下的科技力量不断壮大，汇集了化工、机械、地质、医药、农林等方面的科技人才，为中国革命胜利奠定了坚实的科技基础。

1948 年 4 月 30 日，新中国成立前夕，中共中央发布《纪念"五一"劳动节口号》，号召包括全国知识分子在内的爱国分子团结起来，为建立新中国而共同奋斗。地质学家李四光、林学家梁希、桥梁学家茅以升、化学家侯德榜、物理学家严济慈等 17 位科学家作为科技界代表，参加第一届全国人民政治协商会议。这一时期，钱学森、邓稼先、郭永怀、叶笃正、庄逢甘等远在海外的一大批知识分子克服困难，纷纷归国。1948 年，李四光在英国接到周恩来来信，邀请他早日返回新中国。在周恩来的直接关怀下，他设法躲避了国民党的阻挠，于 1950 年辗转回到祖国。1950 年 3 月，放弃了在美国大学教授职位的华罗庚在归国途中发出了《致中国全体留美学生的公开信》，其中写道："朋友们，'梁园虽好，非久居之地'，归去来兮！为了抉择真理……为了国家民族，我们应当回去！"

相关链接：

与党同行——知识分子的红色记忆：李四光

1956 年，新中国完成了社会主义改造，开启了全面建设社会主义的道路，党中央发出了"向科学进军"的号召，实行"百花齐放、百家争鸣"的方针。毛泽东指出："知识分子在革命和建设中具有重要作用，要建设一支宏大的工人阶级知识分子队伍。向科学进军，不能走世界各国发展科学技术的老路，而应独立自主、自力更生、奋发图强，努力赶超世界先进水平。"面对以美国为首的西方国家在政治上孤立、经济上封锁、军事上威胁，中苏关系破裂，新中国的知识分子和广大建设者一道，在一穷二白的基础上取得了研制“两弹一星”、人工合成牛胰岛素、提取青蒿素抗疟疾、建造第一艘核潜艇等彪炳史册的科技成就，他们是“苦干惊天动地事，甘做隐姓埋名人”老一辈科学家的集中写照，是中国科技界的旗帜，也是引领广大科技人员实现科学报国的民族脊梁，树立起了科技界独立自主、自立自强的精神丰碑。

党的十一届三中全会以来，党中央提出，社会主义初级阶段的主要任务是解放和发展生产力，知识分子是工人阶级的一部分，提出了“科学技术是第一生产力”，同时强调：“四个现代化，关键是科学技术的现代化。没有现代科学技术，就不可能建设现代农业、现代工业、现代国防。没有科学技术的高速度发展，也就不可能有国民经济的高速度发展。”这些论断使人们对科学技术在经济社会发展中的地位和作用的认识有了新的飞跃，广大科技工作者迎来了科学的春天，在改革开放的大潮中，时不我待地投身到实现四个现代化建设中。党中央提出了实施科教兴国战略和人才强国战略，把以科技先导促进生产力发展的质的飞跃，摆在经济建设的首要位置，开启了建设创新型国家的新征程。实施了“863”计划和“973”计划，表彰23位“两弹一星”功勋人物。2000年起，设立国家最高科学技术奖，相继有吴文俊、王选等20余位科学家获此殊荣，我国科学家在杂交水稻技术、载人航天工程、汉字激光照排、高速铁路等理、工、农、医各个领域取得了令世人瞩目的科技成就。

党的十八大以来，以习近平同志为核心的党中央高度重视科技创新工作，坚持把创新作为引领发展的第一动力，把创新摆在国家发展全局的核心位置，实施创新驱动发展战略，我国科技事业取得历史性成就、发生历史性变革。我国科学家在量子科技、天眼工程、探月工程、深海潜航、新冠肺炎疫苗研制等领域取得了累累硕果。不仅有于敏、孙家栋、袁隆平、黄旭华、屠呦呦、钟南山获得国家最高荣誉“共和国勋章”的杰出科技人物，也涌现出了像南仁东、黄大年、李保国、钟扬等一批心中有大我、把论文写在祖国大地上的至诚报国栋梁，形成了“胸怀祖国、服务人民的爱国精神，勇攀高峰、敢为人先的创新精神，追求真理、严谨治学的求实精神，淡泊名利、潜心研究的奉献精神，集智攻关、团结协作的协同精神，甘为人梯、奖掖后学的育人精神”为核心的科学家精神，铸就了广大科技工作者与党和国家同呼吸、共命运的独特的精神气质。

站在“两个一百年”奋斗目标的历史交汇点，习近平总书记强调：“科学技术从来没有像今天这样深刻影响着国家前途命运，从来没有像今天这样深刻影响着人民生活福祉。”自力更生是中华民族自立于世界民族之林的奋斗基点，自主创新是我们攀登世界科技高峰的自由之路。西方资本主义国家二三百年的科技发展，中国在一穷二白的基础上，用了七十多年，特别是改革开放四十多年的时间去追赶，通过迅速发展科技来维护国家利益。现在，在很多领域进入世界科技发展前列。党的十九届五中全会为我们擘画了未来五年的发展蓝图和2035年远景目标，开启全面建设社会主义现代化国家新征程。立足新发展阶段，贯彻新发展理念，构建新发展格局，推动高质量发展，我们比以往任何时期都更有信心、更有能力实现科技自立自强。

（二）我国科技创新建设取得决定性成就

党的十八大以来，在以习近平同志为核心的党中央坚强领导下，创新驱动发展战略深入实施，关键核心技术攻关全面展开，战略科技力量建设迈出重大步伐，重大科技任务有序实施，重大创新成果竞相涌现，创新实力整体提升。“十三五”期间，我国科技实力跃上新的大台阶，全社会研发经费支出从1.42万亿元增长到2.44万亿元，研发投入强度从2.06%增长到2.40%。基础研究经费增长近一倍，2020年达到1504亿元。2020年技术市场合同成交额超过2.8万亿元。世界知识产权组织发布的全球创新指数显示，我国创新能力综合排名从2015年的第29位跃升至2020年的第14位，是前30位中唯一的中等收入经济体。

1. 基础研究和战略高技术领域取得一批重大成果

坚持自由探索和目标导向相结合，注重“从0到1”的原创导向，在量子信息、铁基超导、干细胞、合成生物学等方面取得重要突破。若干战略必争领域实现“后发先至”，抢占尖端技术竞争制高点。北斗导航卫星全球组网，“嫦娥四号”首次登陆月球背面，“嫦娥五号”实现地外天体采样，“天问一号”抵达火星，C919首飞成功，“奋斗者”号完成万米载人深潜，“雪龙二号”首航南极，“悟空”、“墨子”、碳卫星等科学实验卫星成功发射，磁约束核聚变大科学装置多项实验取得突破，散裂中子源、500米口径球面射电望远镜等建成使用，有力彰显我国的综合国力和国际竞争力。

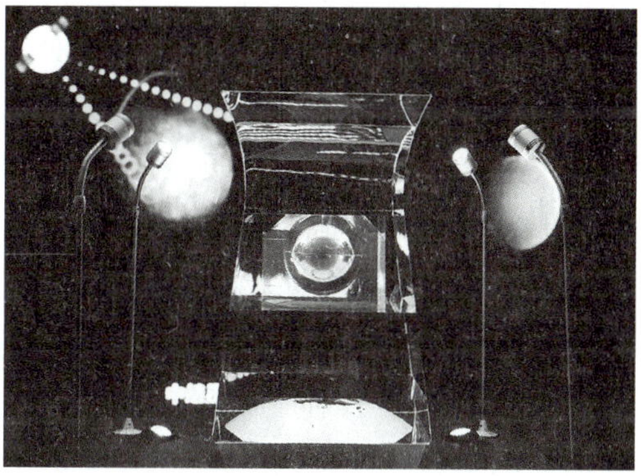

2020年12月17日，“嫦娥五号”返回器携带月球样品安全着陆，中国探月工程“绕、落、回”三步走规划如期完成，首次实现我国地外天体采样返回。图为中国国家博物馆展出的月球样品001号。

2. 科技有力激发经济和产业发展内生动力

紧紧围绕产业链供应链关键环节、关键领域、关键产品，布局“补短板”和“建长板”并重的创新链。移动通信、油气开发、核电等科技重大专项成果支持新兴产业快速发展，5G、人工智能等新技术推动数字经济、平台经济、共享经济

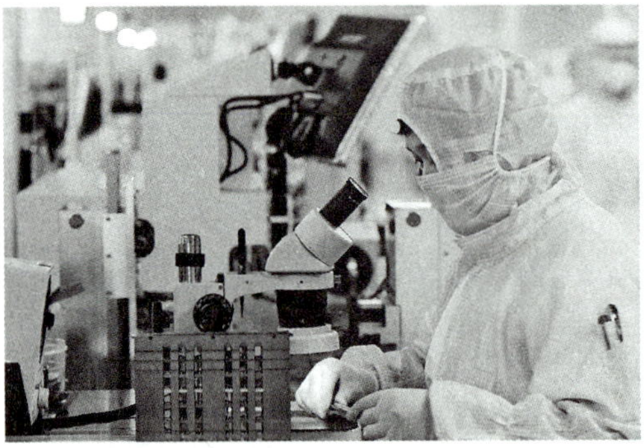

推进科技创新，加强基础研究、强化战略科技力量是关键，转化应用、助推产业发展是目标。图为2021年4月22日，在广东省东莞市瑞谷光网通信股份有限公司洁净的万级无尘车间里，自主研发的高精密自动化生产线一派繁忙。

蓬勃兴起。新型显示产业技术和规模全球领先，时速600公里高速磁悬浮试验样车下线，新能源汽车产销量连续6年位居世界第一。北京、上海、粤港澳大湾区国际科技创新中心加快建设，21家国家自主创新示范区、169家国家高新区创新发展引领辐射带动作用不断增强。企业创新主体地位进一步提升，全社会研发经费支出中企业占76.4%，国内发明专利申请量企业占65%。科技创新与金融资本的对接渠道更加顺畅，科创板上市企业超230家，总市值超3万亿元。

3. 科技创新支撑民生改善能力明显增强

坚持以人民为中心的发展思想，努力推出更多惠及民生的科技创新成果。新药创制、重大传染病防治等重大项目取得重要进展，癌症、白血病、耐药菌防治等领域打破国外专利药垄断，多项高端医疗装备加速国产化。以“任务式指挥”成体系开展新冠肺炎疫情防控科研攻关，7天内分离出新冠病毒毒株，14天完成核酸检测试剂研发和审批上市，目前4款疫苗已附条件上市，为全国疫情防控取得重大战略成果作出科技贡献。85万名科技特派员深入脱贫攻坚一线，实现对建档立卡贫困村科技服务和创业带动全覆盖，为决胜脱贫攻坚贡献科技力量。加强大气、水、土壤污染防治科技攻关，助力打赢污染防治攻坚战。

4. 科技体制改革取得实质性突破

系统推进科技体制改革，科技体制改革的“四梁八柱”基本建立。科技资源统筹配置进一步加强，科研项目和经费管理不断优化。开展扩大高校和科研院所科研相关自主权、推进中央级科研事业单位绩效评价和“绿色通道”试点，加强新型研发机构建设。健全成果转化制度、完善科技奖励制度。完善分类评价机制，突出国家使命导向，出台破除“唯论文、唯职称、唯学历、唯奖项”的“硬措施”。构建科技大监督格局，加强科研诚信和科技伦理体系建设，严肃查处一批科研不端行为，及时向社会公开通报，推动科技界作风学风转变。

5. 科技人才队伍量质齐增

研发人员全时当量从2015年376万人年增长到480万人年以上，高水平创新人才队伍结构进一步优化，领军人才和创新团队不断涌现。在重大科研攻关中加大对科技人才的支持力度，依托重大创新基地培养科技领军人才和创新团队。改进完善院士制度，院士队伍年龄和学科结构进一步优化。实行以增加知识价值为导向的分配政策，开展赋予科研人员职务科技成果所有权和长期使用权试点，为科研人员减负。实施统一的外国人才来华工作许可和外国人才签证制度，开展外国高端人才服务“一卡通”试点。

6. 科技开放合作深度和广度不断拓展

政府间科技合作稳步发展，与多个国家建立创新对话机制，深入实施科技合作伙伴计划。围绕牵头组织国际大科学计划和大科学工程，加强气候变化、空间、健康、能源、农业等国际科技合作。深度参与国际热核聚变实验堆、平方公里阵列射电望远镜等大科学工程。“一带一路”科技创新合作成效明显，科技人文交流、共建联合实验室、科技园区合作、技术转移四项行动取得丰硕成果。深入推进内地与港澳的科技创新合作，推动国家重点研发计划基础前沿类专项、国家自然科学基金优青基金项目向港澳开放。

居安思危，未雨绸缪。在总结成绩的同时要清醒地认识到，我国科技领域仍然存在一些亟待解决的突出问题，在视野格局、创新能力、资源配置、体制政策等方面存在诸多不适应的地方。我国基础科学研究短板依然突出，企业对基础研究重视不够，重大原创性成果缺乏，底层基础技术、基础工艺能力不足，工业母机、高端芯片、基础软硬件、开发平台、基本算法、基础元器件、基础材料等瓶颈仍然突出，关键核心技术受制于人的局面没有得到根本性改变。我国技术研发聚焦产业发展瓶颈和需求不够，以全球视野谋划科技开放合作还不够，科技成果转化能力不强。我国人才发展体制机制还不完善，激发人才创新创造活力的激励机制还不健全，顶尖人才和团队比较缺乏。我国科技管理体制还不能完全适应建设世界科技强国的需要，科技体制改革许多重大决策落实还没有形成合力，科技创新政策与经济、产业政策的统筹衔接还不够，全社会鼓励创新、包容创新的机制和环境有待优化。

二、深刻领会科技自立自强的重大意义

习近平总书记深刻指出，“自力更生是中华民族自立于世界民族之林的奋斗基点，自主创新是我们攀登世界科技高峰的必由之路”。立足新发展阶段、贯彻新发展理念、构建新发展格局，我们比任何时候都更加需要创新这个第一动力，都更加需要把科技自立自强作为战略支撑。在全面建设社会主义现代化国家新征程中，加快实现科技自立自强，形成强大的科技实力，既是关键之举，也是决胜之要。

（一）科技自立自强是进入新发展阶段的必然选择

经过新中国成立以来 70 多年的不懈奋斗，我国综合国力和人民生活水平实

现历史性跨越。特别是党的十八大以来，在以习近平同志为核心的党中央坚强领导下，党和国家事业取得历史性成就、发生历史性变革。进入新发展阶段，根本任务就是要乘势而上全面建设社会主义现代化国家、向第二个百年奋斗目标进军。当前，随着我国经济由高速增长阶段转向高质量发展阶段，劳动力成本逐步上升，资源环境承载能力达到瓶颈，科技创新的重要性、紧迫性日益凸显。只有加快实现科技自立自强，推动科技创新整体能力和水平实现质的跃升，才能在新一轮科技革命和产业变革中抢占制高点，有效解决事关国家全局的现实迫切需求和长远战略需求，引领和带动经济社会更多依靠创新驱动发展。把科技自立自强作为国家发展的战略支撑，是我们党在长期理论创新和实践发展基础上，主动应对国际竞争格局新变化、新挑战，准确把握我国新发展阶段的新特征、新要求，坚持和发展中国特色自主创新道路提出的重大战略，是新时代我国创新发展的战略方向和战略任务。

（二）科技自立自强是贯彻新发展理念的内在要求

新发展理念系统回答了关于新时代我国发展的目的、动力、方式、路径等一系列理论和实践问题，是我们必须长期坚持和全面贯彻的基本方略。贯彻新发展理念，着力解决好发展动力不足、发展不平衡不充分、人与自然不协调不和谐等问题，实现更高质量、更有效率、更加公平、更可持续、更为安全的发展，这些都需要依靠科技自立自强提供更加强有力的支撑保障。比如，建设健康中国，保障人民生命健康，迫切需要更多生命科学和生物技术等领域的创新突破；建设美丽中国，实现碳达峰、碳中和，迫切需要更多资源生态环境、清洁高效能源等绿色科技领域的创新突破。此外，科学技术特别是人工智能等新一代信息技术的推广应用，可以大大促进优质公共资源的开放共享，更好满足广大人民群众对美好生活的新期待。

（三）科技自立自强是构建新发展格局的本质特征

加快构建以国内大循环为主体、国内国际双循环相互促进的新发展格局，最根本的是要依靠高水平科技自立自强这个战略基点。一方面通过加快突破产业技术瓶颈，打通堵点、补齐短板，保障国内产业链、供应链全面安全可控，为畅通国内大循环提供科技支撑；另一方面通过抢占科技创新制高点，在联通国内国际双循环和开展全球竞争合作中，塑造更多新优势，掌握更大主动权。比如，在关键核心技术和装备方面，改革开放以来，我国经历了从主要依靠引进，到引进消化吸收再创新，再到自主创新的发展过程。近年来，经济全球化遭遇逆流，新冠肺炎疫情加剧了逆全球化趋势，以美国为首的一些西方国家对我国产业和技术进行全方位打压，全球产业链、供应链发生局部断裂。面对这一严峻形势，我们不仅要加速“国产替代”，在关系经济社会发展和国家安全的主要领域全面实现自主国产可控；更要勇于跨越跟踪式创新，突破颠覆性技术创新，加快推进关键核心技术和装备“国产化”的去“化”进程，重塑产业链、供应链竞争格局，不断增强生存力、竞争力、发展力、持续力。

相关链接：

开局“十四五”：瞄准前沿领域，实现科技自立自强

三、全面开启建设科技强国新征程

当今世界百年未有之大变局加速演进，国际环境错综复杂，世界经济陷入低迷期，全球产业链供应链面临重塑，不稳定性不确定性明显增加。新冠肺炎疫情影响广泛深远，逆全球化、单边主义、保护主义思潮暗流涌动。科技创新成为国际战略博弈的主要战场，围绕科技制高点的竞争空前激烈。我们必须保持强烈的忧患意识，做好充分的思想准备和工作准备，坚持创新在我国现代化建设全局中的核心地位，把科技自立自强作为国家发展的战略支撑，深入实施科教兴国战略、人才强国战略、创新驱动发展战略，完善国家创新体系，加快建设科技强国，实现高水平科技自立自强。

（一）加强原创性、引领性科技攻关，坚决打赢关键核心技术攻坚战

科技立则民族立，科技强则国家强。加强基础研究是科技自立自强的必然要求，是我们从未知到已知、从不确定性到确定性的必然选择。要加快制订基础研究十年行动方案。基础研究要勇于探索、突出原创，推进对宇宙演化、意识本质、物质结构、生命起源等的探索和发现，拓展认识自然的边界，开辟新的认知疆域。基础研究更要应用牵引、突破瓶颈，从经济社会发展和国家安全面临的实际问题中凝练科学问题，弄通“卡脖子”技术的基础理论和技术原理。要加大基础研究财政投入力度、优化支出结构，对企业基础研究投入实行税收优惠，鼓励社会以捐赠和建立基金等方式多渠道投入，形成持续稳定的投入机制。

科技攻关要坚持问题导向，奔着最紧急、最紧迫的问题去。要从国家急迫需要和长远需求出发，在石油天然气、基础原材料、高端芯片、工业软件、农作物种子、科学试验用仪器设备、化学制剂等方面关键核心技术上全力攻坚，加快突破一批药品、医疗器械、医用设备、疫苗等领域关键核心技术。要在事关发展全局和国家安全的基础核心领域，瞄准人工智能、量子信息、集成电路、先进制造、生命健康、脑科学、生物育种、空天科技、深地深海等前沿领域，前瞻部署

一批战略性、储备性技术研发项目，瞄准未来科技和产业发展的制高点。要优化财政科技投入，重点投向战略性、关键性领域。

创新链产业链融合，关键是要确立企业创新主体地位。要增强企业创新动力，正向激励企业创新，反向倒逼企业创新。要发挥企业“出题者”作用，推进重点项目协同和研发活动一体化，加快构建龙头企业牵头、高校院所支撑、各创新主体相互协同的创新联合体，发展高效强大的共性技术供给体系，提高科技成果转移转化成效。

现代工程和技术科学是科学原理和产业发展、工程研制之间不可缺少的桥梁，在现代科学技术体系中发挥着关键作用。要大力加强多学科融合的现代工程和技术科学研究，带动基础科学和工程技术发展，形成完整的现代科学技术体系。

（二）强化国家战略科技力量，提升国家创新体系整体效能

世界科技强国竞争，比拼的是国家战略科技力量。国家实验室、国家科研机构、高水平研究型大学、科技领军企业都是国家战略科技力量的重要组成部分，要自觉履行高水平科技自立自强的使命担当。

国家实验室要按照“四个面向”的要求，紧跟世界科技发展大势，适应我国发展对科技发展提出的使命任务，多出战略性、关键性重大科技成果，并同国家重点实验室结合，形成中国特色国家实验室体系。

知识链接

“四个面向”是指面向世界科技前沿、面向经济主战场、面向国家重大需求、面向人民生命健康。2020年9月11日，习近平总书记主持召开科学家座谈会，把脉我国发展面临的内外环境，着眼“十四五”时期加快科技创新的迫切要求，以“四个面向”指明科技创新方向，希望广大科学家和科技工作者肩负起历史责任。

国家科研机构要以国家战略需求为导向，着力解决影响制约国家发展全局和长远利益的重大科技问题，加快建设原始创新策源地，加快突破关键核心技术。

高水平研究型大学要把发展科技第一生产力、培养人才第一资源、增强创新第一动力更好结合起来，发挥基础研究深厚、学科交叉融合的优势，成为基础研究的主力军和重大科技突破的生力军。要强化研究型大学建设同国家战略目标、战略任务的对接，加强基础前沿探索和关键技术突破，努力构建中国特色、中国风格、中国气派的学科体系、学术体系、话语体系，为培养更多杰出人才作出贡献。

科技领军企业要发挥市场需求、集成创新、组织平台的优势，打通从科技强到企业强、产业强、经济强的通道。要以企业牵头，整合集聚创新资源，形成跨领域、大协作、高强度的创新基地，开展产业共性关键技术研发、科技成果转化及产业化、科技资源共享服务，推动重点领域项目、基地、人才、资金一体化配置，提升我国产业基础能力和产业链现代化水平。

各地区要立足自身优势，结合产业发展需求，科学合理布局科技创新。要支持有条件的地方建设综合性国家科学中心或区域科技创新中心，使之成为世界科学前沿领域和新兴产业技术创新、全球科技创新要素的汇聚地。

（三）推进科技体制改革，形成支持全面创新的基础制度

要健全社会主义市场经济条件下新型举国体制，充分发挥国家作为重大科技创新组织者的作用，支持周期长、风险大、难度高、前景好的战略性科学计划和科学工程，抓系统布局、系统组织、跨界集成，把政府、市场、社会等各方面力量拧成一股绳，形成未来的整体优势。要推动有效市场和有为政府更好结合，充分发挥市场在资源配置中的决定性作用，通过市场需求引导创新资源有效配置，形成推进科技创新的强大合力。

要重点抓好完善评价制度等基础改革，坚持质量、绩效、贡献为核心的评价导向，全面准确反映成果创新水平、转化应用绩效和对经济社会发展的实际贡献。在项目评价上，要建立健全符合科研活动规律的评价制度，完善自由探索型和任务导向型科技项目分类评价制度，建立非共识科技项目的评价机制。在人才评价上，要“破四唯”和“立新标”并举，加快建立以创新价值、能力、贡献为导向的科技人才评价体系。要支持科研事业单位探索试行更灵活的薪酬制度，稳定并强化从事基础性、前沿性、公益性研究的科研人员队伍，为其安心科研提供保障。

科技管理改革不能只做“加法”，要善于做“减法”。要拿出更大的勇气推动科技管理职能转变，按照抓战略、抓改革、抓规划、抓服务的定位，转变作风，提升能力，减少分钱、分物、定项目等直接干预，强化规划政策引导，给予科研单位更多自主权，赋予科学家更大技术路线决定权和经费使用权，让科研单位和科研人员从烦琐、不必要的体制机制束缚中解放出来。

创新不问出身，英雄不论出处。要改革重大科技项目立项和组织管理方式，实行“揭榜挂帅”和“赛马”等制度。要研究真问题，形成真榜、实榜。要真研究问题，让那些想干事、能干事、干成事的科技领军人才挂帅出征，推行技术总师负责制、经费包干制、信用承诺制，做到不论资历、不设门槛，让有真才实学的科技人员英雄有用武之地。

（四）构建开放创新生态，参与全球科技治理

科学技术具有世界性、时代性，是人类共同的财富。要统筹发展和安全，以全球视野谋划和推动创新，积极融入全球创新网络，聚焦气候变化、人类健康等问题，加强同各国科研人员的联合研发。要主动设计和牵头发起国际大科学计划和大科学工程，设立面向全球的科学研究基金。

科技是发展的利器，也可能成为风险的源头。要前瞻研判科技发展带来的规则冲突、社会风险、伦理挑战，完善相关法律法规、伦理审查规则及监管框架。要深度参与全球科技治理，贡献中国智慧，塑造科技向善的文化理念，让科技更好增进人类福祉，让中国科技为推动构建人类命运共同体作出更大贡献。

（五）激发各类人才创新活力，建设全球人才高地

世界科技强国必须能够在全球范围内吸引人才、留住人才、用好人才。我国要实现高水平科技自立自强，归根结底要靠高水平创新人才。

培养创新型人才是国家、民族长远发展的大计。当今世界的竞争说到底是人才竞争、教育竞争。要更加重视人才自主培养，更加重视科学精神、创新能力、批判性思维的培养培育。要更加重视青年人才培养，努力造就一批具有世界影响力的顶尖科技人才，稳定支持一批创新团队，培养更多高素质技术技能人才、能工巧匠、大国工匠。要在全社会营造尊重劳动、尊重知识、尊重人才、尊重创造的环境，形成崇尚科学的风尚，让更多的青少年心怀科学梦想、树立创新志向。“栽下梧桐树，引来金凤凰。”要构筑集聚全球优秀人才的科研创新高地，完善高端人才、专业人才来华工作、科研、交流的政策。

科技创新离不开科技人员持久的时间投入。为了保证科研人员的时间，1961年中央就曾提出“保证科技人员每周有五天时间搞科研工作”。保障时间就是保护创新能力，要建立让科研人员把主要精力放在科研上的保障机制，让科技人员把主要精力投入科技创新和研发活动。各类应景性、应酬性活动少一点科技人员参加，不会带来什么损失，决不能让科技人员把大量时间花在一些无谓的迎来送往活动上，花在不必要的评审评价活动上，花在形式主义、官僚主义的种种活动上。

全面建设社会主义现代化国家新征程已经开启，向第二个百年奋斗目标进军的号角已经吹响。坚持面向世界科技前沿、面向经济主战场、面向国家重大需求、面向人民生命健康，坚持创新在我国现代化建设全局中的核心地位，把科技自立自强作为国家发展的战略支撑，大力弘扬科学家精神，我们一定能够在加快建设科技强国、实现高水平科技自立自强进程中，不断书写新的篇章。

拓展阅读

打好种业“翻身仗”，仍需“硬核”攻坚

中央一号文件提出，要打好种业翻身仗。2020年中央经济工作会议和中央农村工作会议也强调了种子是农业的“芯片”，要打好种业翻身仗，开展种源“卡脖子”技术攻关。“种业翻身仗”一词高频“露脸”，足见中央对种业的重视，以及种业“破卡”的决心。

把种子比喻为芯片，还用上了“卡脖子”来描述，可能会让不少人出乎意料。在很多人的印象中，种子好像和高精尖不搭边，育种也是田间地头的力气活儿。

事实上，种子按斤论袋卖的观念已经过时，很多优质种子是按粒卖的。这些高附加值的种子背后，凝聚了基因编辑、合成生物学、人工智能等前沿高科技。一粒小小的种子早已经成为科技较量的赛场。

作为农业的“芯片”，对种业再怎么强调也不过分。我国粮食供需一直处于紧平衡状态，加上外部形势的不确定性和不稳定性增加，在粮食安全问题上一刻也不能掉以轻心。在我国耕地有限的情况下，要想增加粮食产量，更加需要现代农业科技自立自强，用科技打好种业翻身仗。与此同时，满足人民日益增长的美好生活需要，也需要农业生产在保数量的同时，还要考虑保多样、保质量，这同样离不开良种的支撑。

过去我们强调保障粮食安全，提得比较多的是落实最严格的耕地保护制度，坚决遏制耕地“非农化”和防止耕地“非粮化”，牢牢守住18亿亩耕地红线。如今，明确提出打好种业翻身仗，也说明了“农业芯片”相关难题到了迫切需要我们下功夫来解决的时候。

2021年2月22日，在国务院新闻办公室举行的发布会上，农业农村部副部长张桃林指出，与国际先进水平相比较，我国种业发展还有不少的不适应性和短板弱项。例如，大豆、玉米的单产水平不到美国的60%，蔬菜国外品种种植面积占比达到13%，耐储的番茄、甜椒等少数专用品种进口比例还比较大，超过50%；种质资源保护利用不够，有些地方土种、珍稀濒危的种质资源消失风险还在加剧；缺乏一些高品质的、有特殊功能的品种和产品。可见，打好种业“翻身仗”，仍有不少难题需要“硬核”攻坚。

“一粒种子可以改变一个世界”，反过来说，一粒种子也可以成为威胁。袁隆平院士曾指出，关键的时候，一粒小小的种子能够绊倒一个巨大的国家。为了端牢咱们自己的饭碗，丰富咱们的“菜篮子”“果筐子”，避免依赖外国

种子，中央及时部署种业翻身仗，通过保护种质资源、加强种业核心关键技术攻关、优势企业予以重点扶持、发展现代化农作物制种基地、加强知识产权保护五方面举措捍卫粮食安全。

改革开放40多年来，经过不懈奋斗，我们的农业科技工作在杂交水稻、杂交小麦等领域已经处于世界领先水平。当下，世界种业正迎来现代生物育种科技革命，我们也比以往更有条件、能力和信心，抓住机遇，打好种业翻身仗，实现种业的跨越式发展。相信在不久的将来，自主产权的“农业芯片”将助力我们把饭碗端得更稳更牢更安心。

（资料来源：《新华每日电讯》2021年2月25日 06版）

阅读推荐

1. 习近平：《努力成为世界主要科学中心和创新高地》，《求是》2021年第6期。

2. 倪思洁：《科学大院里的科普国家队》，《中国科学报》2021年5月24日 01版。

3. 王雅婧：《“造星人”“瘦身教练”……天问探火背后的功臣》，中央纪委国家监委网站，2021年5月24日。

思考题

1. 近年来，我国科技创新建设取得了哪些成就？又存在着什么样的短板？

2. 为什么说科技自立自强是进入新发展阶段的必然选择？

3. 如何将我国建设成全球人才高地？

专题六

正确认识两岸关系发展的新形势

挑战两岸和平，挑战两岸稳定，挑战两岸交流，挑战两岸合作，挑战中华民族整体利益，是历史的逆流，必须予以集火痛击。我们要坚定信心、沉着应战，坚守红线、敌进我进，既不被美国政客的蛮横嚣张行径所“怒而兴兵”、民进党当局的魑魅魍魉伎俩所“愠而致战”；也不能让美国政客误以为可以步步进逼、“台独”误以为有隙可乘。要坚守国家核心利益的清晰边界，使各类对手的每一次挑战都付出相应代价。

近年来蔡英文当局不断加大钳制两岸交流的力度，打破了两岸民间交流的良性互动局面。2008 年至 2016 年国民党重新执政期间，两岸在坚持“九二共识”和反对“台独”的共同政治基础上所形成的大交流与大合作局面，在蔡英文上台后已难以为继。由于蔡英文继承李登辉与陈水扁衣钵，继续推行“去中国化”与“渐进台独”政策，导致两岸关系迅速降温，台海风险明显增大。特别是 2019 年以来，台湾先后修订所谓的“国安五法”，并通过所谓的“反渗透法”，试图制造寒蝉效应，吓阻与切断两岸交流，进一步加剧了两岸关系的恶化。当前及今后一个时期，世界百年未有之大变局加速演变，新冠肺炎疫情对国际格局产生深刻影响，国内外发展环境面临深刻复杂变化，台海方向各方势力博弈斗争、多种风险交织叠加，台海形势更趋复杂严峻。

一、台湾问题的国际环境发生重大变化

台湾问题是中国内政，实现两岸最终统一是中国的核心利益。毋庸讳言，美国是攸关台湾问题解决的最主要外部干涉因素。美国的对台政策决定了台湾问题国际环境有利与否的性质，也相当程度上决定着两岸关系战与和的性质及两岸统一进程的路径与方向。

中美两国是当今世界最重要的两个世界性大国，中美两个世界性大国自身的变化及其相互关系的变化，将是这场百年未有大变局的核心观察点，这也决定美国对台政策的总方向和台湾问题的国际大环境。自 2017 年以来，无论是贸易问题还是新冠肺炎问题，不断有事关世界发展大局的“灰犀牛”“黑天鹅”突然冒出来，中美之间的摩擦与竞争，影响中美两国及两国关系，也影响整个世界的形势与格局，并把世界推向一个明显不确定的方向。

在这场百年未有之大变局的序曲中，中美关系发生的变化和冲击已经成为重彩华章。台湾问题作为中美关系中最敏感的政治问题，深受影响。美国对台政策发生转折性变化，在中美关系中奏出了一连串不协调的音符。

自 2017 年年底以来，中美关系中摩擦与斗争一面成为令人瞩目的现象，先是有美国发起的对华贸易摩擦，接着就是蓬佩奥等人挑起的对华意识形态战略围剿。台湾问题作为美国在对华战略中的一颗棋子，也被美国在对华战略中充分加以利用。对于中国而言，中美关系变差，台湾问题的国际环境就随之变差；于美国而言，台湾问题是推进中美关系变差的抓手，是把中美关系引向对抗的导火索之一。

自 2018 年年初以来，美国不仅通过了“台湾旅行法”“台北法案”，提升美台关系，而且还在制造两岸局势紧张的同时批准多批次对台军售案，公布对台“六项保证”，并不断派遣军机、军舰在台海周边活动，为民进党当局撑腰；不

仅如此，美国还鼓动捷克议长访问台湾，美国亲自出马派遣卫生部长、副国务卿赴台湾地区活动。在美国的带领或胁迫下，欧洲国家也频频借新冠疫情防疫、人权、民主等议题为台湾张目、发声。

美国特朗普政府执政时期执意揪住台湾问题，狂打“台湾牌”，其力度、广度、深度、硬度均可谓前所未有。这在一定程度上表明，美国对台政策的战略判断与战略出发点已经发生根本性变化。至少美国已经初步改变自 1979 年以来在台湾问题上所持的维持稳定防止剧变的基本政策取向，而转向更具侵略性和进攻性的台海政策。在美国新的对台政策框架下，中国大陆不再是与美国共同维护台海现状与稳定的合作者，中国大陆已经变成美国利用台湾问题进行打击和牵制的战略对手。

相关链接：

特朗普狂打“台湾牌”，“台美勾连”无底线，最终竹篮打水一场空

影响台湾问题最关键、最重要的国际因素是美国。在美国对台政策发生转折性变化的情况下，对于中国大陆而言，推动两岸关系和平发展和解决台湾问题的国际环境越来越恶劣。甚至可以说 1979—2019 年那种促使两岸对峙下降，有利于台海和平稳定的积极国际环境正在成为过去，催化两岸对峙上升，推动两岸关系进入新一轮危险期的消极外部环境已经开始成形。也就是说，美国作为台湾问题主要外部影响因素，其负面、破坏性的一面正在占据主导地位。

二、正确看待当前台海局势面临的风险与挑战

在围绕台湾问题展开的台海政治博弈中，今天的祖国大陆有着天时地利的绝佳条件和较强的实力，只要善于抓住机会、利用机会，就一定会是这场博弈的最终受益者。因此，面对当前台海局势面临的风险与挑战，我们要理性、正确地看待。

（一）风险大于机遇仍是当前台海局势的基本特征

台海局势面临的严重对立对峙状况目前并未获得改善。2016 年民进党重新执政后，以切香肠式手法，大力推行以“终极独立”为指向的两岸政策，不断加大“反中”“仇中”操作，积极与美勾连，升级两岸对抗，成为两岸关系和平发展的现实威胁。

由于蔡英文当局持续推进“去中国化”和“渐进式台独”，特朗普政府深度介入并控制台湾的政治遗产及其政策惯性仍会继续发挥一定作用，在短期内要想

消弭台海风险尚十分困难。目前岛内激进“台独”势力的分裂活动仍然猖獗。“台独”大佬辜宽敏领衔提出要求蔡英文“推动制定符合台湾现状的新宪法”的公民投票案；民进党“立委”则提案修改“两岸人民关系条例”和“宪法增修条文”，欲删除“国家统一前”之文字；游锡堃不仅鼓吹“台美建交”，甚至连中医药也要搞“去中国化”，建议把台湾的中医药叫作“台医”“台药”或“汉医”“汉药”。由此可见，目前台海局势仍然复杂严峻，“台独”依然是现实威胁。台陆委会前副主委赵建民根据八项指标，预测两岸关系已进入“准战争”状态，并建议两岸应首重避险。2020 年 11 月 18 日，台陆委会主委陈明通在出席美国传统基金会与台湾民主基金会合办的“挑战时期下的美台伙伴关系”视讯研讨会开幕式时声称，两岸要跳脱政治框架，发挥弹性、智能与创意，持续累积善意，寻求沟通对话可能，以减少误判、共商和平相处之道。但迄今为止，台湾当局不仅拒不承认体现大陆与台湾同属一个中国的“九二共识”，反而继续推动“渐进式台独”分裂活动，与美勾连也毫无收手之意。这样一种两手策略，不仅无法寻求两岸间的沟通对话，反而将升高两岸间的对立对抗，一旦引发误判与意外，势必危及台海局势的和平与稳定。

相关链接：

“学术”交流中的阴谋

概而言之，当前台海局势的总体态势仍然是风险大于机遇，坚定慑止“台独”分裂活动仍是消弭台海风险的首要任务。习近平总书记多次强调，“台独”是历史逆流，是绝路。“台独”是一条不可逾越的红线。大陆会随时按照《反分裂国家法》规定，坚决打击“台独”分裂活动，确保国家统一进程顺利推进。台湾当局只有认清历史大势，放弃“台独”幻想，两岸才能强化危机管理，在恢复协商对话基础上化解各种风险，进而塑造机遇，共谋和平与共享和平。

（二）“危中有机”是两岸关系发展的客观规律

20 世纪 90 年代初，邓小平在谈到 1989 年后的国际形势时曾深刻指出：“不能认为形势恶化到多么严重的地步，不能把我们说成是处在多么不利的地位。实际情况并不尽然……我们可利用的矛盾存在着，对我们有利的条件存在着，机遇存在着，问题是要善于把握。”1995 年 6 月，李登辉以所谓私人名义窜访美国，扬言要向不可能的事物挑战，在国际上大肆进行“两个中国”的分裂活动，引发新的台海危机。大陆在以大规模军事演习进行反分裂反“台独”斗争的同时，善于把握机遇，大力加强对美交涉与斗争并取得积极成果。1998 年 6 月，时任美国总统克林顿访华时在上海公开表示“新三不政策”，即不支持“台湾独立”，不支持“两个中国”或“一中一台”、不支持台湾加入联合国及其他由主权国家组成的国际组织，使岛内“台独”分裂活动遭受重挫。在陈水扁疯狂推进“激进式台独”的年代，大陆塑造机遇，出台《反分裂国家法》，并在2005年邀请中国国民党主席连战首次访问大陆，实现了国共两党领导人1949年以来的首次会谈，共同发布了“两岸和平发展共同愿景”，深刻影响了台海形势的发展方向。

近年来，在蔡英文当局加大台美勾连和“以武拒统”背景下，人民解放军为维护国家主权和领土完整，在台海地区多军种多方向成体系出动兵力，连续组织实战化演练。针对有记者在外交部新闻发布会上提问解放军军机越过所谓“海峡中线”、中方对“海峡中线”持何立场时，外交部发言人严正表示：台湾是中国领土不可分割的一部分，不存在所谓的“海峡中线”。在2020年9月，美国国务院次卿访台期间，“大陆派遣37架次各式战机飞越台海中线”，我飞行员同样以“没有海峡中线”回应台所谓“驱离警告”，海峡两岸长期以来无中生有的这条虚线终于化为乌有。这显然也是我们积极塑造机遇所取得的成果，同时也凸显了大陆解决台湾问题必须用两手、两种方式都不能排除的正确政策抉择。两岸关系发展的历史轨迹表明，无论台海风云如何变化，机遇总是客观存在。

为有效应对外部势力干涉和极少数“台独”分裂分子及其分裂行径，我们不承诺放弃使用武力，保留采取一切措施的选项。解放军在台海地区组织实战化演练，就是坚决维护国家主权和领土完整，严正警告外部势力停止干涉，严正警告“台独”分裂势力停止挑衅。图为正在演练中的解放军军机。

三、两岸统一的历史大势无法阻挡

两岸关系发展面临的风险挑战虽多，但从长远看，两岸关系的主导权始终牢牢掌握在祖国大陆手中，两岸关系发展具有坚实的基础与足够的韧性，两岸关系仍朝着总体有利于统一的方向发展。

（一）实现祖国统一是中华民族伟大复兴的必然要求

中华民族五千多年的发展进程，统一始终是历史演进的主旋律，维护统一、反对分裂深深融入了中国人民的血液和灵魂。近代中国积贫积弱，在西方列强入侵后，经历了百余年山河破碎、备受欺侮的悲惨历史。台湾曾被外族侵占长达半个世纪，是中华民族历史上极为惨痛的一页。1945 年，中国人民同世界各国人民一道，取得了中国人民抗日战争暨世界反法西斯战争的伟大胜利，台湾随之光复，重回祖国怀抱。其后不久，由于中国内战延续和外部势力干涉，海峡两岸陷入长期政治对立的特殊状态。一水之隔、咫尺天涯，两岸迄今尚未完全统一是历史遗留给中华民族的创伤。所有中华儿女应该共同努力，谋求国家统一，抚平历史创伤。

两岸是休戚与共、不可分割的命运共同体。民族强盛是两岸同胞之福，民族弱乱是两岸同胞之祸。经过全体中华儿女长期不懈奋斗，中华民族迎来了从站起来、富起来到强起来的伟大飞跃，中华民族伟大复兴展现出前所未有的光明前景和强劲势头。今天，我们比历史上任何时期都更接近、更有信心和能力实现中华民族伟大复兴的宏伟目标。民族复兴、国家强盛，与两岸同胞的利益福祉息息相关。我们要团结两岸同胞携手同心，共担民族复兴的责任，共享民族复兴的荣耀。国家统一是民族复兴的必然要求，我们要坚持在民族复兴伟大征程中推进祖国统一。台湾问题因民族弱乱而产生，必将随着民族复兴而终结。

我们党一经成立，坚定走在时代前列，始终是中国人民和中华民族的主心骨，不仅是民族独立、人民解放的领路人，也是民族复兴、国家统一的领路人。自台湾问题产生以来，我们党坚持解放思想、实事求是，顺应时代潮流和历史趋势，把握民族根本利益和国家核心利益，不断丰富发展国家统一理论和实践，先后提出和平解决台湾问题的政策主张和“一国两制”科学构想，确立了“和平统一、一国两制”基本方针，进而形成了坚持“一国两制”和推进祖国统一基本方略，在台海风云变幻中引领两岸关系朝着正确方向迈进。

党的十八大以来，习近平总书记站在党和国家事业发展全局和中华民族伟大复兴的战略高度，敏锐洞察国内外形势和台海形势新变化，深刻总结党中央对台工作大政方针及实践，提出一系列内涵丰富、思想深邃的重要理念、方针政策，形成关于对台工作的重要论述。2019 年 1 月 2 日，习近平总书记在《告台湾同胞书》发表 40 周年纪念会上发表重要讲话，全面阐述了立足新时代、在实现中华民族伟大复兴征程中推进祖国和平统一的重大政策主张。这是习近平总书记关于对台工作的重要论述的新篇章，是党中央对台工作大政方针的新发展，是新时代对台工作的根本遵循和行动指南。在党中央坚强领导和习近平总书记关于对台工作的重要论述科学指引下，我们坚持对台工作大政方针毫不动摇，牢牢把握两岸关系发展正确方向，有效应对台湾局势变化，坚定推进反“独”促统，保持台海形势总体稳定。

知识链接

1978年12月26日，第五届全国人大常委会第五次会议讨论通过了《中华人民共和国全国人民代表大会常务委员会告台湾同胞书》，并于1979年元旦正式发表。《告台湾同胞书》郑重宣布了在新的历史条件下台湾回归祖国、争取祖国和平统一的大政方针。其要点是：

（1）强调坚持一个中国的立场，反对台湾独立。这是我们与台湾当局"共同的立场，合作的基础"。

（2）在解决统一问题时，一定要考虑台湾的现实情况，"尊重台湾现状和台湾各界人士的意见，采取合情合理的政策和办法，不使台湾人民蒙受损失"。

（3）提出解决台湾问题要"寄希望于1700万台湾人民"的方针。

（4）停止对金门等岛屿的炮击，针对海峡两岸仍存在的军事对峙局面，提出首先应通过中华人民共和国政府和台湾当局之间的商谈结束这种军事对峙状态，以便为双方的任何一种范围的交往接触创造必要的前提和安全环境。

（5）希望"双方尽快实现通邮通航，以利双方同胞直接接触、探亲访友、旅游参观"，并"发展贸易，互通有无，进行经济交流"。

党的十九届五中全会对未来5年乃至15年我国发展作出系统谋划和战略部署，把"推进两岸关系和平发展和祖国统一"列为"十四五"规划和2035年远景目标的重要组成部分，明确了在全面建设社会主义现代化国家新征程中推进两岸关系和平发展和祖国统一的目标任务，必将为推进民族复兴和祖国统一奠定更坚实基础，提供更有力支撑。我们要努力团结两岸同胞认清历史大势，共担时代责任，把前途命运牢牢地掌握在自己手中，继续为实现祖国完全统一和中华民族伟大复兴而共同奋斗。

（二）两岸和平发展基础牢固、前景光明

一水之隔，隔不断两岸亲情血脉相连。几十年来，两岸关系虽遇到重重阻力，但仍曲折向前。在党中央对台方针政策的指引下，在两岸同胞的共同努力下，两岸同胞交往日益密切、合作日益广泛、心灵更加契合，两岸命运共同体成为日益生动的现实。

1. 和平发展符合两岸同胞共同利益

两岸关系和平发展是维护两岸和平、促进两岸共同发展、造福两岸同胞的正确道路。习近平总书记指出，"走和平发展之路，谋互利双赢之道，利在两岸当

下，功在民族千秋”。推动两岸关系和平发展，有利于双方增进政治互信，保持良性互动；有利于双方开展协商谈判，加强制度化建设；有利于两岸同胞加强交流合作，加深利益联结，强化精神纽带，增强对命运共同体的认知；有利于两岸减少在国际场合的内耗，减少外来势力干扰，共同维护中华民族整体利益。两岸同胞要从历史中汲取智慧，在现实中认清利弊，共同珍惜和维护来之不易的和平发展成果，坚决反对干扰破坏和平发展的行径。推动两岸关系和平发展，目标是和平统一。“和平统一、一国两制”最符合包括台湾同胞在内的中华民族根本利益，是实现和平统一的最佳方案。推动两岸关系和平发展、融合发展，是通向和平统一的必由之路，是推进和平统一进程的内在要求，两岸同胞应共同追求和维护和平统一光明前景，排除干扰，砥砺奋进，共谋、共护、共享和平。

体现一个中国原则的“九二共识”是两岸关系和平发展的政治基础。“海峡两岸同属一个中国，共同努力谋求国家统一”是“九二共识”的核心要义，见诸双方函电往来及后续协商，由两岸有关方面确认，白纸黑字不容歪曲、否认。“九二共识”对两岸建立政治互信、开展对话协商、改善和发展两岸关系发挥了不可替代的重要作用，两岸领导人历史性会晤得以实现也是建立在这个重要政治基础上。实践表明，坚持“九二共识”，两岸关系就能改善发展，两岸同胞的利益就能得到充分维护；否认“九二共识”，两岸关系势必受到危害，两岸同胞尤其是台湾同胞的切身利益就会受到损害。坚持“九二共识”，是两岸关系的大是大非问题。做到了这一点，台湾任何政党同大陆交往都不存在障碍。一段时间以来，台湾岛内有关政党、团体和人士以多种形式呼吁巩固坚持“九二共识”、反对“台独”的共同政治基础，维护两岸关系和平发展，一些代表性人士积极与大陆各界对话沟通，体现了大势所趋、民心所向。

2. 两岸经济社会交流保持稳定发展

两岸经济社会交流经历了从无到有、由少到多、从间接到直接、从单向到双向的不断扩大和深化的过程，已形成全方位、宽领域、多层次格局，两岸经济、社会联结达到前所未有的新高度。经济交流方面，经过多年发展，两岸取得显著成就，形成互惠互利、合作共赢的局面，成为密不可分的利益共同体。1988 年至 2019 年，两岸贸易总额累计超过 2.6 万亿美元，两岸经贸往来总体稳定。台商台企持续看好大陆经济发展与营商环境，投资日益呈现产业广泛化、类别多样化、经营形态多元化、地区分布扩展化等新特征。台商投资大陆，对大陆扩大出口、增加就业、促进经济发展、提高管理水平等发挥了重要作用。两岸经贸合作更为台湾经济增长注入了强劲动力，大陆已是台湾最大出口市场、最大进口来源地、最大贸易顺差来源地。一些在台湾失去竞争力的产业转移到大陆，依托大陆土地等方面的成本优势和广大市场，获得发展活力。面对疫情冲击和经济全球化逆流等复杂因素，大陆市场空间广阔、发展韧性强大等优势进一步显现。通过连续参展进博会、踊跃投身两岸经贸交流活动，广大台商台企对这一点看得非常清楚。

社会交流方面，两岸人员直接往来，增进了相互了解，加深了同胞感情。1988 年至 2019 年，两岸人员往来总计达 1.44 多亿人次。2016 年民进党上台后限缩两岸交流，两岸人员往来出现回落，但两岸同胞开展交流合作势头不减，教育、文化、新闻、宗教等交流依然热络。此间，不管是大陆遭遇地震灾害，还是台湾受到台风袭击，两岸同胞均守望相助，越走越亲，谱写了血浓于水的感人篇章。两岸交往内涵日趋丰富，宗教、体育、医疗、教育等社会民生各领域交流合作规范逐步确立。尤其是海协会与台湾海基会在“九二共识”基础上恢复商谈后，签署了 23 项协议，在食品安全、农产品检验检疫等领域构建制度化合作机制，解决了涉及两岸民生的诸多实际问题。两岸社会交流由单向、间接和小规模发展到双向、直接和大规模。大批台胞开始在大陆生活、工作、学习，而陆商、陆客、陆生、陆配等大陆元素也进入台湾，推动两岸社会互动与融合更加多元。台湾开放陆生赴台就读后，两岸实现高等教育双向交流。两岸青年交流的年龄范围扩大，从以大学生、青年就业者为主扩大到青少年、中小学生，领域也不局限于旅游、参访，而朝着在大陆就业、创业扎根的方向发展。两岸同胞在合作中扩大了共同利益，在交流中增强了精神纽带，在直接往来中增进了彼此感情，大陆对台湾同胞的吸引力持续增强，两岸民间社会交流合作成为不可阻挡的客观趋势和历史潮流。

2020 年 9 月 26 日，第十二届海峡论坛·第四届海峡两岸（漳州）青年交流周在漳州启动。图为两岸青年在活动现场进行交流。

3. 国际社会一个中国格局持续稳固

中国政府在国际上始终坚持一个中国原则处理涉台问题，坚决反对任何制造“两个中国”“一中一台”“台湾独立”的分裂行径，国际社会也普遍支持中国政府和人民反对“台独”分裂、争取祖国统一的正义事业。世界上与中华人民共和国建交的国家全部承认一个中国原则，并承诺在一个中国的框架内处理与台湾的关系，只与台湾维持民间经济、文化关系。2016 年民进党上台后，中国政府坚定维护一个中国原则和“九二共识”政治基础，坚决反对外部势力打“台湾牌”在台海兴风作浪，与有关国家涉台消极动向坚决作斗争。截至 2020 年 12 月，中国政府先后与冈比亚等国建（复）交，台湾当局所谓“邦交国”数量降至新低（15 个），“台独”势力在国际上进行分裂活动的空间日益狭小。国际社会坚持一个中国格局日益巩固扩大，为我们处理涉台问题，推动两岸关系发展，实现祖国完全统一营造了有利外部环境。

两岸关系发展历程证明，台湾是中国一部分、两岸同属一个中国的历史和法理事实，是任何人任何势力都无法改变的。两岸同胞都是中国人，血浓于水、守望相助的天然情感和民族认同，是任何人任何势力都无法改变的。台海形势走向和平稳定、两岸关系向前发展的时代潮流，是任何人任何势力都无法阻挡的。国家强大、民族复兴、两岸统一的历史大势，更是任何人任何势力都无法阻挡的。

（三）扎实推进两岸关系和平发展和祖国统一

我们要坚持以习近平新时代中国特色社会主义思想为指导，深入贯彻党的十九大和十九届二中、三中、四中、五中全会精神，全面贯彻习近平总书记关于对台工作的重要论述特别是在《告台湾同胞书》发表40周年纪念会上的重要讲话精神，落实好党中央决策部署，坚定信心、积极开拓，奋发有为做好对台工作，推进两岸关系和平发展和祖国统一，努力为全面建设社会主义现代化国家开好局、起好步营造有利台海环境。

1. 加强党对对台工作的集中统一领导

对台工作事关党和国家事业发展全局，必须把加强党的全面领导落实到对台工作各方面全过程。强化思想理论武装，持续深入学习贯彻党的创新理论和习近平总书记关于对台工作的重要论述，充分把握“国之大者”的关键所在，增强“四个意识”、坚定“四个自信”、做到“两个维护”，提高政治判断力、政治领悟力、政治执行力，切实把思想和行动统一到以习近平同志为核心的党中央决策部署上来，推动对台工作高质量发展。

2. 贯彻“和平统一、一国两制”方针，推动两岸关系和平发展、融合发展

祖国必须统一，也必然统一，这是不容置疑的历史定论。“和平统一、一国两制”是实现国家统一的最佳方式。我们愿意为和平统一创造广阔空间，只要有和平解决台湾问题的可能，我们都将为之持续努力，继续团结广大台湾同胞，积极探索“两制”台湾方案，丰富和平统一实践。两岸关系和平发展是维护两岸和平、促进两岸共同发展、造福两岸同胞的正确道路。深化融合发展，密切两岸交流合作，强化两岸共同利益联结，构建两岸命运共同体，让发展成果更多惠及两岸同胞特别是台湾同胞，加深两岸同胞相互理解，增进互信认同，实现心灵契合。推动两岸关系和平发展、融合发展是通向和平统一的必由之路，是推进和平统一进程的内在要求，需要凝聚两岸同胞力量扫除障碍，坚定不移推进。

3. 坚持以人民为中心的发展思想，持续深化两岸融合发展

我们对台湾同胞一视同仁，像为大陆百姓服务那样造福台湾同胞。按照“以通促融、以惠促融、以情促融”要求，勇于探索海峡两岸融合发展新路。积极推进两岸应通尽通，不断提升两岸经贸合作畅通、基础设施联通、能源资源互通、行业标准共通。支持福建在探索海峡两岸融合发展新路上迈出更大步伐。推动福

建沿海地区同金门、马祖通水、通电、通气、通桥不断取得新进展。持续落实落细“31条”“26条”“11条”“农林22条”等惠台利民政策措施，完善保障台湾同胞福祉和在大陆享受同等待遇的制度和政策，支持台商台企参与“一带一路”建设和国家区域协调发展战略，融入新发展格局，让台湾同胞分享更多新发展机遇，参与大陆经济社会发展进程。不断扩大两岸经济文化交流合作，共同传承发展中华优秀传统文化，加强两岸基层和青少年交流，促进同胞心灵契合。

4. 坚决遏制“台独”分裂活动和外部势力干涉

“台独”分裂势力及其谋“独”挑衅是台海和平稳定的最大威胁，是推进两岸关系和平发展和祖国统一的最大障碍。台湾问题是中国内政，不容任何外来干涉。必须坚持底线思维，保持高度警惕，有效防范化解台海重大风险，坚决遏制“台独”分裂活动和外部势力干涉，坚定维护国家主权和领土完整，坚定维护国家安全和发展利益。我们不承诺放弃使用武力，保留采取一切必要措施的选项，针对的是外部势力干涉和极少数“台独”分裂分子及其分裂活动。我们希望更多台湾同胞认清“台独”分裂的危害性和危险性，看清前途命运、利益福祉所在，增进对两岸命运共同体的认知和对祖国和平统一的认同，自觉投身反“独”促统的伟大事业，与我们携手共创民族复兴的美好未来。

历史不能选择，现在可以把握，未来可以开创。党的十九大和十九届五中全会都对推进两岸关系和平发展和祖国统一作出了重要部署。我们要在以习近平同志为核心的党中央坚强领导下，坚持“和平统一、一国两制”基本方针，坚持一个中国原则和“九二共识”，坚决反对任何形式的“台独”分裂和外部势力干涉，有效防范化解风险，团结广大台湾同胞共同维护和推动两岸关系和平发展、融合发展，推进祖国和平统一进程。统一始终是中国历史的主流，“台独”分裂势力、国际干预势力主导不了中国历史进程。中国必然统一，中国正在走向统一，两岸分离不过是中国漫长历史的一段插曲而已。

拓展阅读

两岸：交流走深走实 同胞走近走亲

解决台湾问题、实现祖国完全统一，是全体中华儿女的共同心愿。一直以来，中国共产党人始终把解决台湾问题、实现祖国完全统一作为矢志不渝的历史任务，团结台湾同胞，推动台海形势从紧张对峙走向缓和改善、进而走上和平发展道路，两岸关系不断取得突破性进展。两岸同胞是命运与共的骨肉兄弟，是血浓于水的一家人。祖国大陆率先同台湾同胞分享发展机遇；越来越多台胞台企抢抓机遇，积极投身祖国大陆经济社会建设，实现自身更好发展。两岸交流合作日益广泛、相互往来日益密切，两岸同胞彼此心灵日益契合，两岸命运共同体成为生动的现实。

融合发展的道路越走越宽广

祖国大陆顺应两岸同胞加强交流合作、增进了解沟通的共同愿望，积极为两岸交流合作创造条件。从推动打破两岸隔绝对峙，到实现全面直接双向“三通”；从第一位台商到大陆投资设厂，到如今台资企业总量达数万家；从20世纪老兵赴大陆探亲大潮，到新时代台湾青年“登陆”就业创业浪潮……两岸逐步开启大交流、大合作、大发展的崭新格局。两岸交流走深走实、两岸同胞走近走亲，成为大势所趋、民心所向。

时针拨回到1987年11月。第一批探亲台湾同胞经香港赴大陆，踏上家乡故土，标志着长达38年之久的两岸隔绝状态被打破，两岸人员往来和经济文化交流的大幕就此拉开。

在此基础上，党中央稳步推进海峡两岸关系的发展。1992年，海峡两岸关系协会与台湾海峡交流基金会开始进行事务性商谈，双方达成“九二共识”；1994年，大陆通过《中华人民共和国台湾同胞投资保护法》，将保护台商投资纳入法制化轨道；2008年12月，两岸空运直航、海运直航和直接通邮正式启动，两岸全面直接双向“三通”迈开历史性步伐；2010年，《海峡两岸经济合作框架协议》的签署，推进了两岸经济合作机制化、制度化进程。

党的十八大以来，祖国大陆继续秉持“两岸一家亲”理念，率先同台湾同胞分享大陆发展机遇，逐步为台湾同胞在大陆学习、创业、就业、生活提供同等待遇。2018年，促进两岸经济文化交流合作的“31条措施”迅速落地见效，推动两岸在学术、文化、教育、体育、宗教等方面的交流交往不断深化。2019年，大陆再出台“26条措施”，进一步促进两岸交流合作、深化两岸融合发展，为台胞台企提供同等待遇。2020年助力台企“11条”、2021年“农林22条”相继出台，越来越多的台胞台企从中受益，在奋斗中收获累累硕果。

1988年至2018年，30年间，两岸人员往来总计达1.35亿人次，其中台胞赴大陆总计1.04亿人次，两岸贸易额累计约2.6万亿美元，台商直接来大陆投资金额累计678亿美元。2020年两岸投资额与贸易额更是均创历史新高，大陆成为台湾最大出口市场、最大进口来源地、最大贸易顺差来源地和最大岛外投资目的地，两岸已经形成密不可分的命运共同体，融合发展的道路越走越宽广。

越来越多台胞汇入中华民族复兴大潮

“中国梦不应该缺少了台湾这一块，中华民族复兴的历史进程中，我们不能缺席。”中国国民党前主席洪秀柱的一席话，说出了许多台湾同胞的心声。

在大陆的持续推动下，越来越多台湾同胞汇入中华民族复兴大潮，他们来到大陆投资兴业，积极参与各地发展建设，也在其中分享了巨大的机遇，取得了在岛内难以想象的成就。新时代是中华民族大发展大作为的时代，也是两岸同胞大发展大作为的时代，在中国共产党的领导下，大陆各地积极探索海峡两岸融合发展新路，更多台胞台企扎根大陆，分享机遇、共享成果。

在与台湾一水相隔的福建，上万家台企在此生根、成长、壮大。“我们协会的会员企业从一开始的个位数，到现在已经有1300多家了。”福建厦门台商协会会长吴家莹说，近30年来，大陆积极为台胞广泛参与经济社会建设创造条件，来厦门发展的台商越来越多，台资企业获得越来越广阔的发展空间。

在全国经济百强县之首江苏昆山，30余年间累计有5300多家台资企业投资落户，近10万台胞在此安居乐业。一大批中小台企在昆山成长壮大，6家企业在大陆A股上市。“近几年中央不断释放重大利好政策，从电子制造业拓展到服务、文创、物流等诸多产业，台商在陆的投资发展空间得到不断延展。”昆山台协会长宗绪惠说。

随着“十四五”规划的开局，广大台胞台企也迎来了新机遇。参与“一带一路”建设、粤港澳大湾区建设、京津冀协同发展、长三角区域一体化发展、海南自贸区（港）建设等重大历史机遇，更吸引岛内青年掀起一股“登陆”热潮。他们纷纷来大陆就业、创业、学习、生活，到祖国大陆的广阔天地来追梦圆梦。他们向岛内同龄人喊话：“你的所有梦想都可以在大陆放飞，撸起袖子干吧！”

两岸同胞共担民族复兴的责任，也共享民族复兴的荣耀。2019年，数百位台湾同胞来到祖国首都北京参加新中国成立70周年庆祝活动观礼，两岸同胞共同见证祖国繁荣、民族强盛的盛大时刻。2021年，许多岛内网友通过网络直播观看神舟十二号载人飞船发射成功、中国人首次进入自己的空间站，激动称赞“祖国万岁”“华夏之光”，中华民族扬眉吐气，每个中华儿女都与有荣焉。

形成遏制“台独”、推进统一的磅礴力量

祖国大陆愿意为两岸和平统一创造广阔空间，但绝不为各种形式的“台独”分裂活动留下任何空间。在两岸关系曲折前行的发展历程中，党中央始终深刻洞悉台海局势的重大变化，始终着眼于中华民族整体利益和长远利益，坚定维护国家主权和领土完整，取得一系列反“台独”、反分裂斗争的重大胜利，在台海风云变幻中引领两岸关系朝着正确方向迈进。

祖国统一是中华民族伟大复兴的必然要求，也是增进台湾同胞利益福祉的必由之路。在大陆坚持推进两岸和平发展、融合发展的过程中，岛内越来越多的民众深切体会到，台湾前途在于国家统一、台湾同胞福祉系于民族复

兴。“台独”是一条走不通的绝路，只会给台湾带来深重祸害。他们希望两岸关系和平稳定发展，期待从两岸交流合作中获益，改善经济民生和自身处境。他们通过各种形式，积极参与到推进祖国和平统一的正义事业中来。

新冠肺炎疫情发生以来，广大台湾同胞克服岛内人为障碍，通过线上线下多种形式，踊跃参与海峡论坛、两岸企业家峰会年会、海峡青年节、“上海—台北城市论坛”、中山论坛等主题广泛、互动合作、汇聚民意的活动，延续了两岸交流合作的热度和势头。这充分说明两岸同胞交流合作、走近走亲的愿望是压不住的，两岸同胞命运与共、血浓于水的纽带是割不断的。随着两岸融合发展不断深化，广大台湾同胞对和平与发展的期盼终将汇聚成遏制“台独”、推进统一的磅礴力量。

“时”和“势”始终在祖国大陆这边。民族复兴、国家统一已是大势所趋、大义所在、民心所向。经过全体中华儿女长期不懈奋斗，中华民族迎来了从站起来、富起来到强起来的伟大飞跃，中华民族伟大复兴展现出前所未有的光明前景和强劲势头。国家强大、民族复兴、两岸统一的历史大势，任何人任何势力都无法阻挡。看到祖国大陆日新月异的发展变化，一位台湾中学校长感慨地表示：“江河汇入大海，是不可抗拒的规律，我想两岸关系的发展也终将如此。”

历史车轮滚滚向前，统一大势不可阻挡。两岸同胞和衷共济、共同奋斗，一定能够共创中华民族伟大复兴美好未来，一定能够完成祖国统一大业！

（资料来源：《人民日报海外版》2021 年 6 月 30 日 10 版）

阅读推荐

1. 习近平：《为实现民族伟大复兴　推进祖国和平统一而共同奋斗——在〈告台湾同胞书〉发表 40 周年纪念会上的讲话》，新华网，2019 年 1 月 2 日。

2. 柴逸扉：《有“九二共识”才有两岸关系春暖花开》，《人民日报海外版》2021 年 2 月 25 日 03 版。

思考题

1. 当前台海形势复杂严峻表现在哪里？
2. 如何辩证看待当前台海局势的内外环境变化？
3. 为什么说中国必然统一，中国正在走向统一？

专题七

新形势下中美关系展望

中美关系是当今世界上最复杂的双边关系之一，既有合作也有竞争，既有共同利益也有严重分歧，既有守成大国与新兴大国的结构性矛盾，也有意识形态与社会制度的尖锐对立，还有文化与民族性的巨大差异。中美关系能否有效管控分歧，制止过快下滑的态势和速度，避免两国关系跌入“修昔底德陷阱”，需要大智慧、大格局、大视野、大手笔。

作为全球最重要的双边关系之一，中美关系的总体稳定，为世界和平发展和繁荣稳定提供了重要保障。但是，特朗普执政四年来两国关系的良性互动受到严重干扰，甚至在一些领域呈现出对立态势，给中美关系造成了史无前例的破坏。随着拜登入主白宫，两国关系再次来到重新定位的十字路口，对于未来中美关系的走向，中国国家主席习近平在致电祝贺拜登当选美国总统时指出："希望双方秉持不冲突不对抗、相互尊重、合作共赢的精神，聚焦合作，管控分歧，推动中美关系健康稳定向前发展，同各国和国际社会携手推进世界和平与发展的崇高事业。"中国的立场不仅符合两国人民的根本利益，而且反映了国际社会的共同期待，为构建新型中美关系指明了方向。

当地时间 2021 年 1 月 20 日，在美国首都华盛顿国会山，拜登在美国第 46 任总统就职典礼上发表讲话。

一、拜登对华政策环境

拜登上台后，首先要面对的是异常棘手的国内问题，控制新冠肺炎疫情、恢复经济、改善种族关系等是当务之急。鉴于新冠肺炎疫情在美国肆虐，要完全控制疫情需要半年甚至更长时间，经济恢复在很大程度上取决于疫情发展，而种族矛盾是美国的系统性痼疾，短期内难望有重大改善。因此，拜登的执政议程将以应对国内挑战为主导，但因短期内难以取得显著进展，其在政治上仍将处于比较弱势的地位。

就对华政策而言，拜登面临的首要问题是处理特朗普留下的负遗产。特朗普政府将中国定义为美国最主要战略竞争对手，主张采取强硬对华政策以应对中国挑战，这在美国政策界基本形成共识。但特朗普政府对华发起无底线的战略竞争和不计后果的战略对抗，前所未有地重创了中美关系。如何收拾这个烂摊子，是拜登处理对华关系的最大难题。

从外部看，过去四年间中国已发生了重要变化。2016 年，中国经济总量约为美国经济总量的 60%；2020 年，这一比例已跃升至 70% 以上，中美力量对比差距进一步缩小。中国如期实现了脱贫攻坚目标任务，这不仅是中国历史上的巨大成就，也为人类减贫事业、人类社会发展作出伟大贡献。中国顶住了特朗普政府发起的贸易摩擦、技术封锁，快速有效地控制了国内新冠肺炎疫情，率先恢复经济强劲增长，充分体现了中国制度的活力和韧性，大大提升了中国人民的自信心和自豪感。面对外部环境变化和自身新发展阶段需要，中国及时调整发展战略，大力推进关键技术自主创新，构建双循环发展格局，继续扩大对外开放，推动《区域全面经济伙伴关系协定》签署，完成中欧投资协定谈判。在新的历史条件下，中国积极实施新的战略布局，发展态势和前景看好。

与此同时，在特朗普政策冲击下，美国的外部环境严重恶化。在“美国优先”理念驱使下，特朗普政府对国际机制采取“不合则去”的粗暴做法，创下美国“退群”的历史纪录。特朗普悍然向一众盟友发起贸易战，退出《巴黎协定》和伊朗核问题全面协议，对德俄合作建设的“北溪二号线”天然气管道项目发起制裁，单方面从德国撤军，在军费分担问题上向日本、韩国施压，等等。这一系列举措损害了盟友利益，激起了盟友对美国的严重不满，盟友与美国离心离德的严重程度前所未见。特朗普发起对华全面战略竞争，对华打压无所不用其极，对中国的政治攻击如冷战重演，外交对抗烈度史无前例。特朗普政府的霸凌行径引起了大国关系激烈动荡，破坏了应对全球性挑战至关重要的大国合作，威胁了全球产业链、价值链、供应链安全，践踏了国际规则与秩序。特朗普政府在“美国优先”口号下，为谋一己之私而不择手段、不顾底线，其对抗性、破坏性和危险性充分显露，使美国从现存国际秩序的缔造者和维护者变为最大的破坏者，其在国际社会的声誉和信誉遭受重创。

美国国内议程的优先性、特朗普政治遗产掣肘、中美互动态势变化、美国国际地位与影响力下降等因素，都将严重制约拜登政府对华政策的设计与实施。在未来四年内，美国对华政策将很难彻底摆脱特朗普留下的阴影，美国对华关系改善将是渐进的、有限的甚至是艰难的。

二、美国对华战略竞争新态势及中美关系走向

在对华问题上，拜登将继承特朗普政府对华战略竞争的基调，同时进行一些重要调整，这对两国关系既意味着挑战，也蕴含着机会。与此同时，随着实力地位的增强和博弈技巧的不断提升，中国将对中美关系走向发挥越来越重要的塑造作用。未来四年，中美关系存在缓和与改善的重要机遇，在中美关系演变的大趋势下，这种调整可能只是战术性的，但却极为关键。

（一）美国对华战略竞争新态势

拜登曾在竞选中表示，美国“最大的竞争对手是中国”；其在入主白宫后又宣称，中国是美国“最严峻的竞争对手”，美国要在经济、安全、外交、人权、知识产权、全球治理等领域与中国展开竞争。美国国务卿安东尼·布林肯把处理与中国的关系定义为“21 世纪最大的地缘政治考验”，断言“中国是唯一拥有经济、外交、军事和技术力量来严重挑战稳定与开放的国际体系的国家”。白宫新

闻秘书珍·普萨基表示，“我们正同中国进行激烈竞争”，“与中国的战略竞争是21世纪的关键特征”。由此可见，竞争将是拜登政府对华思维的核心概念、对华政策的组织原则以及处理对华关系的基调。与此同时，拜登政府可能重新界定竞争在对华战略中的地位以及对华竞争的主要内涵，进而在对华竞争方式上有所改变。

相关链接：

“别让中国抢美国饭碗”？拜登故技重施，“基建计划”在美国炸锅

拜登政府对华竞争的重点将围绕如下几个方面展开：

第一，技术之争。技术被视为“美中竞争的中心”，为保持美国在技术创新方面的领先地位，拜登政府将在量子计算、人工智能、半导体、机器人、新能源、生物技术、先进材料等重要技术领域展开对华竞争。在竞争方式上，一是阻止中国获得先进技术、新兴技术和重要基础技术，防止中国缩小与美国技术差距；二是加大研发投入，确保美国技术优势。与特朗普政府滥用国家安全名义对华实施广泛技术脱钩不同，拜登政府可能采取所谓“小院高墙”策略，缩小技术封锁范围，加强对关键核心技术保护。在对华技术竞争方面，拜登政府将更加重视多边手段，除了拉拢盟友强化对华技术管制外，还可能与核心盟友一道合作开发通信设备，推动构建不依赖中国的半导体供应链。此外，拜登政府还会通过加大科研投入、增加购买美国商品与服务的支出，来保持美国在人工智能、量子计算、半导体、5G等领域的优势地位。

第二，规则之争。拜登声称信奉“公平贸易”，为确保国际经济规则对美国有利，要在数字和生物技术等领域建立新国际规则，并修订关于补贴和政府采购方面的国际贸易规则。拜登上任后表示，美国将同中国展开“极端竞争”，聚焦国际规则。具体而言，美国将重点关注国有企业、劳工标准、环境标准、知识产权保护、“强制转让技术”等方面，与中国进行规则博弈。为防止中国主导数字经济技术和产业，拜登政府还将尝试推动建立多边数字基础设施标准与规则，以保护数据隐私、防止“威权政府”利用数字技术监视本国公民等为借口，挤压中国数字经济企业的国际市场。

第三，价值观之争。国务卿布林肯把“复兴民主”列为美国外交优先事项，誓言要在全世界支持民主，特别强调要在对华关系中捍卫美国价值观。拜登政府在对华竞争中突出价值观因素，除了沿袭民主党一贯的理念偏好外，更有对内动员民众支持、对外拉拢盟友等实际的政策考虑。在竞争方式上，与特朗普政府赤裸裸的攻击中国政治制度和执政党不同，拜登政府将更多地通过议题导向策略，在涉港、涉疆、涉藏等问题上对华施压，并与中方关切的议题挂钩，讨价还价。

同时，拜登政府还会积极动员盟友，如召开“民主国家峰会”，组建针对中国的联盟。

第四，安全之争。在对华安全竞争方面，拜登政府会继承奥巴马政府“亚太再平衡”战略和特朗普政府“印太战略”的主要内容，以西太平洋为安全竞争的重点，继续关注南海，加大对台海的介入。在竞争方式上，美国将扩大在相关地区的军事存在，增强美军在西太平洋的攻防能力，提升美台军事与情报合作力度，协助一些东南亚国家发展海上力量等。拜登政府将继续以日澳印四国合作为主要平台，同时加大对一些东南亚国家的拉拢力度。此外，网络空间也被美国视为对华安全竞争的重要领域，将从能力、规则等方面强化自身优势。

美国海军第七舰队发布的新闻稿称，阿利·伯克级导弹驱逐舰“柯蒂斯·威尔伯”号于当地时间2021年5月18日例行通过台湾海峡，还老调重弹宣称所谓“证明美国对自由开放印太地区的承诺”，第七舰队还发布了这艘驱逐舰穿航台湾海峡时的现场图片。台湾亲绿媒体则跟进炒作称，这是自拜登2021年1月20日就任美国总统以来，美国军舰4个月内第5次穿航台湾海峡。图为美军“威尔伯”号驱逐舰。

第五，金融之争。特朗普政府对华发起金融战，限制中国公司在美上市及美国资金进入中国股市，并对一些中国公民个人和实体机构实施金融制裁。除了可能延用上述做法外，拜登政府还可能出手狙击人民币国际化。在美元进入贬值周期、中国经济增长和人民币升值前景看好的背景下，人民币国际化步伐将进一步加快。在美国看来，这将挑战美元霸主地位，抑制人民币国际化进程将成为拜登对华金融竞争的重要潜在选项。具体措施包括阻挠增加中国在世界银行和国际货币基金组织中的投票权和份额，阻止一些国家将人民币纳入储备货币、与中国达成双边货币互换协议等。

在竞争方式上，拜登政府与特朗普政府有着重要区别。特朗普政府对华竞争重点在于竭力打压、削弱中国，拜登政府则更注重提升自身竞争力，从加大科研投入、推出产业政策、改善基础设施等方面，谋求通过振兴美国赢得竞争。特朗普政府对华竞争以单边行动为主，虽然也试图拉拢盟友和其他国家共同对抗中国，但其浓厚的单边主义色彩和对同盟纽带的削弱使其建立反华联盟效果不彰，拜登政府将更加注重与盟友协调，在经贸规则、技术管制、投资限制、价值观、安全等领域争取盟友配合与支持，拜登政府还会积极利用世界贸易组织、二十国集团等多边机制，通过规则的制定、修改和议程设置等方式，推进对华竞争。特朗普政府对华竞争不计后果、不惜代价，“杀敌一千，自损八百”，其对华加征巨额关税，其中很大一部分由美国消费者、制造商买单，拜登政府注重竞争的成本控制，强调“巧竞争”，减少硬对抗，避免两败俱伤。特朗普政府对华战略竞争滑向战略对抗，几乎排除了对华合作，拜登政府则明确表示要在应对气候变化、核不扩散和全球公共卫生安全等与中国有利益交集的问题上进行合作。

从七国集团峰会到北约峰会，美国坚持对华强硬立场，坚持通过态度更加强硬的峰会报告，却被欧洲盟国拒绝。在七国集团峰会中，法国总统马克龙明确反对将七国集团变成“反华俱乐部”，德国总理默克尔则强调全球气候治理离不开中国。图为 2021 年 6 月 11 日，参加七国集团峰会的领导人在英国康沃尔郡卡比斯贝合影。

毫无疑问，拜登政府对华战略竞争将受到一系列因素制约。首先，美国国内政治、经济、社会形势的演变。美国国内政治与社会矛盾能否得到缓解，新冠肺炎疫情能否在短期内得到有效控制，经济能否逐渐恢复并避免发生新的危机，这些都充满不确定性，将极大地影响拜登政府在外交上投入的资源和精力。其次，利益集团的影响。特朗普政府以非建制派姿态，在对华问题上竭力排除华尔街、硅谷、制造业、零售业等相关利益集团影响，而拜登政府则是典型的建制派，与美国各利益集团有着千丝万缕的联系，相关利益集团将谋求对拜登政府的对华政策施加影响。最后，盟友的作用。拜登政府强调将在对华问题上加强与盟友协调，不仅意味着美国将在处理对华关系时争取盟友的支持与配合，也意味着盟友有机会影响华盛顿的对华政策。拜登政府尤其看重与欧洲盟友在对华问题立场上的协调一致，宣称“我们必须一起为同中国的长期战略竞争做准备”。然而，欧洲在对华关系上的利益诉求与美国并不完全相同，二者对中国的看法也存在分歧，这意味着在对华问题上，欧洲不可能唯华盛顿马首是瞻，华盛顿有时也不得不顾及欧洲的立场。而美国亚太地区的盟友与中国在地理上更为相近，且大多与中国经济联系密切，要让他们在对华问题上一味同美国保持步调一致更非易事。

（二）新形势下中美关系走向展望

拜登执政后中美关系何去何从，很大程度上取决于美国在两个问题上的举措：一是如何处理特朗普政治遗产；二是如何重置对华议程。

特朗普执政四年，发起对华战略竞争和战略对抗，给中美关系造成了史无前例的破坏。如何处理这个烂摊子，是拜登政府面临的一大挑战。总体上看，拜登政府有三种选择：一是继承，使其成为新政府对华政策的一部分；二是废除，以新政策取而代之；三是战术性运用，将其作为筹码对中国施压或讨价还价，在获得预期让步后再行调整。在实际政策操作中，拜登政府很可能三管齐下、综合运用，至于具体的政策取舍，则要经历一个政策评估过程。在当前美国国内政治和社会环境下，拜登政府难以对特朗普对华政策动大手术、果断切割，更可能采取局部和渐进式调整。

拜登政府对华政策形成过程中，其既需要聆听团队内部不同声音，照顾民主党内部不同诉求，更需要面对来自共和党的压力。在拜登团队内部，有的主张要强硬对付中国，提高对华竞争有效性；有的则主张竞争同时兼顾务实合作。在国会山的民主党和共和党议员中，主流观点是对华强硬和施压，对华问题上的两党共识成为当下美国政治的一个突出特征。总体来说，拜登政府对华政策主要受到四大势力的影响塑造：一是价值观派，对中国持意识形态偏见，打着“民主”“人权”“自由”等旗号对华施压；二是战略派，关注中国实力增长和国际影响力扩大，急于同中国展开军事和地缘政治竞争；三是商界利益派，希望更多地进入中国市场，扩大两国经贸联系；四是全球治理派，主张与中国合作应对全球性挑战，推进全球治理，维护现有国际体系。这四大势力的政策影响不是固定不变或泾渭分明的，而是动态且相互交织的，拜登政府对华政策的轨迹将很大程度上取决于美国国内国际形势发展以及各势力之间的博弈。

美国对华议程的重置主要需要解决两个问题：重建中美互动机制和确定对华关系议程。特朗普执政后期，中美之间的主要交往机制均告停摆，双方缺乏实质性沟通渠道，这对双边关系问题的处理极为不利。对拜登政府来说，当务之急是与中方重建外交、经济、安全等领域的对话磋商机制，并尽快启动，发挥其对两国关系的支撑和管理功能。同时，要确定双边关系的优先领域和重点议题，通过处理这些议题，促进两国关系稳定、改善和发展。当然，不论是重建中美互动机制，还是确定对华关系议程，都需要两国进行有效沟通和磋商。2021 年 2 月 11 日拜登总统与习近平主席的通话迈出了重要的第一步。

未来四年，中美关系走势有如下几种可能：

一是竞争加合作型，竞争态势突出，但合作也是双边关系的重要方面。特朗普执政之前，中美关系一直呈现竞争与合作交织状态，有时竞争大于合作，有时合作大于竞争。随着特朗普明确将中国确定为美国最主要战略竞争者，竞争在双边关系中占据主导地位。拜登政府将延续这一对华政策思路，但与特朗普政府不同，拜登政府团队认识到与中国开展合作的必要性。如果两国能够在双边和多边领域重启合作，并不断取得进展，就能够产生积极效应，推动双方合作意愿不断增强、合作领域不断拓展，合作性在双边关系中的分量上升，并在一定程度上平衡竞争性。

二是竞争主导型，竞争是双边关系的基调，合作意愿较低且在很大程度上受制于竞争思维。在这种关系模式中，关键在于确保竞争大体上是良性的和可控的，双方按照大致相同的规则进行竞争，并确立有效的管控机制，尽管竞争可能是激烈的和常态化的，却不会导致对抗冲突、对双边关系产生颠覆效应。合作在双边互动中不占主要位置，合作性难以淡化竞争性。

三是竞争—冲突型，竞争是恶性的，因竞争失控而导致对抗冲突、爆发新冷战的风险增大。在这种关系模式中，竞争的主要目的不是提高自己，而是削弱或击垮对方；竞争缺乏规则和机制约束，从而导致各自政策底线和两国关系底线不断被突破，双方互动陷入恶性循环，对抗冲突越来越频繁，特朗普执政后期中美两国关系走势即为此。

在拜登执政时期，中美两国应着力避免竞争—冲突型，争取竞争加合作型，确保良性竞争主导型。“不冲突不对抗”是中方处理中美关系的一贯主张。拜登执政后在强调对华竞争的同时，也表示中美之间“不需要有冲突”，“不可能也绝不能回到冷战时期本能的对抗和僵化阵营”。拜登本人对中国比较了解，有较开阔的国际视野和丰富的执政经验，其执政团队大多来自建制派，政策分寸感较强，这与特朗普及其团队形成鲜明对比。因此，拜登执政给中美关系发展提供了一个缓和与调整的机会，但能不能抓住机会，主要看两国能否确立对彼此战略意图的基本信任，能否有效地开展务实合作，能否管控好越来越多且更加棘手的分歧。它考验着两国各自政策调整的能力、克服国内政治干扰的能力以及控制战略焦虑和战略冲动的能力，这对美国方面尤其如此。

从中美关系的大背景看，国际格局演变和中美两国的国内形势发展仍处在深刻变化之中，这种变化把中美关系带入了一个剧烈变动时期。对中美两国而言，未来四年恐怕难以给双边关系确立一个稳定的框架，而只是寻求中美关系新框架历程中的一个阶段，但却是一个关键阶段。中美战略竞争之势固然难以逆转，但能否抑制恶性竞争与战略对抗，让竞争本身多一些良性，在竞争之外增加一些合作，这四年的努力至关重要：如果成功，有望为下一阶段的中美关系发展打下良好基础；如果失败，下一阶段的两国关系势必面临更加严峻的考验。

长远来看，中美两国能否确立一个新的稳定的关系框架，很大程度上取决于美国能否客观理性看待中国崛起和世界格局发展，设计一项明智、合理且可行的对华战略。美国政策精英把中美关系问题看作是力量上升的中国不断挑战美国主导地位和现存国际秩序。而在中国看来，中美关系问题在于美国不能接纳新兴大国崛起，不能适应世界政治经济格局的剧烈变化，试图以旧的思维和战略应对新的现实。美国最终能否作出必要的调整，取决于中美力量对比的进一步发展变化，也取决于国际格局的深入演变，更取决于中美互动对美国理念和行为的塑造。

三、构建新型中美关系的时代要求

从历史来看，中美关系发展拥有坚实的政治基础。中美《上海公报》《中美建交公报》《八一七公报》确立了一个中国原则，确认了相互尊重、平等相待、求同存异的关系准则。在奥巴马政府时期，中美通过加强战略沟通，拓展务实合作，妥善管控分歧，推动构建中美新型大国关系不断取得新的突破，并增进了两国人民和世界人民共同利益。构建中美新型大国关系带给我们的根本启示是，“双方要坚持不冲突不对抗、相互尊重、合作共赢的原则，坚定不移推进中美新型大国关系建设”。如今，在百年未有之大变局的时代背景下，无论是中美关系发展的外部环境还是内部基础都在经历新的重大变化。面对中美关系的时代之变，唯有构建新型中美关系才能打破大国冲突对抗的传统规律、开创大国关系发展新模式。具体而言，新型中美关系要实现以下四个方面的超越。

知识链接

《上海公报》又称《中美上海联合公报》，是中国政府与美国政府之间所签署的第一个联合公报，是美国总统尼克松1972年2月访问中国期间在上海与中国国务院总理周恩来签署的，全称是《中华人民共和国和美利坚合众国联合公报》，于1972年2月27日签署，并于1972年2月28日发表。《上海公报》的发表，标志着中美两国政府经过20多年的对抗，开始向关系正常化方向发展，为两国建交奠定了基础。

《中美建交公报》是指1978年7—12月中美两国就实现两国关系正常化举行谈判，同年12月双方就建交达成协议，12月16日（华盛顿时间12月15日），双方同时发表了《中华人民共和国和美利坚合众国关于建立外交关系的联合公报》，宣布两国于1979年1月1日起正式建立外交关系，决定于1979年3月1日互派大使并建立大使馆。公报重申美国承认中国的立场，即只有一个中国，台湾是中国的一部分，美国承认中华人民共和国政府是中国唯一合法政府。

《八一七公报》是1982年8月17日美国与中国发表有关军售台湾问题的公报。美国与中国在1979年建交时，对军售台湾问题因未能达成共识而搁置。1981年里根上台后，继续讨论此棘手问题，双方经过冗长的谈判过程，于1982年8月间达成协议，发表公报。

一是超越确保相互摧毁的大国关系。冷战期间，美苏两大阵营的军事对抗并未导致双方大规模的军事冲突和全面战争，从而维持了两个超级大国的长期和平。但是，这是一种确保相互摧毁战略的核恐怖平衡，它使整个世界时刻处于战争边缘的不安之中。自从核武器诞生后，有核国家都在考虑“拥有多少核武器才能确保自身安全”的问题。20世纪60年代，美国时任国防部长麦克纳马拉提出了“确保摧毁”标准并指出，如果想制止对美国或其盟友的核攻击，美国必须拥有切实可靠的确保摧毁能力。由此，确保相互摧毁便成为美苏相互威慑战略的核心内容。除了美苏确保相互摧毁的核恐怖平衡，冷战期间美苏长期和平的政策和条件还包括意识形态的长期对立、尊重对方的势力范围、分化对手、忍受战略不透明、不完全但高度的经济隔绝等。毫无疑问，这些建立在确保相互摧毁基础上的各种政策都与当今时代环境格格不入，也无法带来真正的世界和平。

二是超越冷战思维的大国关系。冷战思维主要指在冷战期间美苏两个超级大国处理国家间关系和解决国际争端的一种思维模式，其本质是一味追求自身狭隘利益的霸权思维和强权逻辑。过去百余年来，国际秩序演变的主要线索是美国霸权的形成和扩张。第二次世界大战后期，美国利用其相对实力优势，开始谋求为其主导地位提供机制保障，推动建立了维护和拓展其霸权利益的国际贸易规则和多边国际机构。同时，美国积极实施联盟战略，倾力打造为其霸权服务的以美国为首的西方联盟体系，推动实现“美国统治下的和平”。2008 年金融危机爆发后，美国经济受到巨大冲击，政府债务水平急遽攀升，霸权体系的庞大支出难以为继。尽管如此，特朗普政府仍大力推行“美国优先”的外交政策，不仅要求贸易伙伴调节贸易顺差，实现所谓“公平贸易”，还威胁退出多边制度体系，企图以遏制和讹诈的方式维持其霸权地位。事实证明，在世界各国命运休戚与共的当今时代，美国崇尚对抗和强权的冷战思维不仅遭到世界人民的反对，也得不到美国国内民众的支持。在 2020 年美国总统选举中，美国选民用选票对特朗普政府的政策给出了自己的评价。

三是超越零和博弈的大国关系。不可否认，任何国家尤其是大国之间，必定会存在利益分歧甚至是冲突。但这并不意味着国家之间的交往是零和的。相反，只要围绕利益分歧和冲突展开谈判，所有各方能够实现非零和收益。根据谢林的研究，谈判都是非零和的。这是因为，任何基于冲突的谈判如果失败，则双方都会受损；任何通过谈判达到的协议对双方来说都会比没有达成共识要好。由此可见，不管多么严重的冲突，都内在地包含促使冲突双方进行合作的共同基础，也即是双方都试图避免因谈判失败而受损，同时希望实现双赢。这为国家超越零和博弈、和平解决争端提供了理论依据。在过去四十多年的双边交往中，中美两国合作领域日益拓展，合作基础日益牢固，共同利益日益广泛，并且在很多方面已形成“你中有我，我中有你”的利益交融格局。中美关系发展的历史和现实都表明，两国合则两利、斗则俱伤。

四是超越社会制度差异的大国关系。在历史发展进程中，中美各自选择了不同的制度和发展道路，这是中美关系正常化以来两国关系稳定发展的重要背景和前提。中国始终坚持中国共产党领导，坚定不移走中国特色社会主义道路，也正因如此，中国取得了举世瞩目的发展成就，为世界和平与发展作出了巨大贡献。

但是，面对中国的快速发展，一些美国政客鼓吹“中国威胁”，将国内不断累积的各种问题与矛盾归咎于自身制度面临的外部挑战，甚至声称对华接触政策未能实现改变中国的目标而全面失败，渲染双方意识形态对立和制度之争。这些言论与主张不仅无助于解决美国当前面临的各种问题与矛盾，还会损伤自身的制度自信。作为人类制度文明建设的重要成果，中美社会制度各有特色，也都存在进一步发展的空间。中美完全可以相互尊重、相互借鉴，实现两种制度和平共处、共同发展。针对当前中美关系中出现的波折，两国要重开对话、重启合作、重建互信，只要双方秉持客观理性态度，不断增进彼此了解和利益交融，就一定能够找到一条不同社会制度、不同文化背景国家的和平共处之道。

四、以史鉴今，面向未来，把握中美关系正确方向

2021 年是中美“乒乓外交”50 周年。1971 年 4 月，参加在日本名古屋举行的第三十一届世界乒乓球锦标赛的美国乒乓球代表团应中国乒乓球代表团邀请访问中国。一年后，中国乒乓球队回访美国。访问期间，两支球队都受到彼此国家和人民的热烈欢迎与热情接待。中美“以小球转动大球”，融化了两国历时 20 多年相互隔绝的坚冰。

2021 年 4 月 24 日，中美“乒乓外交”50 周年纪念活动在北京举行，中美各界人士约 400 人通过现场与会或线上视频方式参加了纪念活动。图为两国人士在进行乒乓球切磋。

50 年前，毛泽东主席、周恩来总理和尼克松总统、基辛格博士等中美两国老一辈领导人，从两国人民共同利益出发，以非凡的战略眼光和政治勇气，作出了重新开启两国交往大门的战略决策，亲自决策并推动实施了中美“乒乓外交”。1971 年 7 月，基辛格博士秘密访华。1972 年 2 月，尼克松总统访问中国，中美实现“跨越太平洋的握手”，翻开了两国关系的新篇章。

50 年来，中美关系历经风雨不断向前，取得历史性成就，不仅给两国和两国人民带来了实实在在的利益，也有力促进了世界的和平、稳定与繁荣。

建交以来，中美双边贸易额不断增长。尽管遭遇新冠肺炎疫情，2020 年两国货物贸易额仍逆势增长 8.3%，达 5800 多亿美元。2021 年第一季度，中美贸易额同比增长 61.3%。中美经贸合作长期是双向互惠的。

中美携手推动达成气候变化《巴黎协定》，为全球气候变化合作提供重要动力。2021 年 4 月 22 日，习近平主席应拜登总统邀请出席“领导人气候峰会”并发表重要讲话，表示中方期待同包括美方在内的国际社会一道，共同为推进全

球环境治理而努力。2021 年 4 月，中美在上海发表了《中美应对气候危机联合声明》。中美合力应对 1997 年亚洲金融危机和 2008 年国际金融危机，为维护国际金融稳定、促进世界经济复苏作出了重要贡献。中美在东帝汶开展粮食安全三方合作，在非洲联手抗击埃博拉疫情，双方在反恐、防扩散、禁毒、疾病防控、维和等领域开展了良好协调与配合，在中东等地区热点问题上保持沟通与协调。

中国领导人亲自参与和推动中美民间往来。习近平主席多年来高度重视并亲自推动两国民间交往，同美国艾奥瓦州老朋友历时 30 余载的友谊、帮助年近八旬的加德纳女士完成其丈夫重游福建鼓岭遗愿的故事，广为传颂。

自 1972 年中美乒乓球队实现互访后，两国乒乓球界经常进行交流。2002 年中国乒乓球队应邀访问芝加哥和洛杉矶，双方老中青三代运动员以球会友，续写“乒乓外交”情谊。中美在文化艺术交流、自然灾害应对等方面保持密切交流协作，在共同抗击新冠肺炎疫情中相互支持帮助。

中美已建立 50 对友好省州、232 对友好城市。新冠肺炎疫情期间，两国各界人士仍然频繁通过电话、书信、视频等多种方式保持着沟通交流。上述成果凝聚了中美两国几代人的心血，值得倍加珍惜。

回首中美关系发展的风雨历程，为的是总结过去，把握现在，开辟未来。从中美“乒乓外交”这段历史中，我们至少可以得出以下三条重要启示。

第一，中美应该也完全可以实现和平共处、合作共赢。50 年前中美之所以能够在长期对立隔绝的状态下实现破冰并随后开启正式建交大门，50 年来中美之所以能够在诸多领域开展合作并取得积极成果，根本原因是双方能从两国和两国人民的共同利益出发，在尊重彼此的政治制度和发展模式的基础上求同存异。

1972 年发表的《上海公报》中就明确指出，中美两国社会制度和外交政策有着本质区别，同意各国不论社会制度如何，都应根据尊重各国主权和领土完整、不侵犯别国、不干涉别国内政、平等互利、和平共处的原则来处理国与国之间的关系。双方还声明，中美关系走向正常化符合所有国家利益。《上海公报》《中美建交公报》和《八一七公报》共同确认了中美相互尊重、平等相待、求同存异等处理两国关系的准则，构成了中美关系的政治基础。

中国无意否定美国或任何其他国家的政治制度和发展道路，也不谋求在世界上推广中国的政治制度和发展道路，但如果有人要挑战中国共产党、中国政治制度和领导体制，中国人民也绝不会答应。中国将坚定捍卫国家主权、安全、发展利益。

中美两国存在一些分歧是正常的，关键是要相互尊重、平等相待，以建设性方式加以管控和处理，确保中美关系沿着正确方向发展。

相关链接：

推动中美关系“辞旧迎新”实现健康稳定发展

第二，作为最大的发展中国家和最大的发达国家、世界前两大经济体、联合国安理会常任理事国，中美承担着特殊国际责任和义务，两国拥有广泛而重要的共同利益。中美合作可以办成有利于两国和世界的大事，中美对抗对两国和世界肯定是灾难。

各国从没有像今天这样休戚与共、紧密相连，人类是一个命运共同体。没有哪个国家能够独善其身、包打天下，只有同舟共济、团结协作，才是正确方向。中美两国应顺应时代发展潮流，以更广阔胸襟和视野看待和处理彼此间关系，努力构建不冲突不对抗、相互尊重、合作共赢的新型大国关系，为促进世界和平与发展作出重要贡献。

作为拥有 14 亿人口的发展中大国，中国市场潜力不可限量。中国正抓紧构建以国内大循环为主体，国内国际双循环相互促进的新发展格局，将进一步打造市场化、法治化、国际化营商环境，这必将为包括美国企业在内的各国企业提供更广阔发展空间。我们乐见美国在华企业获得成功，同中方一道维护产业链、供应链安全稳定，更好实现互利共赢。

新冠肺炎疫情是人类共同的敌人，抗疫应该成为中美合作的新平台。两国医学专家、科研团队、企业应就疫苗研发、疫情防控开展更多合作，为全球共抗疫情作出贡献。

气候变化事关人类前途命运，需要各国携手应对。中美应同其他各方一道加强《巴黎协定》的实施，办好《生物多样性公约》第 15 次缔约方大会、《联合国气候变化框架公约》第 26 次缔约方大会等活动，为更好应对全球气候环境挑战作出努力，构建人与自然生命共同体。

中方愿继续与美方就反恐、防扩散等国际地区问题并在联合国、二十国集团等多边框架内加强合作，共同维护地区和世界的和平、稳定与发展。

第三，民间交往是中美关系健康稳定发展的重要基础和不竭动力。“国之交在于民相亲”。“乒乓外交”50 年来，中美民间交往在维护和促进中美关系发展中的作用愈发重要。中美社会各界的交流与往来，有利于加深两国相互理解和友谊，有利于促进两国人民共同利益，有利于中美关系健康发展。近年来美方一些人抱持冷战零和思维，不断给两国正常民间交流制造干扰、设置障碍，是站在历史的错误一边和两国人民的对立面，注定不得人心。

人民是历史的创造者，中美民间友好交往的故事每天都在发生。2021 年 3 月，第五届中美省州立法机关合作论坛在线上成功举办，中美双方各 7 个省州立法机关负责人出席并发言。中美友好机构共同主办了“美中农业圆桌论坛”，两国政府农业部门负责人，地方、企业、院校代表和美国国会议员等踊跃出席并发来视频，积极探寻经贸、教育、智库等领域交流合作机遇。2021 年 4 月，中美“乒乓外交”50 周年纪念活动在北京举办，王岐山副主席、美国前国务卿基辛格发表重要视频致辞，中美政商学体各界代表参会，当年“乒乓外交”亲历者隔空对打乒乓，现场气氛热烈感人。

我们要认真倾听两国人民求和平、促发展、谋合作的心声，为两国地方、企业、智库、媒体、民间团体等开展交往合作创造有利条件，让更多人成为中美关系的参与者、受益者、支持者。

面向未来，中美两国人民友好交往的势头不可阻挡，中美关系保持稳定发展也是两国人民和国际社会的共同期盼。希望美方与中方一道继承和发扬“乒乓外交”所承载的精神，以习近平主席和拜登总统通话精神为指引，认清世界大势，顺应时代潮流，聚焦合作、管控分歧，推动中美关系健康稳定向前发展，同各国一道携手推进世界和平与发展的崇高事业。

拓展阅读

中美间积极合作关系至关重要

2021 年 3 月 18—19 日举行的中美高层战略对话吸引了全世界的目光。这次对话是及时的、有益的，加深了相互理解。有观点指出，尽管中美双方在一些问题上仍存在重要分歧，但中美可以开展合作的领域加起来“仍是一份长长的清单”。美方应当认清事实，同中方相向而行，聚焦合作、管控分歧，推动中美关系健康稳定发展。

“冰冻三尺非一日之寒”，不能指望一次对话就能解决中美之间的所有问题，但是对话有助于双方开启坦诚、建设性、理性对话和沟通的过程。实际上，就在此次对话之后，中美双方同意按照两国元首 2 月 11 日通话精神，保持对话沟通，开展互利合作，防止误解误判，避免冲突对抗，推动中美关系健康稳定发展。同时，双方均致力于加强在气候变化领域的对话合作，并将建立中美气候变化联合工作组。这显露出向积极方向转变、向聚焦合作方面转变的迹象。

中美间应积极合作的呼声在中美学界、企业界从未缺席。在 3 月 20 日至 21 日召开的中国发展高层论坛 2021 年会上，中美关系是各方关注的重中之重。与会嘉宾在疫情防控、气候合作、人文交流、经贸往来等领域，为中美可以开展的合作拟定了“一份长长的清单”。

基辛格博士在年会视频演讲中指出，中美是两个伟大的社会，有着不同的文化、不同的历史，现代科技、全球化传播和全球化经济，要求两个社会作出比以往更大的努力进行合作，“因为世界的和平与繁荣取决于两个社会之间的理解”。基辛格博士强调指出，世界上工业和科技大国之间、中美之间，积极的合作关系至关重要。

从历史上看，基辛格博士1971年7月访华，中美关系多年坚冰开始消融。此后中美关系正常化进程正是历史发展和实践的结果。不难看到，在关系正常化之前，中美之间吵过架、较过劲，一度激烈对抗过。但是，在除了合作之外的所有相处方式都尝试过之后，中美最终选择了求同存异这条道路。中美两国“合则两利，斗则俱伤”，绝不是一句空话。

原中共中央党史研究室副主任章百家认为，尽管两国之间始终存在一些矛盾，两国关系的发展也经历了不少曲折，但不可否认，两国现已形成的密切联系是历史上前所未有的。毋庸讳言，当前中美关系正处在一个十分困难的时期。中美关系所要翻越的雪山、走过的草地，就是两国历史、文化、价值观和社会制度差异给两国相互理解和交往所带来的困惑，“我们的目的地就是中美两国与世界的和平、发展、合作、共赢。和谐而不同的世界将是美妙的”。

企业的视角更加务实。高通公司首席执行官史蒂夫·莫伦科夫指出，当美中两国企业携手在中国乃至全球推动创新并引领商业成功，未来将变得无限可期，“两国围绕数字技术变革开展长期合作，将具有令人振奋的前景”。

事实证明，中美合作顺应两国民意和历史潮流，这无论是对中美两国还是对世界而言，都具有十分重要的意义。美方应当在正确看待认识中国的基础上，妥善处理矛盾分歧、开展互利合作，与中方相向而行，找到一条既能够管控分歧，又能够兼顾彼此利益最大公约数的相处之道，推动中美关系早日回到健康稳定发展的正确轨道。

（资料来源：《经济日报》2021年3月23日 04版）

阅读推荐

1. 刘明：《以深邃的历史眼光透视中美关系》，《环球》2021年第4期。

2. 陈小茹：《三个联合公报：开启中美关系新局的“密钥”》，《中国青年报》2021年3月19日 05版。

3. 裴广江、胡泽曦：《推动中美关系健康稳定发展——专家学者解读中美高层战略对话》，《人民日报》2021年3月21日 03版。

思考题

1. 近年来，美国对华战略呈现了哪些新态势？
2. 新型中美关系是一种怎样的关系？
3. 中美“乒乓外交”对中美关系的发展有什么启示意义？

专题八

维护和践行多边主义，推动构建人类命运共同体

新冠肺炎疫情仍在全球肆虐，世界经济不稳定性和不确定性进一步加剧，人类命运正面临重大考验。国际社会应该如何应对严峻的挑战与考验？是继续单打独斗，大搞单边主义，还是坚持团结合作，奉行多边主义？2021年1月25日，习近平主席在世界经济论坛“达沃斯议程”对话会上的致辞中给出了答案，这就是让多边主义的火炬照亮人类前行之路，维护和践行多边主义，推动构建人类命运共同体。

多边主义是全球治理的运行之基。维护与践行多边主义，是中国推进全球治理变革、应对百年未有之大变局的基本原则。2021年年初，习近平主席在世界经济论坛“达沃斯议程”对话会上明确提出：“世界上的问题错综复杂，解决问题的出路是维护和践行多边主义，推动构建人类命运共同体。”改革完善全球治理体系，解决“谁来治理”“怎样治理”“为什么治理”等全球治理的重大问题，必须维护和践行真正的多边主义，必须警惕以多边主义之名，行单边主义之实，或搞“有选择的多边主义”。

一、全球治理困局呼唤重振多边主义

世界正处于百年未有之大变局。国际合作的前景、全球性挑战的出路、人类社会的未来，引起越来越多有识之士的思考，解决问题之道就是维护和践行多边主义，推动构建人类命运共同体。多边主义体现平等、互利、开放原则，对于维护全球发展和稳定具有重大意义。

全球治理关注众多全球性问题，回应不同国家的共同关注，是以共同利益为价值导向的，与多边主义所具有的理念价值高度吻合。

习近平总书记指出：“要弘扬多边主义，其核心要义是，国际上的事应该由大家商量着办，不能由一国或少数几个国家说了算。”多边主义是国际关系民主化的体现，是多边机制运作和发展的基础，是推进全球治理的必然要求。多边主义的基本原则是，国际上的事情要由各国商量着办，要按大家同意的规则办，兼顾各国正当利益和合理关切。国家不分大小、贫富、强弱，都是国际社会的平等成员，都要参与到全球治理中来，通过充分协商形成全球治理体系变革方案的共识。

多边主义已被理论与实践反复证明为解决相互联系的全球性问题唯一的和平方案。第二次世界大战结束后，人类的历史即是在多边主义的引领下，从战争走向和平，从分裂对峙走向合作发展的历史。经历国际与地区的长期制度化实践，多边主义制度体系被视作全球治理的基石，通过建立有约束力的国际制度，提供国际公共产品也已成为全球治理因循的基本路径。倡导和践行多边主义，不仅是中国的坚定立场，也是世界绝大多数国家的共同选择。在各国利益交汇融合、命运休戚与共的今天，多边主义是人间正道，构建人类命运共同体是大势所趋。

百年未有之大变局中，全球性威胁和挑战丛生难解，公共产品供给不足与治理机制反应迟缓、功能失灵等问题暴露，全球治理改革完善的紧迫性与重要性凸显，走多边主义道路是唯一的正确选择。

随着经济全球化、新科技革命持续深入发展，传统的全球资源短缺、生态失衡等全球经济、生态治理等热点问题尚未得到有效解决，网络安全、科技陷阱等全球治理新热点又不断涌现，治理难度不断提升，而遭到单边主义严重冲击的现有全球治理体系难以适应复杂多变的全球新形势。进入 21 世纪以来，现行全球治理体系所依托的权力结构发生深刻变化。但美国等西方一些发达国家，无视以中国为代表的新兴国家为世界经济增长、全球性问题解决所提供的大量公共产品，过分强调其与发展中国家等全球治理后来者之间存在义务与权利失衡、利益损益不均等问题，无端指责、排斥多边主义。正在全球肆虐的新冠肺炎疫情，需要强有力的全球性应对。然而，有的国家却奉行保护主义和单边主义，退出一些全球合作机制。单边主义抬头的不良趋向，冲击多边机制和国际规则，给全球治理和国际关系带来挑战，对全球稳定与发展造成威胁，也不利于全球疫情防控。

2020 年 9 月 21 日，联合国成立 75 周年纪念峰会在位于纽约的联合国总部举行。与会代表表示，在世界面临诸多威胁与挑战，尤其是新冠肺炎疫情肆虐全球之际，国际社会更需坚持多边主义，加强全球合作。图为第 75 届联合国大会主席博兹克尔在峰会上致辞。

越是困难重重挑战艰巨，越是需要高举多边主义的大旗。多边主义作为对国家行为模式与对外政策倾向的概括，突出强调多方合作、制度化建设与着眼共同利益，与主张本国利益优先、不与他国合作并蔑视基本国际规则与制度的单边主义形成鲜明对比。多边主义不仅是合作工具，而且是多方参与全球和地区治理的重要方式，即以协商、对话等方式处理公共问题和区域性复杂问题。世界绝大多数国家都支持多边主义理念和实践，反对由一国包揽国际事务、主宰他国命运，奉行单边主义、霸权主义、保护主义，违背历史发展规律，注定行不通。现行全球治理改革完善，全球问题的解决，需要我们在坚持多边主义的基础上，加强相关的制度化建设，真正实现国际上的事由大家共同商量着办，世界前途命运由各国共同掌握。

二、全球治理需要真正的多边主义

2021 年 6 月 11 日至 13 日，七国集团峰会（G7 峰会）在英国举行。作为发达国家集团，本应凝聚国际社会团结合作，然而 G7 集团不仅未在疫情期间给予发展中国家实际帮助，反而肆意干涉他国内政，彻底沦为美国等西方国家搞“小圈子”的集团政治平台之一，站在国际道义的对立面。这种伪多边主义，严重破坏了当前国际秩序的制度基础。

此前，巴以之间的血腥冲突剧烈冲击了中东地区秩序。作为国际安全领域最核心、最权威的多边机构，安理会曾因为美国三次一票否决而未能及时就巴以局势发表共同声明，更别奢谈调停促和，联合国安理会的权威和有效性遭到严重侵蚀，国际秩序根基也被动摇。由此可见，拜登政府虽然口头上声称回归多边主义，但其违背绝大多数成员意志阻挠安理会投票、纠集G7盟国对华施压、打造美日澳印准军事同盟、扩大“五眼联盟”的职权范围、打造排华“弹性供应链”等一连串呼“朋”引“伴”措施，实质上是借多边之名，行单边之实，这些搞“小圈子的多边主义”“本国优先的多边主义”“有选择的多边主义”本质上是打着多边主义的幌子，根据自身需要搞集团政治，反而越来越远离真正的多边主义。

知识链接

“五眼联盟”指的是美国、英国、加拿大、澳大利亚、新西兰5个国家组成的情报共享联盟，其中美国处于绝对主导地位。“五眼联盟”情报合作同盟长期违反国际法和国际关系基本准则，对外国政府、企业和个人实施大规模、有组织、无差别的网络窃密与监听、监控。

正如习近平主席在2021年世界经济论坛“达沃斯议程”对话会上所言，多边主义的要义是国际上的事由大家共同商量着办，世界前途命运由各国共同掌握。毋庸讳言，要真正发挥多边主义作为国际秩序维护者的角色，不是在前沿高科技领域打造少数科技发达国家联盟“科技十二国”（T12），也不是在供应链领域组建由10个所谓民主国家构成的“民主十国”（D10），而是迫切需要我们本着开放包容、厉行法治、协商合作、与时俱进的精神，坚持《联合国宪章》所规定的宗旨和原则，切实做到“秉持多边理念、维护多边原则、体现多边实效，抵制形形色色的伪多边主义”，带头践行真正的多边主义，维护稳定和可预期的国际秩序。集团政治虽然披着多边主义的外衣，但是其在成员资格、议题范围、制度规则、决策方式、机构首脑人选等制度特征方面，与真正的多边主义存在根本区别，因而，只有识破“小圈子”集团政治的多边伪装，方能正本清源，发挥多边主义对于当前国际秩序的制度支撑作用。

首先，真正的多边主义在成员国资格、议题范围和制度规则方面必然是开放兼容的，包容性是首要特征。成员国资格开放与否是区别集团政治与真正多边主义的重要表现。一国若奉行真正的多边主义，其对成员国资格的设定必定是开放的，不会搞针对特定国家的封闭小圈子。如亚投行自创立之初，就一再表示欢迎包括美国在内的各国加入，会员数已从2016年建立时的57个发展到2020年7月的103个。此外，议题多元与规则协调则是划分意识形态联盟和真正多边主义的又一特征。与霸权国美国基于自身偏好和利益、人为凸显意识形态差异，并围绕单一议题将自身国内规则包装成多边规则、强加给别国不同，中国在推进多边主义过程中不以意识形态划界，也不在多边制度中推广自己的国内议程，更不把自己的意志强加于人。如自2000年中非合作论坛创立以来，中方总是详细征询并充分尊重非方的意愿，经双方共同讨论后才最终确定每届部长会议的讨论议程。而且在论坛事务中，中方一贯坚持“非洲人以非洲方式解决非洲问题”的原则，坚决不干涉非洲内政，真正做到求同存异。

其次，真正的多边主义在决策方式、制度理念、首脑人选方面必然是尊重国家主权，平等性是核心要义。协商一致的决策规则可以确保所有成员无论大小、强弱，都无差别地拥有制度内的发言权，从而破除少数大国的决策垄断，保障大小国家在制度内的一律平等地位。与此同时，真正的多边主义也必然会尊重各国各自正当的发展权利和发展道路选择，不会将多边机构裹挟为“扩散”少数国家集团单边理念的制度工具，强迫后发国家单向度接受各种制度规范，从而使诸种国际多边机构实现“去政治化”，回归其作为主权国家代理人的本源，确保大小国家都能成为多边机构的“主人”。此外，与美国长期把持多边机构首脑人选而力图控制多边机构的运营方向不同，真正的多边主义还要求拒绝少数强国长期独占多边机构的领导权，而适当推行双首脑制或者首脑轮换制，切实提升制度内弱小成员的代表性。例如，中非合作论坛自成立以来便实行共同主席国制，由中方和非方代表共同担任例次会议的共同主席，充分体现了论坛由中非双方共同举办的平等合作精神。

最后，真正的多边主义在执行层面必然会聚焦问题、解决问题，既不能任由少数大国为一己之私滥用否决权，更不能仅仅“坐而论道”，甘当“空谈馆”，有效性是基本要求。提升制度绩效是维护真正多边主义的切实保障。除了遭遇单边主义和集团政治冲击之外，霸权国美国在制度内部的“否决”和阻挠行为，往往使多边制度“碌碌无为”而难以发挥国际秩序支撑者的角色。大国不应从内部瘫痪多边机构的效力，而是需要起而行之，做好表率行动，提升多边机构的权威性和解决全球性问题的能力，为国际社会提供更多的公共产品。例如，近年来中国就已全面落实联合国2030年可持续发展议程，支持全球减贫事业，并宣布于2060年实现碳中和、着力解决全球气候变化问题，更积极支持世界卫生组织的“新冠肺炎疫苗实施计划”，努力消除“免疫鸿沟”。

相关链接：

王毅提出践行真正多边主义的四点主张

“多边主义不仅是一种选择，更是一种需要。”摒弃沉渣泛起的集团政治、回归多边主义的初心本源，不仅是国际社会践行真正多边主义的客观要求，更是维护以联合国为核心的国际体系、维护以国际法为基础的国际秩序的迫切任务。

三、科学回答人类前途命运的中国智慧中国方案

推动构建人类命运共同体，建设持久和平、普遍安全、共同繁荣、开放包容、清洁美丽的世界，是习近平总书记以大国领袖的责任担当，站在人类历史发展进程的高度，统筹中华民族伟大复兴战略全局和世界百年未有之大变局，深入思考“建设一个什么样的世界、如何建设这个世界”等关乎人类前途命运重大课题过程中，提出的重要新理念，是科学回答人类前途命运的中国智慧中国方案。

（一）在深入思考人类前途命运这一重大问题的过程中，形成构建人类命运共同体理念和一系列政策主张

人类命运共同体，顾名思义，就是世界上每个民族、每个国家的前途命运都紧紧联系在一起，应该风雨同舟，荣辱与共，努力把我们生于斯、长于斯的这个星球建成一个和睦的大家庭，把世界各国人民对美好生活的向往变成现实。

2013 年 3 月，习近平主席在俄罗斯莫斯科国际关系学院的演讲中，首次提出了这一理念，他指出：“这个世界，各国相互联系、相互依存的程度空前加深，人类生活在同一个地球村里，生活在历史和现实交汇的同一个时空里，越来越成为你中有我、我中有你的命运共同体。”一个月后，在博鳌亚洲论坛年会上，习近平主席继续阐发这一理念，提出了牢固树立命运共同体意识的正确方向：勇于变革创新，为促进共同发展提供不竭动力；同心维护和平，为促进共同发展提供安全保障；着力推进合作，为促进共同发展提供有效途径；坚持开放包容，为促进共同发展提供广阔空间。2014 年 3 月，习近平主席在联合国教科文组织总部发表演讲时，从文明交流互鉴的角度进一步指出：“当今世界，人类生活在不同文化、种族、肤色、宗教和不同社会制度所组成的世界里，各国人民形成了你中有我、我中有你的命运共同体。”2015 年 9 月，习近平主席在第七十届联合国大会一般性辩论时的讲话中，初步系统阐述了构建人类命运共同体的科学内涵，即“建立平等相待、互商互谅的伙伴关系”，“营造公道正义、共建共享的安全格局”，“谋求开放创新、包容互惠的发展前景”，“促进和而不同、兼收并蓄的文明交流”，“构筑尊崇自然、绿色发展的生态体系”。

这一阶段，习近平总书记围绕推动构建人类命运共同体，对中国与世界的关系、中国走和平发展道路的自觉与自信、建设一个什么样的世界、如何建设这个世界、积极发展全球伙伴关系、推进“一带一路”建设等问题进行了系统阐述，初步回答了为什么要推动构建人类命运共同体以及怎样推动构建人类命运共

同体的一系列基本问题，集中体现了习近平总书记对中国和人类前途命运的深邃思考。

实现中华民族伟大复兴的中国梦，必须正确把握当代世界的主题和中国与世界的关系。和平与发展的时代主题是提出构建人类命运共同体的背景，也是其出发点和落脚点。当今世界，各国相互联系、相互依存的程度空前加深，面对这一潮流，每一个国家、每一个民族都必须重新思考和回答与世界的关系问题。中国已经进入实现中华民族伟大复兴的关键阶段，认清世界发展大势，跟上时代潮流尤为重要。习近平总书记强调，要树立世界眼光，更好把国内发展与对外开放统一起来，把中国发展与世界发展联系起来，把中国人民利益同各国人民共同利益结合起来，不断扩大同各国的互利合作，以更加积极的姿态参与国际事务，共同应对全球性挑战，努力为全球发展作出贡献。这清楚地表明，推动构建人类命运共同体不是外交辞令，而是实现中国梦的内在要求，是中国特色社会主义的应有之义，鲜明体现了当代中国共产党人的全球视野。

随着中国快速发展和综合国力日益增强，国际上有些人担心中国会走“国强必霸”的路子，一些人提出了所谓的“中国威胁论”。这些论调的产生，一些是出于对中国的无知或误读，一些是出于焦虑，一些则是出于根深蒂固的偏见。中国如何发展、中国发展起来了将是一个什么样的国家，成为我们在民族复兴道路上必须回答的问题。习近平总书记在不同场合回应这个问题，提出并不断深化对构建人类命运共同体的认识。他强调“中国人民不接受‘国强必霸’的逻辑，愿意同世界各国人民和睦相处、和谐发展，共谋和平、共护和平、共享和平”，“中国人民为实现中国梦的努力，将为世界带来极大的机遇”，“中国将积极承担更多国际责任，同世界各国共同维护人类良知和国际公理，在世界和地区事务中主持公道、伸张正义，更加积极有为地参与热点问题的解决，既通过维护世界和平来发展自己，又以自身发展促进世界和平”。通过构建人类命运共同体，用合作共赢的新思路代替“零和博弈”和“赢者通吃、你输我赢”的旧思路，把中国人民的梦想同各国人民的梦想更加紧密地联系在一起。

图为 2021 年 6 月 2 日下午，X8098 次中欧班列从厦门海沧站驶出，开往德国汉堡，这是中欧班列（厦门）累计开行的第 1000 列。

在提出构建人类命运共同体理念的同时，习近平总书记创造性地提出“一带一路”倡议并努力推动建设，为构建人类命运共同体打造重要实践平台。2013 年，习近平主席访问哈萨克斯坦和印度尼西亚时，分别提出建设“丝绸之路经济带”和“21 世纪海上丝绸之路”合作倡议。为了推动这一倡议变成实践，他还提出筹建亚洲基础设施投资银行的倡议并代表中国政府宣布出资 400 亿美元成立丝路基金，体现了中国与世界共同发展的坚定意志。“一带一路”建设不是空洞的口号，而是看得见、摸得着的实际举措，将给地区国家带来实实在在的利益。习近平总书记指出：要乘势而上、顺势而为，将“一带一路”建成和平之路、繁荣之路、开放之路、创新之路、文明之路，打造成为顺应经济全球化潮流的最广泛国际合作平台。

在习近平总书记亲自部署和推动下，在有关各方共同努力下，“一带一路”建设迈出实质性步伐，不断走深走实、行稳致远、高质量发展，向世界展现了构建人类命运共同体的广阔前景，为构建人类命运共同体注入强劲动力。

（二）科学回答“世界之问、时代之问”，进一步系统、深刻阐述构建人类命运共同体理念的科学内涵，使这一重大理念更加丰富、完善，日益深入人心

在初步系统阐述构建人类命运共同体理念的科学内涵之后，习近平总书记继续深入思考和不断完善这一重要理念。

2015 年 10 月，习近平主席在英国伦敦金融城市长晚宴上发表演讲，从“为促进世界经济增长和完善全球治理贡献中国智慧、中国力量”的高度阐述了构建人类命运共同体的初衷。他指出：“中国的发展得益于国际社会，也必将回馈国际大家庭。中国一直是国际合作的倡导者和国际多边主义的积极参与者，将坚定不移奉行互利共赢的开放战略。随着中国实力上升，我们将逐步承担更多力所能及的责任，努力为促进世界经济增长和完善全球治理贡献中国智慧、中国力量。中国的发展不会牺牲别国利益，只会增进共同利益。”同年 11 月，习近平主席在气候变化巴黎大会开幕式上的讲话中，深入剖析了应对气候变化的全球努力给推动人类命运共同体建设带来的启示。他指出：“面对全球性挑战，各国应该加强对话，交流学习最佳实践，取长补短，在相互借鉴中实现共同发展，惠及全体人民。同时，要倡导和而不同，允许各国寻找最适合本国国情的应对之策。”2016 年 9 月，习近平主席在杭州召开的二十国集团工商峰会开幕式上的主旨演讲中，继续阐发这一理念。他指出，“中国的发展得益于国际社会，也愿为国际社会提供更多公共产品”，“中国倡导的新机制新倡议，不是为了另起炉灶，更不是为了针对谁，而是对现有国际机制的有益补充和完善，目标是实现合作共赢、共同发展”。也就是说，中国对外开放，不是要一家唱独角戏，而是要欢迎各方共同参与；不是要谋求势力范围，而是要支持各国共同发展；不是要营造自己的后花园，而是要建设各国共享的百花园。

2017 年 1 月，习近平主席在联合国日内瓦总部的演讲中，详细阐释了人类命运共同体理念的提出动因、愿景与实施路径。他在演讲一开始就提出了著名的“世界之问、时代之问”：“当今世界充满不确定性，人们对未来既寄予期待又感到困惑。世界怎么了、我们怎么办？这是整个世界都在思考的问题，也是我一直

在思考的问题。”他回顾了100多年来人类取得的发展进步、遭受的劫难、最殷切的诉求，指出人类正处在大发展大变革大调整时期，也正处在一个挑战层出不穷、风险日益增多的时代，强调“让和平的薪火代代相传，让发展的动力源源不断，让文明的光芒熠熠生辉，是各国人民的期待，也是我们这一代政治家应有的担当。中国方案是：构建人类命运共同体，实现共赢共享”。在这次演讲中，习近平主席从“坚持对话协商，建设一个持久和平的世界”，“坚持共建共享，建设一个普遍安全的世界”，“坚持合作共赢，建设一个共同繁荣的世界”，“坚持交流互鉴，建设一个开放包容的世界”，“坚持绿色低碳，建设一个清洁美丽的世界”五个方面提出了通向人类命运共同体的前进路径。

习近平总书记深刻阐述的构建人类命运共同体理念，既承载着中国对建设美好世界的不懈追求，也反映了各国人民对世界新秩序的美好期待，受到国际社会特别是广大发展中国家的普遍欢迎和广泛支持。之后，这一理念相继被写入一系列国际性文献。2017年2月10日，这一理念被写入联合国社会发展委员会“非洲发展新伙伴关系的社会层面决议”；3月17日，这一理念被写入联合国安理会关于阿富汗问题的第2344号决议；3月23日，这一理念被写入联合国人权理事会关于“经济、社会、文化权利”和“粮食权”两个决议；11月2日，这一理念被写入联合国大会“防止外空军备竞赛进一步切实措施”和“不首先在外空放置武器”两份安全决议……这表明，构建人类命运共同体理念已经得到国际社会广泛认可。这一理念，汇聚了世界各国人民向往和平、发展、繁荣的最大公约数，为世界更好发展指明了前进方向，贡献了中国智慧，提供了中国方案。

在2017年10月召开的党的十九大上，推动构建人类命运共同体作为习近平新时代中国特色社会主义思想“八个明确”的重要内容，作为新时代坚持和发展中国特色社会主义基本方略中的一条，成为中国引领时代潮流和人类文明进步方向的鲜明旗帜。党的十九大报告的第十二部分以“坚持和平发展道路，推动构建人类命运共同体”为题，系统阐述了人类命运共同体理念丰富而深刻的内涵及其时代价值。2018年3月，第十三届全国人民代表大会第一次会议将推动构建人类命运共同体写进《中华人民共和国宪法修正案》，进一步将其上升为国家意志。

习近平总书记提出的构建人类命运共同体理念，站在人类前途命运的高度，统筹国内国际两个大局，体现了新时代的中国致力于为世界和平与发展作出更大贡献的大国担当和崇高使命，体现了中国共产党、中国政府和中国人民推动构建人类命运共同体、推进人类发展和实现世界美好前途的真诚愿望和坚定决心。

（三）抗击新冠肺炎疫情斗争充分证明：构建人类命运共同体是应对人类共同挑战、建设更加繁荣美好世界的人间正道

构建人类命运共同体是中国为应对全球性挑战、改革和完善全球治理提出的

系统性解决方案。

党的十九大以后，习近平总书记继续深入阐述人类命运共同体的构建路径：在上海合作组织成员国元首理事会第二十次会议上，首次在上海合作组织框架内提出构建“卫生健康共同体”“安全共同体”“发展共同体”“人文共同体”的重大倡议；在亚太经合组织第二十七次领导人非正式会议上，首次系统阐述构建开放包容、创新增长、互联互通、合作共赢的亚太命运共同体。习近平总书记还在多个国内外场合提出构建“网络空间命运共同体”“核安全命运共同体”“海洋命运共同体”“人类卫生健康共同体”等重要倡议，使“人类命运共同体”内涵更加清晰具体。同时，中国推出了一系列务实举措，推动构建人类命运共同体进一步从理念转化为行动。从坚定维护多边主义到合力应对气候变化，从高质量共建“一带一路”到引领全球减贫合作，中国的实际行动使得“构建人类命运共同体”这一“思想之树”结出了丰硕果实。

一场突如其来的新冠肺炎疫情，更以特殊形式验证了构建人类命运共同体的重大意义。面对这场百年来全球发生的最严重的传染病大流行，人类只有一条正确道路，那就是习近平总书记所指出的，朝着构建人类命运共同体目标向前迈进。在抗击疫情过程中，中国站在历史正确的一边，始终坚持做世界和平的建设者、全球发展的贡献者、国际秩序的维护者。习近平主席先后同几十位外国领导人和国际组织负责人会谈、通电话或视频会见，出席二十国集团领导人特别峰会、第七十三届世界卫生大会视频会议、中非团结抗疫特别峰会、第七十五届联合国大会和亚太经合组织工商领导人对话会等，阐述推动构建人类命运共同体的重要性和必要性。

中国始终本着公开、透明、负责任的态度，积极履行国际义务，第一时间向世界卫生组织、有关国家和地区组织主动通报疫情信息，第一时间发布新冠病毒基因序列等信息，第一时间公布诊疗方案和防控方案，毫无保留同各方分享防控和救治经验；在自身疫情防控面临巨大压力的情况下，发起新中国成立以来援助时间最集中、涉及范围最广的紧急人道主义行动，发挥全球抗疫物资最大供应国作用，以实际行动帮助挽救了全球成千上万人的生命；承诺新冠疫苗研发完成并投入使用后将作为全球公共产品，为实现疫苗在发展中国家的可及性和可担负性作出中国贡献；在中非合作论坛框架下免除有关非洲国家截至2020年底到期对华无息贷款债务，加大对疫情特别重、压力特别大的非洲国家的支持力度……这一切都生动诠释了中国推动构建人类命运共同体的大国担当。

相关链接：

中国疫苗给全球团结抗疫增添信心

在以习近平同志为核心的党中央坚强领导下，中国率先控制疫情，率先复工复产，率先实现经济增长由负转正。这些成绩为全球战胜当前危机提供了可以借鉴的方案和路径，也推动人类命运共同体理念更加深入人心。

新冠肺炎疫情加速了国际格局调整。世界经济深度衰退，全球产业链、供应链遭受冲击，治理赤字、信任赤字、发展赤字、和平赤字仍在扩大；单边主义、保护主义、霸凌行径上升，经济全球化遭遇逆流，加剧了世界经济中的风险和不确定性。面对各种复杂严峻的挑战，人类比任何时候都更需要加强合作、共克时艰、携手前行。

四、以人类命运共同体为引领，坚定维护和践行多边主义

维护和践行多边主义，推动构建人类命运共同体，是国际社会解决当前问题，推动全球治理体系改革和建设的根本出路。

多边主义是全球治理的根本遵循。百年未有之大变局中如何实现多边主义？习近平主席在世界经济论坛“达沃斯议程”对话会上的特别致辞中提出了“四个坚持”，即坚持开放包容，不搞封闭排他；坚持以国际法则为基础，不搞唯我独尊；坚持协商合作，不搞冲突对抗；坚持与时俱进，不搞故步自封。这“四个坚持”，高度凝练，每一条都极具现实针对性、指导性。

秉持人类命运共同体理念，坚持和平、发展、公平、正义、民主、自由的全人类共同价值，最大限度增强合作机制、理念、政策的开放性和包容性，共同维护世界稳定。建设开放型世界经济，坚定维护多边贸易体制，巩固二十国集团作为全球经济治理主要平台的地位，密切宏观经济政策协调，维护全球产业链供应链稳定顺畅，维护全球金融体系稳健运行，推进结构性改革，扩大全球总需求，推动世界经济实现更高质量、更有韧性的发展。

不搞唯我独尊。国际社会应该按照各国达成的规则和共识来治理，而不能由一个或几个国家来发号施令。我们要厉行国际法治，毫不动摇维护以联合国为核心的国际体系、以国际法为基础的国际秩序。多边机构是践行多边主义的平台，也是维护多边主义的基本框架，其权威性和有效性理应得到维护，反对以多边主义之名，行单边主义之实。

坚持协商合作，不搞对抗。各国历史、文化和社会制度差异不是对立对抗的理由，而是合作的动力。要尊重和包容差异，不干涉别国内政，通过协商对话解决分歧。

21 世纪的多边主义要守正出新、面向未来，既要坚持多边主义的核心价值和基本原则，也要立足世界格局变化，着眼应对全球性挑战需要，在广泛协商、凝聚共识基础上改革和完善全球治理体系。

构建人类命运共同体与多边主义是相互统一、相互促进的。人类命运共同体

理念蕴含着中国传统文化哲学中“协和万邦、天下大同”等价值追求，蕴含着整体观念、系统思维和辩证方法，不仅指出了人类走向美好世界的努力方向，还提供了走向美好世界的实践路径，成为拥有凝聚国际社会共识的强大思想力量。自2013年习近平总书记提出人类命运共同体理念以来，得到国际社会的广泛响应。它以人类命运为宏大叙事，以人类福祉为依归，被写进联合国的一系列成果文件，成为国际社会的重要共识，受到广泛赞誉。联合国秘书长古特雷斯指出，“习近平关于人类命运共同体的理念，是对国际社会的重要贡献”，“中国正身体力行，推动构建人类命运共同体”。第71届联大主席汤姆森强调：“在我看来，构建人类命运共同体是人类在这个星球上唯一的出路。”以人为本、团结合作，是人类命运共同体的根本要义，而多边主义则是贯彻人类命运共同体的行动指南。多边主义的本质内涵是“国际上的事由大家共同商量着办，世界前途命运由各国共同掌握”。这意味着多边主义必须是全人类的，而不是某些“小圈子”“小集团”的。

从全球化的“存废之争”，到2021年的达沃斯世界经济对话会上多边主义的“真伪之辩”，中国从中找到了全球治理体系改革和建设的路径及实现的手段，那就是坚定地维护和践行多边主义。在百年未有之大变局下，需要中国高擎多边主义的火炬，登高一呼，勇于担当，引领整个世界走向光明的未来。“中国的发展是世界的机遇”，“中国人民张开双臂欢迎各国人民搭乘中国发展的‘快车’‘便车’”，“只要是对全人类有益的事情，中国就应该义不容辞地做，并且做好”。习近平总书记的庄严承诺向世界深刻展示这样一个道理，即中国越发展，对世界和平与安全就越有利。

拓展阅读

国际观察：少有复杂局面，多边主义为何获得更广泛支持

国家主席习近平2021年5月6日同联合国秘书长古特雷斯通电话。习近平主席指出，这几年，联合国经历了少有的复杂局面，但多边主义也因此得到越来越多的支持。习近平主席说，世界需要真正的多边主义。各国应该按联合国宪章宗旨和原则办事，不能搞单边主义、霸权主义，不能借多边主义之名拼凑小圈子，搞意识形态对抗。

在近年来联合国经历少有的复杂局面下，多边主义为何赢得越来越广泛的支持？

复杂局面为何出现

近年来，美国政府明目张胆的单边主义以及借多边主义之名拼凑小圈子，严重干扰全球治理，损害了联合国形象。

特朗普入主白宫后，美国随心所欲“退群”展现出的单边主义行径贯穿特朗普政府执政始终。美国陆续退出多个协议、条约和国际组织，严重损害了全球治理的公平、效率和成效，对联合国权威造成极大损害，对诸多维护世界安宁与稳定的条约造成破坏，给世界增加了很多不稳定因素。

美国政府还拼凑小圈子，搞意识形态对抗。其外交团队拉帮结派，不断制裁俄罗斯，还试图组建“反华同盟”，表明美国根本无法与社会制度、治理理念以及文化传统不同的国家维持良好国家关系。

美国的倒行逆施令其在联合国日益孤立。2020 年 9 月 11 日，联合国大会通过一项关于应对新冠肺炎疫情大流行的广泛决议，敦促会员国通过加强国际合作与团结互助应对新冠肺炎疫情。该决议以 169 比 2 获得压倒性多数通过，仅美国和以色列投下了反对票。日本共同社表示，这一结果再次凸显美国在国际社会的孤立形象。

复杂局面还表现在部分联合国会员国之间日趋严重的信任缺失甚至“分化”。这与美国对伊朗、古巴、委内瑞拉等诸多社会制度、治理理念以及历史文化不同的国家实行长期打压和封锁所造成的尖锐矛盾密不可分。被制裁、被打压的国家人民生活受到严重影响，这些国家更坚定地选择站在与美国对立的方面；美国对以色列的偏袒，也使不少中东地区国家对美国成见无法消除。

墨西哥国立自治大学国际问题专家伊格纳西奥·马丁内斯直言，面对当前复杂世界局势，一些国家在面临人类共同问题时，仍仅顾及自身利益，固守单边主义、民族主义和霸权主义。“世界不能抛弃多边主义、重回‘冷战’落后理念，应坚持多边主义道路，让多边主义高于单边利益。”

联合国会员国“分化”的发展走势，对联合国诸多重大决议的通过都造成巨大阻力。

当前，百年未有之大变局与新冠肺炎疫情相互交织，联合国遭遇财政危机、治理危机、信任危机等多重挑战，人类社会面临后疫情时代世界秩序、发展走向等方面的重大抉择。

阿根廷国际问题专家、国立阿图罗·豪雷切大学国际关系系主任贡萨洛·托尔迪尼表示，疫情引发的全球卫生健康事业和经济困境更加凸显国际合作的重要性和支持多边主义的必要性。

多边主义为何更获支持

联合国 2020 年 9 月 21 日发布的全球对话活动报告显示，87% 的受访者认为全球合作对应对当今挑战至关重要。报告显示，60% 的受访者认为联合国使世界变得更加美好，74% 的受访者认为联合国在应对挑战中必不可少。

在 2020 年 9 月举行的第 75 届联合国大会一般性辩论中，170 多位国家元首和政府首脑以及部分高级代表进行视频发言，就国际和地区重大关切发表看法并提出解决方案。参加本届联大一般性辩论的领导人数量是近年来最多的一次。领导人普遍认为，在一个全球性问题不断增加的世界里，必须用多边主义的理念和方法来应对和解决问题。

各国领导人在2020年9月联合国成立75周年政治宣言中一致强调，多边主义不是一种选项，而是一种必须，联合国必须处于我们各项工作的中心。这反映了国际社会的共同呼声和愿望。

埃及外交事务委员会秘书长希沙姆·齐迈提说，各国的合作要建立在彼此尊重的基础上才能最终达到互利共赢，“希望真正的多边主义能够成为更多国家的外交实践准则，令我们在面临复杂的全球挑战时能够携手向前”。

此外，大部分国家普遍支持多边外交。在多边舞台，西方国家的优势地位被多边制度设计的一国一票所限制。小国希望把双边外交中不能解决的问题放到多边平台上来处理，联合国因此受到绝大多数国家的支持与欢迎。

在日益全球化的世界里，人们更加需要一个能够让所有国家平等发声和表达意见的平台，也十分需要这样一个平台进行平等对话。联合国在国际多边主义中的地位无法取代。

（资料来源：新华网，2021年5月7日）

阅读推荐

1. 蒲傳:《中国始终是维护和践行多边主义的重要力量》,《解放军报》2021年2月1日 04版。

2.《深化交流共谋合作　更好造福各国人民》,《人民日报》2021年5月8日 01版。

3. 张梦旭:《“多边主义不仅是一种选择，更是一种需要”》,《人民日报》2021年5月10日 03版。

思考题

1. 为什么说世界需要多边主义？

2. 中国在维护和践行多边主义方面作出了哪些努力？

3. 构建人类命运共同体理念的科学内涵是什么？

专题九

开启党的对外工作新征程

百年风雨，春华秋实。2021年是党的百年华诞，也迎来党的对外工作100年。100年来，党的对外工作伴随中国共产党诞生、发展、壮大全过程，在中国新民主主义革命、社会主义革命和建设、改革开放和社会主义现代化建设事业中发挥了重要作用，为国家独立、人民解放、民族复兴、世界和平、人类进步作出了重要贡献。

党的外事工作是我们党百年来波澜壮阔奋斗史的重要内容，是党和国家总体工作的重要组成部分，见证了中华民族迎来从站起来、富起来到强起来的伟大飞跃。当前，外事工作面临的形势更加复杂、任务更加繁重、使命更加光荣，需要我们从历史中汲取前行的力量，把准我国所处的历史方位和世界发展大势，奋力推进新时代中国特色大国外交。

一、中国共产党百年对外工作光辉历程

100 年来，一代又一代中国共产党人紧紧依靠人民、团结带领中国人民接续奋斗，迎来实现中华民族伟大复兴的光明前景。在这一历史进程中，党的外事工作在各个历史时期，坚定维护国家利益和民族尊严，为我们党的发展壮大、国家的富强、民族的复兴作出了重要贡献。党的百年外事工作史可分为 4 个时期。

（一）1921—1949 年，新民主主义革命时期

这一时期，党的外事工作从无到有、由小到大，为实现新民主主义革命目标，为新中国发展建设和外交外事事业打下了坚实基础。

第一，探索形成党的对外方针政策和对外交往模式，提出党的创始阶段对外工作思想理论。我们党对外交往具有鲜明的政党性和国际主义性，主要工作对象是苏联和共产国际。日本发动侵华战争后，党确定了建立抗日民族统一战线和国际统一战线的策略方针。抗日战争胜利后和解放战争时期，根据国内外形势变化，毛泽东先后提出“两个阵营”“一切反动派都是纸老虎”著名论断和“另起炉灶”“打扫干净屋子再请客”“一边倒”三大方针。

第二，初步建立党的外事工作体制机制、组织架构和指导原则。1931 年 11 月，中华苏维埃共和国临时中央政府在瑞金成立，设立了“九部一局”的政府机构，外交人民委员部是其中之一。1939 年 1 月，中共中央南方局在重庆成立，周恩来为书记。1947 年 5 月 1 日，中共中央外事组在山西临县三交镇正式成立。

第三，在处理对外关系方面积累了宝贵经验。中国共产党的创建得到了国际上的积极帮助。1935 年 1 月遵义会议开始确立以毛泽东为主要代表的马克思主义正确路线在中共中央的领导地位，中国共产党更加坚定了处理对外关系的独立自主原则。抗战期间，我们党以更灵活的方法来观察和分析外部世界，主动开展对美英等西方国家工作。

第四，为新中国开展外交外事工作培养了干部队伍。党中央在延安 13 年间，建设了一支听党指挥、忠于人民的外事干部队伍。抗日战争胜利后，周恩来陪同毛泽东赴重庆同国民党进行谈判，随后率领我们党代表团同国民党当局进行了长达 1 年多的谈判斗争，很多同志成为新中国成立后外交外事工作中坚力量。1948

年，中央外事学校成立，大多数学员在新中国成立后从事外交外事工作。很多饱经革命斗争考验的干部根据党中央的决定，投身外交外事工作。

（二）1949—1978 年，社会主义革命和建设时期

这一时期，党的外事工作主要任务是冲破西方敌对势力对新中国的孤立、遏制、包围和威胁，维护民族独立、国家主权和安全，争取有利于社会主义建设的国际和平环境。

第一，着眼于反对霸权主义和战争威胁，扩大对外友好合作，提出“和平共处五项原则”“中间地带”“三个世界”等重要理论思想。20 世纪 50 年代，我国同印度和缅甸一致同意以和平共处五项原则作为指导相互关系的基本原则。50 年代末 60 年代初和 70 年代，毛泽东先后提出“两个中间地带”和“三个世界”划分的战略思想。

第二，努力建立和发展同世界各国友好合作关系，迎来两次建交高潮。1949 年 10 月 3 日，苏联成为第一个与新中国建交的国家，掀起第一次建交高潮。20 世纪 70 年代初，我们党抓住国际形势变化契机，迎来第二次建交高潮。到 1976 年，我国建交国已有 113 个，包括当时世界上绝大多数国家。

第三，积极运筹大国关系，实现重大突破。着眼于 20 世纪 70 年代世界格局变化，毛泽东主席、周恩来总理作出富有战略远见的重大决策。1972 年 2 月，尼克松总统访华。2 月 28 日，中美在上海发表《中美联合公报》，标志着两国关系正常化进程的开始，这是中美关系史上的一件大事。1972 年 9 月，日本首相田中角荣访华，双方签署《联合声明》，实现中日邦交正常化。中国同欧洲共同体也建立了正式关系。

第四，坚定维护国家主权安全，有力提升国际地位。经过艰苦卓绝斗争，我国赢得抗美援朝战争伟大胜利，极大增强了中国人民民族自信心和自豪感，有力维护了新中国主权安全和革命成果，空前提高了我国国际地位。我国坚定维护国家主权和领土完整。国防和科技事业取得“两弹一星”等突破性成就。

第五，积极参与国际事务，维护世界和平与发展崇高事业。周恩来总理率团出席 1955 年 4 月在印度尼西亚举行的万隆会议，打开中国同亚非国家广泛交往的大门。1971 年 10 月 25 日，第 26 届联合国大会以压倒性多数通过第 2758 号决议，恢复中华人民共和国在联合国

1971 年 10 月 25 日，第 26 届联合国大会以压倒性多数通过第 2758 号决议，恢复中华人民共和国在联合国的一切合法权利。图为提案通过时，代表们热烈鼓掌，欢呼这是全世界人民和一切主持正义的国家的胜利。

的一切合法权利。中国作为联合国创始会员国和安全理事会常任理事国，为践行《联合国宪章》的宗旨和原则、维护世界和平与促进共同发展、加强各国友好合作、推动人类进步事业作出重要贡献。

（三）1978—2012 年，改革开放和社会主义现代化建设新时期

这一时期，党的外事工作主要任务是配合国家经济建设，为改革开放营造良好合作环境、周边环境、安全环境、舆论环境，构建对外关系新格局。

第一，科学判断时代主题和世界大势，提出对外方针政策和指导思想。党的十一届三中全会后，邓小平提出和平与发展是当代世界两大问题、世界大战打不起来的判断，把党的工作重心转移到经济建设上来。在苏东剧变关键时刻，邓小平强调要坚持四项基本原则，确保我国正确发展方向。党的十三届四中全会后，我们打破西方国家制裁。江泽民提出推动建立公正合理的国际政治经济新秩序，倡导尊重世界文明多样性。胡锦涛提出同各国人民携手努力，推动建设持久和平、共同繁荣的和谐世界。我国新兴大国地位和影响力得到世界公认。

第二，同主要各方关系走向深入，提出“大国是关键、周边是首要、发展中国家是基础、多边是重要舞台”的外交总体布局。1979 年 1 月，中美建交。1978 年 8 月，中日签订《中日和平友好条约》。1989 年 5 月，中苏关系正常化。1991 年，中国同东盟开启对话进程。世纪之交，我国深入推动同主要大国建立面向 21 世纪双边关系，积极发展同周边国家睦邻友好关系，加强同其他发展中国家友好合作关系。

第三，拓展深化对外开放格局，取得重要发展成就。我国于 2001 年加入世界贸易组织，妥善应对 1997 年亚洲金融危机和 2008 年国际金融危机，经济总量从 1978 年世界第 11 位跃居 2010 年世界第 2 位。

第四，多边外交领域日趋活跃，深入参与或创建国际机制。2001 年 6 月，第一届上海合作组织峰会在上海举行。2001 年 10 月，亚太经合组织第九次领导人非正式会议在上海成功举办。2008 年 8 月，我国在北京成功主办第 29 届夏季奥运会。2010 年 5 月，我国在上海成功主办第 41 届世界博览会。

（四）2012 年党的十八大以来，中国特色社会主义进入新时代

这一时期，在以习近平同志为核心的党中央坚强领导下，在习近平新时代中国特色社会主义思想指导下，党和国家事业取得历史性成就、发生历史性变革。在新的历史起点上，习近平总书记以大国领袖的战略远见和使命担当，着眼于中华民族伟大复兴战略全局和世界百年未有之大变局，带领我们不断开创新时代中国特色大国外交新局面，党的外交外事工作取得了举世瞩目的重大成就。中国国际地位和影响力提升到前所未有的高度，日益走近世界舞台中央，不断为人类发

展进步作出新的更大贡献。

第一，形成并确立了习近平外交思想的指导地位。习近平外交思想是习近平新时代中国特色社会主义思想的重要组成部分，是马克思主义基本原理同中国特色大国外交实践相结合的重大理论结晶，是以习近平同志为核心的党中央治国理政思想在外交领域的集中体现，是新时代我国对外工作的根本遵循和行动指南。习近平外交思想以“十个坚持”为核心要义，明确了新时代我国对外工作的历史使命、总目标和必须坚持的一系列方针原则，深刻揭示了新时代中国特色大国外交的本质要求、内在规律和前进方向。习近平主席牢牢把握中国和世界发展大势，作出当今世界正经历百年未有之大变局、我国发展仍处于重要战略机遇期等一系列重大论断，提出了推动构建人类命运共同体、构建新型国际关系、共建“一带一路”等一系列富有中国特色、体现时代精神、引领人类发展进步潮流的新理念新主张新倡议。

第二，充分发挥元首外交战略引领作用，积极开展主场外交和重大对外活动。习近平主席成功出席纪念联合国成立70周年和75周年高级别会议、二十国集团领导人峰会、金砖国家领导人会晤、上海合作组织元首峰会、亚太经合组织领导人非正式会议、世界经济论坛达沃斯年会等重要多边会议，就事关世界和平发展和人类前途命运的重大问题深刻阐述中国主张，维护和践行多边主义，有力引领世界变局发展方向。习近平主席成功主持二十国集团领导人杭州峰会、北京亚太经合组织领导人非正式会议、“一带一路”国际合作高峰论坛、中非合作论坛北京峰会、上海亚信峰会、中国国际进口博览会、亚洲文明对话大会、中国共产党与世界政党高层对话会、中国—中东欧国家领导人峰会等一系列重大主场外交活动，发挥主导引领作用，取得一系列重大突破性成果，我国全球影响力和国际议程塑造力显著增强。新冠肺炎疫情下，习近平主席出席二十国集团领导人应对新冠肺炎特别峰会、第73届世界卫生大会视频会议开幕式，主持中非团结抗疫特别峰会并发表重要讲话，宣布重大抗疫合作举措，呼吁国际社会携手构建人类卫生健康共同体。习近平主席在领导人气候峰会上提出应对气候变化挑战、加强全球环境治理的“六个坚持”主张，倡导共同构建人与自然生命共同体。新冠肺炎疫情发生以来，习近平主席同百余位外国领导人及国际组织负责人通过线下线上方式会谈会见、通电话、互致电函，为我国同世界各国关系发展、推动国际社会团结抗疫指明了前进方向，注入了强劲动力。

第三，倡导推进共建“一带一路”重大倡议，全面开拓对外开放与国际合作新局面。习近平主席提出并推动“丝绸之路经济带”和“21世纪海上丝绸之路”重大倡议，“一带一路”建设秉持共商、共建、共享原则，践行开放、绿色、廉洁理念，追求高标准、惠民生、可持续目标，致力于推动政策沟通、设施联通、贸易畅通、资金融通、民心相通，实现高质量发展，成为全世界广受欢迎的公共产品和构建人类命运共同体的重要实践平台。我国成功举办中国国际进口博览会、中国（北京）国际服务贸易交易会、中国—东盟博览会等大型活动，对外开放达到前所未有新高度。2020 年我国和东盟首次互为第一大贸易伙伴，首次成为欧盟最大贸易伙伴，首次成为全球最大外资流入国。如期完成中欧投资协定谈判，同有关各方签署区域全面经济伙伴关系协定，宣布积极考虑加入全面与进步跨太平洋伙伴关系协定，展现致力于开放合作的坚定决心。

相关链接：

中国成为世界第一大外资流入国

第四，深化拓展全方位、多层次、宽领域、立体式对外工作布局，打造全球伙伴关系网络。深入发展中俄新时代全面战略协作伙伴关系，保持中俄战略协作高水平。强调美方同中方相向而行，共同致力于构建不冲突不对抗、相互尊重、合作共赢的中美关系，对美方损害我国利益言行进行坚决斗争反制，坚定捍卫国家主权、安全、发展利益。加强同欧洲国家和欧盟沟通合作，积极打造中欧和平、增长、改革、文明四大伙伴关系，深化气候变化、环境保护和数字经济等领域合作，共同维护多边主义。积极推动同周边国家睦邻友好合作，同东北亚、南亚、中亚、中东、南太国家关系稳步增强，同东盟等地区组织合作不断拓展。与非洲、拉美等发展中国家团结合作持续深化，同非盟、拉共体等关系更加紧密。

第五，积极引领全球治理体系改革和建设，贡献中国智慧、中国理念、中国方案。习近平主席在联合国大会等重大场合庄重宣示，中国坚定维护以联合国为核心的国际体系，坚定维护以国际法为基础的国际秩序，有力回击一些国家鼓吹的所谓“以规则为基础的国际秩序”。在和平安全、经济社会、生态文明、气候变化、文明互鉴等领域，习近平主席全面阐述中国的国际秩序观、全球治理观、新安全观、新发展观、人权观、生态观、文明交流观等重要理念，强调大家的事情大家商量着办，坚决回击单边主义和霸凌行径，沉重打击“文明冲突论”“种族优劣论”，有力引领了全球治理体系和国际秩序变革方向。习近平主席在第 75 届联合国大会一般性辩论讲话中宣示中国碳达峰和碳中和目标，在气候雄心峰会上宣布中国国家自主贡献新举措，引领全球应对气候变化新征程。在中方推动和各方积极响应与共同努力下，亚洲基础设施投资银行、金砖国家新开发银行、丝路基金等机制得以创立，成为具有重要国际影响力的多边金融机构。我国积极推动朝鲜半岛、伊朗核建设、阿富汗等地区热点问题和平解决，深入参与海洋、极地、外空、反腐败等领域规则制定，深入开展国际反恐合作，彰显负责任大国担当。

第六，有效防范化解各类风险挑战，坚定维护国家利益和民族尊严。在台湾、涉港、涉疆、涉藏、涉海、涉疫、人权等一系列重大问题上，敢斗善斗，坚定捍卫国家政治安全，坚定维护国家利益和民族尊严。在台湾问题上坚定维护一个中国原则，在涉港、涉疆、涉藏、人权等问题上打赢多场硬仗，决不允许任何外部势力干涉中国内政。有力应对海上侵权挑衅，维护南海大局稳定。坚决反对单边制裁和“长臂管辖”。践行外交为民理念，增强海外利益保障能力。深入参与世界贸易组织、国际货币基金组织、世界银行等国际机构改革，维护包括我国在内的发展中国家正当权益。

第七，持续增进同世界各国交流互鉴。全面宣介习近平新时代中国特色社会主义思想和习近平外交思想，向国际社会深入解读中国共产党的性质、宗旨和原则，阐明中国的道路制度、发展方向和战略意图，阐释中国构建新发展格局将为世界各国带来重要新机遇。全方位宣介我国疫情防控经验成效和对全球抗疫的积极贡献，加强同有关国家治国理政经验交流，倡导不同文明间平等对话、交流互鉴、共同发展。

第八，坚持外交大权在党中央，加强党中央对外交外事工作的集中统一领导。在中央全面深化改革总体部署下，中央外事工作领导小组改为中央外事工作委员会，加强外交外事工作的顶层设计、总体布局、统筹协调、整体推进、督促落实。在党中央集中统一领导下，政党、人大、政府、政协、军队、地方、人民团体等对外交往蓬勃开展，党总揽全局、协调各方的对外工作大协同局面不断巩固。

党的十八大以来，对外工作取得的历史性、开创性成就，根本在于习近平总书记的亲自指挥、亲自部署、亲力亲为，在于以习近平同志为核心的党中央坚强领导和中国特色社会主义制度强大优势，在于习近平新时代中国特色社会主义思想和习近平外交思想的科学指引，在于全党全国人民的同心同德共同奋斗。

二、中国共产党的世界使命和担当

中国共产党始终把为人类作出新的更大的贡献作为自己的使命。中国共产党所做的一切，就是为中国人民谋幸福、为中华民族谋复兴、为人类谋和平与发展。中国共产党人的历史自觉、国际视野和世界关怀，昭示了中国共产党始终不渝的初心使命和责任担当。

（一）中国共产党的世界使命

习近平总书记指出：“中国共产党是为中国人民谋幸福的政党，也是为人类进步事业而奋斗的政党。”为世界谋大同，是中国共产党百年来一以贯之的追求。

大道之行，天下为公。在人类思想史上，没有一种思想理论像马克思主义这样对人类产生了如此广泛而深刻的影响，马克思主义极大地推进了人类文明进程。五四运动后，中国共产党成为马克思主义的忠诚信奉者、坚定实践者。在中国这片古老的土地上，因为有了中国共产党，马克思主义得以生根发芽，进而枝繁叶茂、结出累累硕果。

在 20 世纪世界反法西斯战争中，长达 14 年的中国人民抗日战争开始时间最早、持续时间最长，是名副其实的东方主战场。在抗日战争时期，在民族危亡的历史关头，中国共产党以卓越的政治领导力和正确的战略策略，指引中国抗战的前进方向。中国共产党人勇敢战斗在抗日战争最前线，支撑起中华民族救亡图存的希望，成为全民族抗战的中流砥柱。中国共产党作为夺取抗日战争胜利的民族先锋，为世界正义事业、为人类文明发展作出了巨大贡献。

相关链接：

抗日战争的中流砥柱

1949 年中华人民共和国的成立，极大地鼓舞了亚非拉人民的民族解放运动，推动了世界文明发展进程，促进了人类和平、民主、进步和发展。20 世纪 70 年代中期，针对美苏对峙的局面，中国共产党提出“三个世界”的战略思想，结成最广泛的国际统一战线，反对超级大国的霸权主义和战争政策。“三个世界”战略思想，至今依然具有重要的时代价值，闪耀着科学的光芒。

在 20 世纪 50 年代，毛泽东就指出：“中国应当对于人类有较大的贡献。”中国特色社会主义进入新时代，习近平总书记强调：“中国共产党始终把为人类作出新的更大的贡献作为自己的使命。”“中国人民不仅要自己过上好日子，还追求天下大同。”中国共产党传承着中华民族追求天下大同的优秀文化传统，肩负起为世界谋大同的神圣使命。

当今世界正经历百年未有之大变局，面对单边主义、保护主义、霸权主义等对世界和平与发展的威胁，面对全球气候变化、环境污染、重大传染病流行等共同挑战，习近平主席提出构建人类命运共同体理念。构建人类命运共同体理念主张“把我们生于斯、长于斯的这个星球建成一个和睦的大家庭，把世界各国人民对美好生活的向往变成现实”。构建人类命运共同体理念充分彰显了中国作为负责任大国的担当，为人类文明发展进步贡献了中国智慧和中国方案。为了推动构建人类命运共同体，中国大力促进“一带一路”国际合作，推动建设相互尊重、公平正义、合作共赢的新型国际关系，积极参与引领全球治理体系改革和建设，致力于建设持久和平、普遍安全、共同繁荣、开放包容、清洁美丽的世界，中国成为国际社会公认的世界和平的建设者、全球发展的贡献者、国际秩序的维护者。

作为拥有9500多万党员的世界上最大的政党，中国共产党有大党的样子，有大党的眼界、气度、胸怀和智慧。改革开放以来，我们党带领中国人民成功开创了中国特色社会主义道路，不但为科学社会主义注入强大生机与活力，展现了21世纪马克思主义的理论光辉，而且拓展了发展中国家走向现代化的途径。中国特色社会主义的成功实践，当代中国的现代化成就，生动揭示了这样一个真理：现代化经验不应由欧美国家垄断，人类通往现代化的路径并非只有欧美国家一种模式，每个国家都可以探索适合自己国情的现代化道路。中国的发展给世界上那些既希望加快发展又希望保持自身独立性的国家和民族提供了全新选择，为解决人类问题贡献了中国智慧和中国方案。这是当代中国共产党人对世界现代化事业、对人类文明发展的伟大贡献。

（二）中国共产党的世界担当

中国共产党的世界担当，源自中华民族深厚的思想积淀和历史传承，源自马克思主义政党的信仰、信念和使命，有着深厚的历史、文化、思想、实践渊源。中国共产党的世界担当，源自中华优秀传统文化。中华民族在5000多年文明发展历程中，形成了兼爱非攻、亲仁善邻的和平志向，以和为贵、和而不同的和谐理念，大道之行、天下为公的博大情怀。中国共产党的世界担当，源自中国共产党的使命自觉。习近平总书记明确指出："中国共产党是世界上最大的政党。大就要有大的样子。"这种"大"不仅仅是指数量之大、规模之大，更是指胸怀之大、气象之大、担当之大。当前，人类面临的全球性问题数量之多、规模之大、程度之深前所未有，挑战层出不穷、风险日益增多，全球治理任务日益繁重。在这样一个人类前途命运向何处去的重大历史关头，人类社会比以往任何时候都更加急切地呼唤世界大党的世界担当。从中国与世界的关系看，我们与世界的关系正站在新的历史起点上。事实证明，只有世界好，中国才能发展好；反过来，只有中国发展好，世界才能变得更好。这些都要求，中国共产党作为一个有担当的政党，必须按照习近平总书记的要求，建设成为规模宏大、充满活力、坚强有力、勇于担当的党，迎难而上，自觉地把为人类谋和平与发展、为世界谋大同的使命担在肩上。

中国共产党是为中国人民谋幸福的党，也是为人类进步事业而奋斗的党。在100年波澜壮阔的奋斗实践中，我们党书写了为人类谋和平发展、为世界谋大同的壮丽篇章，雄辩地证明中国共产党是有世界担当精神和能力的政党。

建党之初，中国共产党就把为人类谋解放的崇高目标鲜明地镌刻在自己的旗帜上，高扬国际主义的精神。这是我们党同一切剥削阶级政党的重要区别，是我们党先进性的重要体现。新中国成立之际，毛泽东郑重宣布："我们的民族将从此列入爱好和平自由的世界各民族的大家庭，以勇敢而勤劳的姿态工作着，创造自己的文明和幸福，同时也促进世界的和平和自由。”在以毛泽东同志为核心的党的第一代中央集体领导下，中国共产党探索形成一系列重大外交政策主张和战略思想。

改革开放之初，邓小平指出：“我们要进一步加强同全世界工人阶级和革命人民的团结……为全世界工人阶级的解放和人类的进步事业作出应有的贡献。”在改革开放历史进程中，我们党坚持独立自主的和平外交政策，坚持和平发展道路，坚持互利共赢的开放战略，统筹国内国际两个大局，积极发展对外关系，为改革开放和现代化建设争取有利的国际环境，同世界各国一道推动建设持久和平、共同繁荣的和谐世界，为推动建立公正合理的国际新秩序，为维护世界和平与促进人类进步事业作出了积极贡献。

构建人类命运共同体相继被写入联合国社会发展委员会、安理会、人权理事会以及联合国大会裁军与国际安全委员会等机构的多项决议中，有力推动这一理念变成全球性共识。图为2017年2月27日，联合国人权理事会第34次会议开幕。该会议通过决议，明确表示要构建人类命运共同体。

党的十八大以来，习近平总书记站在时代潮头，把握世界大势，亲自擘画运筹，提出一整套外交新理念新举措新战略，指导中国外交呈现鲜明的中国风格、中国特色和中国气派，取得全方位、开创性的历史成就。我们党领导中国积极发展全球伙伴关系，扩大同各国的利益交汇点，全面推进中国特色大国外交，形成全方位、多层次、立体化的外交布局；遵循共商共建共享原则，实施共建“一带一路”倡议，发起创办亚洲基础设施投资银行，设立丝路基金，举办首届“一带一路”国际合作高峰论坛、亚太经合组织领导人非正式会议、二十国集团领导人杭州峰会、金砖国家领导人厦门会晤、亚信峰会，打造国际合作新平台，增添共同发展新动力；促进全球共同繁荣；积极承担更多国际责任和义务，旗帜鲜明倡导构建人类命运共同体，促进全球治理体系变革。

新时代，中国共产党世界担当的最集中的体现，就是以习近平同志为核心的党中央提出并努力践行构建人类命运共同体的战略构想。

党的十九大报告指出：“没有哪个国家能够独自应对人类面临的各种挑战，也没有哪个国家能够退回到自我封闭的孤岛。”人类生活在同一个地球村，各国日益相互依存、命运与共，越来越成为你中有我、我中有你的命运共同体。世界各国需要以负责任的精神同舟共济，共同维护和促进世界和平与发展。当今世界正处于大发展大变革大调整时期。在人类向何处去的重大关口，习近平总书记以卓越的政治家、战略家的宏大视野和战略思维，科学把握世界发展大势，顺应时代要求，高瞻远瞩地提出构建人类命运共同体的重要思想。这一战略构想，科学回答了建设什么样的世界、如何开展国与国交往、如何探索人类发展未来等重大问题，呼应了国际社会求和平、谋发展、促合作、要进步的迫切愿望和不懈追求，将中国自身发展同世界共同发展融为一体，为破解当下安全与发展难题、推动国际关系健康发展提供了正确思路，为世界发展提供了重要战略引领，集中体现了中国共产党人的使命担当。

构建人类命运共同体，一是要坚持和平发展道路，推动建设相互尊重、公平正义、合作共赢的新型国际关系。高举和平、发展、合作、共赢的旗帜，恪守维护世界和平、促进共同发展的外交政策宗旨，坚定不移在和平共处五项原则基础上发展同各国的友好合作。坚定维护国际公平正义，反对霸权主义和强权政治。坚决捍卫国家利益，永远不称霸，永远不搞扩张。二是要不断完善外交布局，打造全球伙伴关系网络。以周边和大国为重点，以发展中国家为基础，以多边为舞台，以深化务实合作、加强政治互信、夯实社会基础、完善机制建设为渠道，全面发展同各国友好合作，不断完善我国全方位、多层次、立体化的外交布局。三是要坚持不懈推进“一带一路”建设，进一步深化全方位对外开放格局。坚持对外开放的基本国策，坚持打开国门搞建设，把“一带一路”与构建人类命运共同体更加紧密结合起来，打造国际合作新平台，增添共同发展新动力。弘扬和平合作、开放包容、互学互鉴、互利共赢的丝路精神，加强同沿线国家和地区的政策沟通、设施联通、贸易畅通、资金融通、民心相通。四是要深度参与全球治理，积极引导国际秩序变革方向。秉持共商共建共享的全球治理观，积极参与全球治理体系改革和建设。坚定维护以《联合国宪章》宗旨和原则为核心的国际秩序和国际体系，推进国际关系民主化。建设性参与国际和地区热点问题的解决进程，维护国际和地区和平稳定。积极维护多边贸易体制主渠道地位，促进国际贸易和投资自由化便利化，反对一切形式的保护主义。继续发挥负责任大国作用，不断为完善全球治理贡献中国智慧和中国力量。加强国际传播，讲好中国故事，宣讲中国发展理念、发展经验、发展方案，不断增强在国际上的话语权和影响力。五是要倡议世界各国政党同我们一道，努力推动世界各国共同发展繁荣。一如既往为世界文明交流互鉴作贡献，以开放的眼光、开阔的胸怀同世界各国人民和各国政党开展对话和交流合作，支持各国人民加强人文往来和民间友好。在独立自主、完全平等、相互尊重、互不干涉内部事务原则的基础上，加强同各国各地区政党和政治组织的交流合作，促进国家关系发展。2017 年 11 月 30 日至 12 月 3 日，以“构建人类命运共同体、共同建设美好世界：政党的责任”为主题的中国共产党与世界政党高层对话会在北京成功举办，并通过了《北京倡议》。中国共产党同世界上160多个国家和地区的400多个政党和政治组织保持经常性联系，“朋友圈”不断扩大。面向未来，要继续同世界各国政党加强往来，分享治党治国经验，开展文明交流对话，增进彼此战略信任，携手建设更加美好的世界。

三、赓续对外工作百年辉煌，服务中华民族伟大复兴

100年来，党的对外工作因党而立、因党而兴、因党而强，始终同党和人民的事业紧密相连。在党的百年华诞之际，回顾总结党的对外工作走过的不平凡历程，深刻总结党的百年对外工作的经验与启示，对于赓续对外工作百年辉煌，服务中华民族伟大复兴，具有重大深远意义。

（一）始终坚持马克思主义的指导地位，引领党的外交外事工作正确方向

习近平总书记指出：“我们党的历史，就是一部不断推进马克思主义中国化的历史，就是一部不断推进理论创新、进行理论创造的历史。”马克思主义的科学性和真理性也充分体现在党的外交外事工作中。我们党始终坚持以马克思主义基本原理分析把握国际形势和历史大势，坚持用马克思主义的世界观和方法论观察世界、认识世界、改造世界，正确处理中国与世界的关系，不断推进外交理念、实践和机制体制创新，逐步形成体现马克思主义立场观点方法、具有中国特色的外交理论体系。党的十八大以来，党的外交理论和实践创新进入新阶段新时期，形成了习近平外交思想，必将持续指引新时代中国特色大国外交不断向前迈进。

（二）始终坚持以人民为中心的发展思想，牢牢把握党的外交外事工作根本宗旨

习近平总书记强调：“我们党的百年历史，就是一部践行党的初心使命的历史，就是一部党与人民心连心、同呼吸、共命运的历史。”党的外交外事工作的根本出发点和落脚点就是坚持和贯彻全心全意为人民服务的宗旨，在外交外事工作中实现好、维护好、发展好最广大人民根本利益。外交外事工作要通过推进党和国家事业发展不断满足人民群众对美好生活的向往，使人民群众从党的外交外事工作发展中不断增强获得感、幸福感、安全感。近年来，我们多次在国际上发生政局突变、战乱动荡、重大自然灾害等情况下，采取果断有力措施保障海外中国公民安全，把党以人民为中心的执政理念切实贯彻到外交外事工作的方方面面。

（三）始终坚持围绕中心、服务大局，努力为国家发展安全营造有利外部环境

习近平总书记指出，要“统筹国内国际两个大局，统筹发展安全两件大事，牢牢把握坚持和平发展、促进民族复兴这条主线，维护国家主权、安全、发展利益，为和平发展营造更加有利的国际环境，维护和延长我国发展的重要战略机遇期，为实现‘两个一百年’奋斗目标、实现中华民族伟大复兴的中国梦提供有力保障”。党的外交外事工作始终将为我国和平发展营造有利的国际环境作为根本任务。新中国成立以来，我们根据不同时期世界格局变化和国际形势特点，不断调整对外方针政策，服务党和国家中心任务。改革开放以来，我们积极融入世界经济体系，推动开放、包容、普惠、平衡、共赢的经济全球化，倡导构建开放型世界经济，不断深化同世界各国经贸投资等领域合作。立足新发展阶段，外交外事工作要服务贯彻新发展理念、构建新发展格局、实现高质量发展，以扩大内需为战略基点，推动更大范围、更宽领域、更深层次的对外开放和互利合作，推动高质量共建“一带一路”行稳致远，不断塑造国际合作与竞争新优势。

2001 年 11 月 10 日，在卡塔尔多哈举行的世界贸易组织第四届部长级会议通过了中国加入世界贸易组织的决定。次日，中国加入世界贸易组织签字仪式举行。图为 2001 年 11 月 14 日，世界贸易组织会议闭幕。

（四）始终坚持独立自主的外交政策，坚定不移走和平发展道路

习近平总书记指出：“走和平发展道路，是我们党根据时代发展潮流和我国根本利益作出的战略抉择。”我们始终不渝坚持独立自主的外交政策，从自身的国家属性、实力地位、所处国际环境出发制定和推行符合本国国情的对外方针政策。我们始终不渝走和平发展道路、奉行互利共赢的开放战略，在独立、自主、和平、互利的原则上不断完善外交布局，推进总体稳定、均衡发展的大国关系框架，按照亲诚惠容理念和与邻为善、以邻为伴周边外交方针加强同周边国家睦邻友好关系，秉持正确义利观和真实亲诚理念增进同广大发展中国家团结合作，积极做好多边外交工作，不断打造和深化全球伙伴关系网络。

（五）始终坚持斗争精神，敢于斗争，善于斗争，坚定维护国家主权、安全、发展利益

习近平总书记强调：“我们要坚持走和平发展道路，但决不能放弃我们的

正当权益，决不能牺牲国家核心利益。任何外国不要指望我们会拿自己的核心利益做交易，不要指望我们会吞下损害我国主权、安全、发展利益的苦果。”面对国际风云变幻和外部风险挑战，我们党始终坚持斗争精神，始终坚持贯彻总体国家安全观，统筹发展和安全两件大事，全力维护国家根本利益。中国越是发展壮大，我们遇到的各种阻力和风险就会越突出，维护国家主权、安全、发展利益的任务就越艰巨繁重，就越要开展具有许多新的历史特点的伟大斗争。

（六）始终坚持站在发展中国家一边，不断巩固与发展中国家的团结合作

习近平总书记指出，“我国是世界最大发展中国家的国际地位没有变”，“中国坚持把发展中国家作为对外政策的基础，坚持正确义利观，永远做发展中国家的可靠朋友和真诚伙伴”。坚持发展中国家定位既是党的基本路线和我国的现实国情决定的，也是今后一个时期我们对外工作中必须牢牢把握的重要方针。我国将长期同发展中国家携手并肩，实现共同发展、共同繁荣。

（七）始终坚持实事求是，锐意开拓创新，推动党的外交外事工作不断开创新局面

习近平总书记指出，“实事求是，是马克思主义的根本观点，是中国共产党人认识世界、改造世界的根本要求，是我们党的基本思想方法、工作方法、领导方法”，开拓创新“永远是中国共产党人应该具有的历史担当”。实事求是、开拓创新是我们党的事业不断取得新成就的重要法宝，也是我们党外交外事工作理论和实践与时俱进、守正出新的重要原则。我们党始终从中国人民和世界人民共同利益出发，立足不断发展变化的国际形势，根据事情本身的是非曲直来确定对外方针政策，不断摸索和总结规律性认识和方法，承前启后，继往开来，开创了中国特色大国外交新局面。

（八）始终坚持统筹维护自身利益与促进世界共同发展，推动构建人类命运共同体

习近平总书记强调，“中国共产党始终把为人类作出新的更大的贡献作为自己的使命”，“我们呼吁，各国人民同心协力，构建人类命运共同体，建设持久和平、普遍安全、共同繁荣、开放包容、清洁美丽的世界”。我们党是为中国人民谋幸福的政党，也是为人类进步事业而奋斗的政党。中国共产党和中国人民始终是世界和平的建设者、全球发展的贡献者、国际秩序的维护者，坚定支持联合国在国际事务中的核心作用，坚定维护《联合国宪章》的宗旨和原则。正是基于我们党一贯的崇高理想和追求，我们要始终高举和平、发展、合作、共赢的旗帜，

始终站在时代潮流前列，同各国一道把人类和平与发展的崇高事业推向前进，这反映了世界各国谋和平、求发展、促合作、图共赢的普遍心声。

（九）始终坚持团结一切可以团结的力量

习近平总书记指出，中国“坚定不移在和平共处五项原则基础上发展同各国的友好合作，推动建设相互尊重、公平正义、合作共赢的新型国际关系”。秉持“志同道合是伙伴，求同存异也是伙伴”，我国同世界各国和各地区的伙伴关系不断发展。我们不以意识形态划线，不搞“小圈子”，坚持以共同利益为纽带、以合作共赢为原则发展同世界各国友好合作关系，我们的朋友遍天下。

（十）始终坚持建设一支忠于党、忠于国家、忠于人民，政治坚定、业务精湛、作风过硬、纪律严明的外交外事干部队伍

习近平总书记强调，外交外事干部队伍要永葆对党忠诚、为国奉献的赤子心，永葆开拓奋进、担当有为的事业心，永葆主动学习、自我革新的进取心，永葆党要管党、从严治党的责任心。习近平总书记非常关心和重视外交外事干部队伍建设，在2018年中央外事工作会议上，强调在新形势下要建设好对外工作队伍，加强理想信念教育，提高外交外事干部队伍的专业能力和综合素质，勉励全体外交外事工作者再接再厉、埋头苦干，展现新气象新作为，开辟新局面新境界，不断谱写新时代中国特色大国外交新篇章。多年来，一代又一代外交外事干部忠于党、忠于国家、忠于人民，甘于奉献，忘我工作，为我们党和国家、为祖国人民作出了重要贡献。

归根结底，最重要的一条经验就是，始终坚持党中央对外交外事工作的集中统一领导，这是百年来党的外交外事工作披荆斩棘、攻坚克难，不断从一个胜利走向又一个胜利的根本保证。历史和实践反复证明，唯有始终坚持党中央对外交外事工作的集中统一领导，我们才能在国际风云变幻中始终牢牢把握外交外事工作的正确方向；只有始终坚持党中央对外交外事工作的集中统一领导，我们才能在重大历史关头和关键节点统一思想、统一行动，坚定信心、保持定力，临危不惧、勇毅前行；只有始终坚持党中央对外交外事工作的集中统一领导，我们才能在面对各种复杂局面和艰难险阻时通盘谋划、统筹协调，凝聚各方力量和资源打赢对外斗争攻坚战持久战；只有始终坚持党中央对外交外事工作的集中统一领导，我们才能更好统筹国内国际两个大局、发展安全两件大事，以更宽广的战略视野推进党和国家中心工作取得新的更大成就。总之，只要毫不动摇坚持党中央对外交外事工作的集中统一领导，不断增强“四个意识”，坚定“四个自信”，坚决做到“两个维护”，我们就一定能够战胜前进道路上的一切艰难险阻，就一定能够实现中华民族伟大复兴的历史伟业。

知识链接

“四个意识”指政治意识、大局意识、核心意识、看齐意识，这是2016年1月29日中共中央政治局会议最早提出来的。

“四个自信”指中国特色社会主义道路自信、理论自信、制度自信、文化自信，由习近平总书记在庆祝中国共产党成立95周年大会上提出。

“两个维护”指坚决维护习近平总书记党中央的核心、全党的核心地位，坚决维护党中央权威和集中统一领导，带头做到“两个维护”，是加强中央和国家机关党的建设的首要任务。

四、在新的历史起点上推动党的对外工作开启新征程

当前，中华民族伟大复兴战略全局和世界百年未有之大变局形成历史性交汇和深层次联动，我国发展外部环境面临深刻复杂变化。在新的历史起点上，党的对外工作要以习近平新时代中国特色社会主义思想特别是习近平总书记关于党的对外工作的重要论述为根本遵循，着力提高政治判断力、政治领悟力、政治执行力，为中华民族伟大复兴、人类和平进步不断作出新的更大贡献。

（一）着眼于巩固和加强党的领导，在履职尽责中践行“两个维护”

牢牢把握党的对外工作的正确方向，坚决维护习近平总书记党中央的核心、全党的核心地位，坚决捍卫党的执政地位和中国特色社会主义制度。

坚守政治底线，对任何企图抹黑和否定党的领导和我国社会主义制度的言行，坚决做到敢于斗争、善于斗争。

善于从全球风云和国际格局发展变化中发现苗头、分析机理、探究规律，准确把握我国外部环境面临的机遇与挑战，增强工作的前瞻性、预见性、主动性，努力在危机中育先机、于变局中开新局。

通过政党政治的视角不断深化对共产党执政规律、社会主义建设规律、人类社会发展规律的认识，为提升党的执政能力和执政水平贡献力量。

（二）精准高效服务国内经济社会发展，助力推动构建新发展格局

立足新发展阶段，贯彻新发展理念，构建新发展格局，自觉在全面建设社会主义现代化国家的宏伟蓝图中找准坐标。

充分发挥党际关系对国家关系“稳定器”的作用，同世界各国政党加强合作方向规划、政策理念对接，推动各国把自身发展与世界共同发展结合起来，为合

作共赢的开放体系建设和共建“一带一路”高质量发展提供有力支撑。

统筹做好战略互信提升和发展环境优化、治理经验交流和发展机遇对接、宏观政策协调和合作亮点培育等工作，积极探索党的对外工作更好服务党和国家中心任务的新平台、新机制、新路径，为构建新发展格局和确保“十四五”规划开好局、起好步作出应有贡献。

（三）加强对国际社会的政治引领，构建良好的外部环境

随着中国与世界的关系发生历史性变化，中国共产党与世界各国政党的关系也发生了历史性变化。党的对外工作将适应时代要求，做好政治引领这篇大文章，团结一切可以团结的力量，充分调动一切积极因素。

2021 年 4 月 15 日，“中国共产党的故事——习近平新时代中国特色社会主义思想在浙江的实践”专题宣介活动走进浙江安吉，部分国家驻华使节在中方陪同下进行了实地走访。图为活动当日三位外宾在挑选安吉特产商品。

以庆祝中国共产党成立 100 周年为契机，创新讲好中国共产党的故事，向世界全面展示我们党矢志践行初心使命的百年历程，筚路蓝缕奠基立业的伟大成就，努力让国际社会认识到中国共产党为什么“能”、中国特色社会主义为什么“好”。

推动新型政党关系走深走实，完善全球政党伙伴关系网络，推动政党外交、公共外交、民间外交进一步充分发挥合力，努力为新的伟大征程创造良好的外部环境。

（四）增进文明交流互鉴，携手各国实现共同发展

新冠肺炎疫情的全球大暴发是对各国治理体系和治理能力的一场“大考”，引发了国际社会深刻反思。

作为从新时代中国特色社会主义全部实践中产生的认识人类社会发展规律的理论结晶，习近平新时代中国特色社会主义思想的世界意义更为彰显。从这一重要思想中找思路、觅方案成为许多国家政党特别是广大发展中国家政党的共识。

我们将加强与世界政党的交流互鉴，既借鉴吸收人类一切优秀文明成果，又积极回应外国政党的诉求，讲清楚中国经济快速发展和社会长期稳定“两大奇迹”背后蕴藏的“中共理念”，深入阐释好习近平新时代中国特色社会主义思想蕴含的立场观点方法、道理学理哲理，为有需要的外国政党加强自身建设、提升治国理政能力、改善民生福祉提供理论与实践借鉴。

（五）着力践行党的使命担当，汇聚构建人类命运共同体的政党力量

中国共产党是世界上最大的政党，为中国人民谋幸福、为中华民族谋复兴、为人类谋和平与发展是我们党不变的初心使命。

当前，百年大变局与世纪大流疫交织叠加，人类走到新的十字路口。习近平总书记倡导的人类命运共同体理念，顺应了国际社会对和平与发展的向往，凝聚了世界各国根本利益的共识，是我们党为解决“时代之问”提供的“中国方案”，已经在国际社会深入人心。

我们将充分发挥党的对外工作的特色优势，与各国政党增进互信、加强沟通，引导更多国外政党与我党相向而行，自觉担负起时代使命，为推动构建人类命运共同体、携手建设更加美好的世界凝聚更多政党力量。

回首百年，中国共产党顺应时代发展潮流和人类进步方向，深刻改变了中国和中华民族的前途和命运，深刻影响了世界发展趋势和国际格局。展望未来，中国共产党将开启新的百年征程，肩负的使命责任前所未有，国际社会对我们党的期待前所未有。我们将更加紧密地团结在以习近平同志为核心的党中央周围，弘扬党的对外工作的光荣传统和优良作风，凝心聚力、奋力拼搏，不断推进党的对外工作理论和实践创新，在服务民族复兴和促进人类进步的伟大征程中谱写新的精彩篇章。

拓展阅读

栉风沐雨、砥砺前行：党的对外工作 100 年

2021 年是中国共产党成立 100 周年，也是党的对外工作 100 周年。100 年来，党的对外工作因党而立、因党而兴、因党而强，始终同党和人民的事业紧密相连。党的对外工作伴随中国共产党 100 年来波澜壮阔的光辉历程，在党中央的领导下栉风沐雨、砥砺前行，为党的诞生、发展、壮大发挥了重要作用，为中国革命、建设和改革的伟大实践作出了重要贡献。

中国共产党是具有世界眼光和天下情怀的政党。

早在建党之初，我们党就开始了对外交往。新民主主义革命时期，我们党积极争取国际社会和进步力量的理解和支持，为推动马克思列宁主义基本原理同中国实际相结合、开创中国新民主主义革命的正确道路、实现民族独立和人民解放发挥了重要作用。我们党在对外交往中获得的宝贵经验，也为新中国开展独立自主外交奠定了基础。

新中国成立后，党的对外交往的职责和范围进一步扩大，党中央于 1951

年年初专门设立中共中央对外联络部负责党的对外工作。面对帝国主义的孤立封锁，我们党通过积极发展与各国共产党、工人党和其他进步力量的关系，为新中国打开外交局面、巩固新生政权、推进社会主义事业和开展大规模社会主义建设发挥了重要作用。我们党顺应广大第三世界人民的历史呼唤，积极支持第三世界争取民族解放和独立的斗争，有力推动了人类进步事业的发展。

党的十一届三中全会后，我们党坚持解放思想、实事求是的思想路线，按照独立自主、完全平等、互相尊重、互不干涉内部事务的党际关系四项原则，超越意识形态差异，同一切愿与我们党交往的外国政党建立和发展关系，积极参与民间外交和国际和平活动，交往对象不断增加、交往范围不断扩大、交往内涵日益丰富，实现了对外交往的历史性转变，有力地促进了国家关系的健康稳定发展，为改革开放和社会主义现代化建设营造了良好的外部环境。

20世纪80年代末90年代初，国际风云急剧变幻，世界社会主义事业遭遇严重挫折，我们党积极稳慎地同世界上各类政党开展交往，向世界坚定宣示中国坚持改革开放、坚持走社会主义道路的信心与决心，为打破西方对我们党制裁、改善外部环境发挥了重要作用。面对国际关系的新变化，我们党顺利实现了同前苏东地区国家政党关系的转变，不断开拓和广大发展中国家各类政党的交往，在对外交往中注入发展因素，推动党际交流合作进一步深化，为国内经济社会发展作出了积极贡献。

进入新世纪，我们党顺应世界求和平、促发展、谋合作的时代潮流，以开放的姿态积极开展同各国政党和政治组织的交流合作，推动政党外交、公共外交、民间外交一体化发展，基本形成了全方位、多渠道、宽领域、深层次的政党外交格局，我们党的国际地位显著提高，国际影响力日益扩大。党的对外工作成为我们党走向世界、观察世界、联系世界、影响世界的重要平台和渠道。

党的十八大以来，习近平总书记站在历史和时代发展的潮头，举旗定向、谋篇布局、躬身力行，带领我们党前所未有地走近世界政党舞台的中心，前所未有地影响并改变世界，引领党的对外工作开创了新格局、取得了新成就、达到了新境界。党的对外工作坚决维护国家主权、安全和发展利益，全面服务党和国家中心任务，与各国政党深入交往、交流、交心，打造全球政党伙伴关系网络，助力构建人类命运共同体，彰显了中国特色大国外交的独特风范，为实现中华民族伟大复兴的中国梦、促进人类进步事业发展作出了历史性贡献。

（资料来源：求是网，2021年5月9日）

阅读推荐

1. 杨依军、郑明达、温馨等:《东方风来春色新——习近平总书记关心推动党的对外工作开创新局面纪实》，央广网，2021 年 1 月 16 日。

2. 宋涛:《写在党的对外工作 100 年之际：波澜壮阔　百年辉煌》，新华网，2021 年 1 月 17 日。

3. 王磊:《中国共产党与世界：党的对外工作铸就百年辉煌成果》，光明网 - 理论频道，2021 年 5 月 28 日。

思考题

1. 党的百年对外工作历程中，你印象最深的是哪件事?

2. 中国共产党的世界使命是什么?

3. 为什么要坚持党对对外工作的集中统一领导?

2021年上半年国内、国际时事热点汇总

2021年上半年国内时事热点汇总

1月国内重要时事

1. 1月2日电，中央军委主席习近平日前签署命令，发布新修订的《军队装备条例》，自2021年1月1日起施行。提出坚持以战斗力为唯一的根本的标准，明确了体现实战化要求、“战”与“建”有机衔接的工作机制；着眼提高装备建设现代化管理能力，优化了装备全系统全寿命各环节各要素的管理流程；立足破解制约装备建设的矛盾问题，构建了灵活高效、竞争开放、激励创新、规范有序的工作制度。

2. 1月2日，中国石油集团表示，2020年中国石油国内油气产量当量首次突破2亿吨，天然气产量当量首次突破1亿吨。

3. 国家航天局：截至1月3日6时，“天问一号”已飞行163天，飞行里程突破4亿公里，按计划一个多月后进入环火轨道，准备着陆火星。

4. 1月5日电，近日，《四川省森林草原防灭火标本兼治总体方案（2020—2025年）》正式印发，这是全国首个森林草原防灭火标本兼治方案。

5. 1月5日下午，国家卫健委主任马晓伟一行到河北省指导疫情防控工作。河北省委书记、省人大常委会主任王东峰表示，当前河北面临疫情防控的严峻形势，任务非常艰巨，责任十分巨大。需采取一系列有力有效措施，坚决防止疫情扩散蔓延。

6. 1月7日，我国拥有自主知识产权的人工影响天气无人机“甘霖-1”日前在甘肃省金昌金川机场首飞成功，这是目前中国第一架大型人工影响天气无人机，其技术在世界人工影响天气领域处于领先地位。据介绍，“甘霖-1”具备远距离气象探测能力、大气数据采集能力和增雨催化剂播撒能力，同时拥有防除冰能力，具备复杂气象条件下的作业能力。

7. 1月7日，中国科学技术大学宣布，中国科研团队成功实现了跨越4600千米的星地量子密钥分发，标志着我国已构建出天地一体化广域量子通信网雏形。该成果已在英国《自然》杂志上刊发。

8. 1月10日，中共中央印发《法治中国建设规划（2020—2025年）》，要求加强信息技术领域立法，及时跟进研究数字经济、互联网金融、人工智能、大数据、云计算等相关法律制度，抓紧补齐短板。加强区域协调发展法律制度建设。

9. 2021 年 1 月 10 日是第一个中国人民警察节。中共中央政治局委员郭声琨出席全国公安机关庆祝中国人民警察节电视电话会议强调，把以习近平同志为核心的党中央的关怀激励转化为强大动力，以实际行动践行对党忠诚、服务人民、执法公正、纪律严明。

10. 1 月 13 日，我国自主研发设计、自主制造的世界首台高温超导高速磁浮工程化样车在成都下线，设计时速 620 千米 / 小时。

11. 海关总署 1 月 14 日公布的最新数据显示，2020 年中国外贸进出口总值 32.16 万亿元，同比增长 1.9%，规模创历史新高。中国也由此成为全球货物贸易唯一实现正增长的主要经济体。

12. 1 月 23 日，国家卫健委再次回应春节返乡问题称，《冬春季农村地区新冠肺炎疫情防控工作方案》中返乡人员是指从外地返回农村地区的人员，需要持核酸检测阴性证明返乡，并进行 14 天居家健康监测。返回城市人员需遵守目的地疫情防控要求。

13. 1 月 31 日电，近日，中国自由式滑雪运动员谷爱凌在美国阿斯本举行的世界极限运动会 X Games 冬季赛中夺得女子超级 U 型场地比赛冠军。这是中国选手首次在该项比赛中夺冠。

2 月国内重要时事

1. 从 2 月 1 日起，27 个省份依托国家异地就医结算系统统一开展普通门诊费用（不含门诊慢特病）跨省直接结算试运行。

2. 2 月 3 日，中央宣传部向全社会宣传发布空军某运输搜救团一大队的先进事迹，授予他们“时代楷模”称号。

3. 2 月 3 日，我国自主研制的 70 米口径全可动天线完成验收，将投入使用。这是目前亚洲最大的单口径天线，将用于我国火星探测任务，负责接收“天问一号”回传数据。天线可以 360° 旋转，俯仰角度可达 0° ～ 90° ，能精准定位到火星。

4. 2 月 4 日，在北京 2022 年冬奥会开幕倒计时 1 周年之际，北京冬奥会、冬残奥会火炬——“飞扬”正式问世。

5. 2 月 4 日下午，在浙江宁波舟山港主通道海上互通施工现场，最后一片钢箱梁被缓缓地放在舟岱大桥长白互通段 F 匝道合龙口，标志着舟岱大桥实现全线贯通。

6. 2 月 6 日，市场监管总局表示，将开展坚决清理整治知名医院被冒牌问题行动，全面清理含有知名医院字号的市场主体。要求营利性医疗机构不得擅自使用“协和”等知名医院字号。

7. 2 月 6 日，由我国自主研发建造的全球首座 10 万吨级深水半潜式生产储油平台——“深海一号”能源站顺利抵达海南岛东南陵水海域，落位“深海一号”大气田（陵水 17-2），开启海上系泊、安装和生产调试工作，标志着我国首个 1500 米自营深水大气田又向正式投产迈出了关键一步。

8. 2 月 8 日，徐州至连云港高速铁路（徐连高铁）开通运营，徐州至连云港 1 小时直达。至此，我国“八纵八横”高速铁路网最长横向通道——连云港至乌鲁木齐的高速铁路全线贯通，将为新亚欧大陆桥经济走廊发展提供有力支撑。

9. 澳门 2 月 9 日启动接种国产新冠疫苗，特区行政长官贺一诚出席接种启动仪式并率先接种第一针。

10. 2 月 11 日，流失海外近 1 个世纪，天龙山石窟第 8 窟北壁主尊佛首终于“回家”了！这是 2020 年归国的第 100 件流失文物，也是近百年来首件从日本回国的天龙山石窟流失佛雕。

11. 2 月 18 日电，经党中央、中央军委批准，新修订的《军队政治工作条例》日前颁布施行，必将加强党对军队政治工作的领导、推动新时代政治建军方略全面落实，推动军队增强“四个意识”、坚定“四个自信”、做到“两个维护”，贯彻军委主席负责制，确保我军始终成为党绝对领导下的人民军队，为把人民军队全面建成世界一流军队提供坚强政治保证。

12. 中央军委 2 月 19 日授予祁发宝“卫国戍边英雄团长”荣誉称号，追授陈红军“卫国戍边英雄”荣誉称号，给陈祥榕、肖思远、王焯冉追记一等功。

13. 2 月 25 日，全国脱贫攻坚总结表彰大会在北京人民大会堂隆重举行。中共中央总书记、国家主席、中央军委主席习近平向全国脱贫攻坚楷模荣誉称号获得者等颁奖并发表重要讲话。习近平强调，经过全党全国各族人民共同努力，在迎来中国共产党成立 100 周年的重要时刻，我国脱贫攻坚战取得了全面胜利，现行标准下 9899 万农村贫困人口全部脱贫，832 个贫困县全部摘帽，12.8 万个贫困村全部出列，区域性整体贫困得到解决，完成了消除绝对贫困的艰巨任务，创造了又一个彪炳史册的人间奇迹！这是中国人民的伟大光荣，是中国共产党的伟大光荣，是中华民族的伟大光荣。习近平强调，伟大事业孕育伟大精神，伟大精神引领伟大事业。脱贫攻坚伟大斗争，锻造形成了“上下同心、尽锐出战、精准务实、开拓创新、攻坚克难、不负人民”的脱贫攻坚精神。脱贫攻坚精神，是中国共产党性质宗旨、中国人民意志品质、中华民族精神的生动写照，是爱国主义、集体主义、社会主义思想的集中体现，是中国精神、中国价值、中国力量的充分彰显，赓续传承了伟大民族精神和时代精神。全党全国全社会都要大力弘扬脱贫攻坚精神，团结一心，英勇奋斗，坚决战胜前进道路上的一切困难和风险，不断夺取坚持和发展中国特色社会主义新的更大的胜利。

14. 国家统计局 2 月 28 日公布，2020 年我国国内生产总值为 101.5986 万亿元，首次突破 100 万亿元。按可比价格计算，2020 年我国 GDP 同比增长 2.3%。

3 月国内重要时事

1. 3 月 2 日，全国春季农业生产工作电视电话会议在京召开。李克强批示指出：确保粮食产量稳定在 1.3 万亿斤以上。推动种业翻身仗起好步，加大高标准农田建设力度，牢牢守住耕地红线。稳定生猪生产，做好重大动物疫病和病虫害防控。全力保障国家粮食安全和重要农副产品有效供给，为实现全年经济社会发展目标任务打下坚实基础。

2. 中国人民政治协商会议第十三届全国委员会第四次会议 2021 年 3 月 4 日下午在人民大会堂开幕。2100 多名全国政协委员将紧紧围绕中共中央决策部署，聚焦“十四五”规划纲要制定和实施，扎实履职尽责、积极建言资政、广泛凝聚共识，汇聚起夺取全面建设社会主义现代化国家新胜利的智慧和力量。汪洋强调，人民政协要坚持团结和民主两大主题，围绕中共中央大政方针和决策部署贯彻落实，做好建言资政和凝聚共识工作，以高水平履职服务高质量发展，为“十四五”开好局、起好步，集聚众智、汇聚众力。

3. 3 月 5 日，十三届全国人大四次会议在京开幕，李克强作政府工作报告，指出 2021 年发展主要预期目标是：国内生产总值增长 6% 以上；城镇新增就业 1100 万人以上，城镇调查失业率 5.5% 左右；居民消费价格涨幅 3% 左右；进出口量稳质升，国际收支基本平衡；居民收入稳步增长；生态环境质量进一步改善，单位国内生产总值能耗降低 3% 左右，主要污染物排放量继续下降；粮食产量保持在 1.3 万亿斤以上。指出 2021 年要重点做好八方面工作：保持宏观政策连续性稳定性可持续性，促进经济运行在合理区间；深入推进重点领域改革，更大激发市场主体活力；依靠创新推动实体经济高质量发展，培育壮大新动能；坚持扩大内需这个战略基点，充分挖掘国内市场潜力；全面实施乡村振兴战略，促进农业稳定发展和农民增收；实行高水平对外开放，促进外贸外资稳中提质；加强污染防治和生态建设，持续改善环境质量；切实增进民生福祉，不断提高社会建设水平。

4. 3 月 7 日，中国国务委员兼外交部长王毅在北京以五个“最”概述 2020 年的中国外交工作——最精彩的是元首外交、最坚定的是捍卫国家利益、投入精力最大的是抗疫外交、最牵挂的是海外同胞的安危、最关注的是把握全球治理的方向。

5. 3 月 8 日电，十三届全国人大四次会议审议全国人大常委会关于提请审议《全国人民代表大会关于完善香港特别行政区选举制度的决定（草案）》的议案。多位港区代表委员接受采访时表示，坚决支持中央完善香港特区选举制度。他们认为，完善选举制度，堵塞制度漏洞，全面落实“爱国者治港”原则，有利于维护香港长期繁荣稳定，确保“一国两制”行稳致远。

6. 3月12日电，近日，中国科学技术大学张捷教授团队与中国地震局合作，推出世界首个人工智能地震监测系统——“智能地动”监测系统，可1秒内精确估算地震震源机制参数。

7. 3月15日，中共中央总书记、国家主席、中央军委主席、中央财经委员会主任习近平主持召开中央财经委员会第九次会议，研究促进平台经济健康发展问题和实现碳达峰、碳中和的基本思路和主要举措。习近平在会上发表重要讲话强调，我国平台经济发展正处在关键时期，要着眼长远、兼顾当前，补齐短板、强化弱项，营造创新环境，解决突出矛盾和问题，推动平台经济规范健康持续发展；实现碳达峰、碳中和是一场广泛而深刻的经济社会系统性变革，要把碳达峰、碳中和纳入生态文明建设整体布局，拿出抓铁有痕的劲头，如期实现2030年前碳达峰、2060年前碳中和的目标。

8. 3月15日电，2020年，全国市场监管部门通过全国12315平台、电话、传真、窗口等渠道共受理消费者投诉举报咨询2130.32万件，为消费者挽回经济损失44.03亿元。原工商、质检、食品药品、物价、知识产权等投诉举报热线统一整合到全国12315平台后，实现全业务、全系统诉求集中汇集。依托12315平台，全国市场监管部门共处理投诉举报咨询1726.29万件，投诉举报处理时长缩短5.35天。

9. 3月17日电，银保监会办公厅等日前联合印发《关于进一步规范大学生互联网消费贷款监督管理工作的通知》。通知明确，小额贷款公司不得向大学生发放互联网消费贷款，未经监管部门批准设立的机构一律不得为大学生提供信贷服务。

10. 3月20日，四川省成都市召开的“考古中国”重大项目工作进展会上，通报了四川广汉三星堆遗址重要考古发现与研究成果。据介绍，2019年11月至2020年5月，三星堆遗址新发现6座“祭祀坑”，现已出土金面具残片、鸟型金饰片、精美牙雕残件等重要文物500余件。跟1986年发掘的1号、2号坑相比，6座“祭祀坑”的形制与方向相似，出土文物类似。三星堆遗址是四川盆地目前发现夏商时期规模最大、等级最高的中心性遗址。

11. 3月28日，是西藏百万农奴解放纪念日，西藏百万农奴解放纪念馆主馆在西藏博物馆旧址正式开馆，这是我国唯一一个关于废奴运动的纪念馆，是集中反映中国共产党带领西藏各族人民进行伟大民主改革，百万农奴翻身得解放的大型综合性主题展馆。

12. 3月31日，华能海南昌江核电二期工程项目正式开工，这也是“十四五”时期开工的首个核电项目。核电具有输出功率大、电源稳定可靠、清洁低碳等特点，昌江核电二期工程建成后，每年可向海南省输送清洁电量180亿千瓦时，对优化海南能源结构具有重要意义。

4月国内重要时事

1. 4月2日电，近日，在国家深海基地管理中心组织的西太平洋深海科考航次中，“悟空”号全海深AUV进行了5000米级深潜和7000米级深潜，最大下潜深度达到7709米，创造了我国无人无缆潜水器AUV下潜深度的新纪录（原最大潜深纪录为5213米）。这也是继俄罗斯“勇士-D”AUV后，AUV潜深的世界第二深度。

2. 4月6日，国务院新闻办公室发表《人类减贫的中国实践》白皮书，白皮书指出，改革开放以来，按照现行贫困标准计算，中国7.7亿农村贫困人口摆脱贫困；按照世界银行国际贫困标准，中国减贫人口占同期全球减贫人口70%以上。

3. 4月10日，作为北京冬奥会和冬残奥会的重要准备工作，为期10天的“相约北京”冰上项目测试活动收官。在以“能测尽测、应测尽测”为原则，对标冬奥赛时要求的实战“大练冰”中，冰上项目竞赛场馆设施建设、运行团队磨合、属地保障得到充分检验。

4. 4月20日，中俄执政党对话机制第九次会议在线上举办。国家主席习近平同俄罗斯联邦总统普京分别向会议致贺信。习近平在贺信中说，2021年是《中俄睦邻友好合作条约》签署20周年，也是中国共产党同统一俄罗斯党建立关系20周年。20年来，中俄弘扬世代友好理念和新型国际关系原则，开展紧密的全面战略协作，树立了当今世界大国关系的典范。两党长期开展机制化交往，有力巩固中俄政治和战略互信，促进两国全方位互利合作。

5. 由我国自主设计建造的首个国产大飞机生产试飞中心——中国商飞江西生产试飞中心4月24日全面竣工，标志着我国已形成从科研设计、生产试飞到交付运营一整套相对完善的大飞机产业链条。项目正式投产后，可实现每年完工交付约30架次飞机的产能目标。

6. 4月26日，国家知识产权局发布的《2020年中国专利调查报告》显示，2020年我国有效发明专利产业化率为34.7%，企业有效发明专利产业化率为44.9%。“十三五”时期，我国有效发明专利产业化率稳定在30%以上，企业有效发明专利产业化率均在40%以上。

7. 4月28日，杭州亚运会组委会与浙江电力交易中心、国网杭州供电公司签署三方协议，全面启动2022年杭州亚运会绿电交易。绿电交易，是指允许用户通过属地电力交易中心，开展光伏、风力发电的电量交易，实现用电零碳排放的目标。

8. 4月29日11时23分，中国空间站天和核心舱发射升空，准确进入预定轨道，任务取得成功。国家主席习近平致贺电，向载人航天工程空间站阶段飞行任务总指挥部并参加天和核心舱发射任务的各参研参试单位和全体同志致以热烈的祝贺和诚挚的问候。中国空间站是中国独立自主建造运营的载人空间站，由天和核心舱、问天实验舱、梦天实验舱三个舱段构成。天和核心舱是空间站的管理和控制中心，是发射入轨的第一个空间站舱段。据安排，空间站计划于 2022 年完成在轨建造，具备长期开展近地空间有人参与科学实验、技术试验和综合开发利用太空资源能力，转入应用与发展阶段。

5 月国内重要时事

1. 记者 5 月 5 日从交通运输部获悉，“五一”假期，全国铁路、公路、水路和民航预计共发送旅客 2.67 亿人次，日均 5347.4 万人次，比去年同期日均增长 122.2%。

2. 5 月 6 日，国家主席习近平向首届中国国际消费品博览会致贺信。习近平指出，举办中国国际消费品博览会，提供一个全球消费精品展示交易平台，有利于世界各国共享中国市场机遇，有利于世界经济复苏和增长，也有利于中国为世界提供更多优质消费品。希望各国嘉宾和各界人士深化交流、共谋合作，更好造福各国人民。

3. 5 月 7—10 日，首届中国国际消费品博览会将在海南海口盛装绽放，迎八方宾朋，览全球万物。从“汇全球”“买全球”，到足不出户“逛全球”“卖全球”，向更美好生活出发，南海之滨奏响开放合作的乐章，中国与世界携手共创新未来，也为疫情背景下复苏任务十分艰巨的世界经济注入新动力。

4. 2021 年 5 月 12 日是第十三个全国防灾减灾日，主题为“防范化解灾害风险，筑牢安全发展基础”。国新办 7 日举行新闻发布会，邀请应急管理部有关负责人介绍情况。“中国特色大国应急管理体系已经基本形成。”应急管理部党委委员、副部长周学文介绍，应急管理部加快主力军和国家队建设，推进国家综合性消防救援队伍转型升级，加强装备配备，承担全灾种、大应急的综合救援任务，转隶以来累计营救和疏散遇险群众 145 万余人；加快骨干力量建设，补齐专业队伍短板，新组建地震灾害救援队伍 461 支，地质、山岳、水域等救援队伍 27 支；加快辅助力量建设，社会应急救援力量发展迅速，目前已备案 1775 支、62 万余人。

5. 记者 5 月 9 日从住房和城乡建设部了解到：我国城市节水总量大，从 2000 年到 2020 年，全国城市节水量累计达到 972 亿立方米，相当于 9 个南水北调中线工程的年调水量。据介绍，截至 2020 年底，全国共建成落实海绵城市建设理念的项目达到 4 万多个，提升了雨水资源涵养能力和综合利用水平，实现雨水资源年利用量 3.5 亿吨。

6. 5 月 12 日，第七次全国人口普查结果显示，全国人口共 141178 万人，与 2010 年第六次全国人口普查数据相比，增加 7206 万人，增长 5.38%。

7. 国务院总理李克强 5 月 12 日主持召开国务院常务会议，决定将部分减负稳岗扩就业政策期限延长到2021年年底，确定进一步支持灵活就业的措施；部署加强对受疫情持续影响行业企业的金融支持；通过《建设工程抗震管理条例（草案）》。会议指出，2020年按照党中央、国务院部署，推出一系列超常规、阶段性减负稳岗扩就业举措，取得保就业明显成效。2021年就业压力依然较大，要继续坚持就业优先，保持对市场主体特别是中小微企业稳岗、重点群体就业的政策支持。

8. 5月17日电，记者近日从工业和信息化部获悉：我国5G发展取得领先优势，已累计建成5G基站超81.9万个，占全球比例约为70%；5G手机终端用户连接数达2.8亿，占全球比例超过80%；5G标准必要专利声明数量占比超过38%，2020年上半年以来上升近5个百分点，位列全球首位。

9. 中国空间站天和核心舱完成在轨测试验证，已进入交会对接轨道，等待“天舟二号”货运飞船的到访。中国载人航天工程办公室5月18日透露，空间站天和核心舱近日先后完成交会对接、航天员驻留、机械臂等平台功能测试，以及空间应用项目设备在轨性能检查，各项功能正常、运行状态良好，已进入交会对接轨道，后续将继续开展与“天舟二号”货运飞船交会对接的准备工作。

10. 记者从5月20日举行的中共上海市委新闻发布会上获悉：中共一大纪念馆将于7月1日前开馆，届时将举行开馆仪式。发布会介绍了上海市庆祝中国共产党成立100周年重点活动安排，以及红色文化保护传承等有关情况。

11. “共和国勋章”获得者、中国工程院院士、国家杂交水稻工程技术研究中心主任、湖南省政协原副主席袁隆平，因多器官功能衰竭，于5月22日13时7分在长沙逝世，享年91岁。

12. 5月24日电，《中华人民共和国海上交通安全法》已由中华人民共和国第十三届全国人民代表大会常务委员会第二十八次会议于2021年4月29日修订通过，现予公布，自2021年9月1日起施行。

13. 碳达峰、碳中和工作领导小组第一次全体会议5月26日在北京召开。中共中央政治局常委、国务院副总理韩正主持会议并讲话。会议深入学习贯彻习近平总书记重要讲话和指示批示精神，贯彻落实党中央、国务院决策部署，审议有关文件，研究部署相关工作。韩正表示，我国力争2030年前实现碳达峰，2060年前实现碳中和，是以习近平同志为核心的党中央经过深思熟虑作出的重大战略决策。实现碳达峰、碳中和，是我国实现可持续发展、高质量发展的内在要求，也是推动构建人类命运共同体的必然选择。要全面贯彻落实习近平生态文明思想，立足新发展阶段、贯彻新发展理念、构建新发展格局，扎实推进生态文明建设，确保如期实现碳达峰、碳中和目标。

14. 中共中央政治局5月31日召开会议，听取“十四五”时期积极应对人口老龄化重大政策举措汇报，审议《关于优化生育政策促进人口长期均衡发展的决定》。中共中央总书记习近平主持会议。会议强调，各级党委和政府要加强统筹规划、政策协调和工作落实，依法组织实施三孩生育政策，促进生育政策和相关经济社会政策配套衔接，健全重大经济社会政策人口影响评估机制。要将婚嫁、生育、养育、教育一体考虑，加强适婚青年婚恋观、家庭观教育引导，对婚嫁陋习、天价彩礼等不良社会风气进行治理，提高优生优育服务水平，发展普惠托育服务体系。

6月国内重要时事

1. 6月1日起，新修订的未成年人保护法、预防未成年人犯罪法正式施行。根据“两法”有关规定，最高人民检察院决定自6月1日起在涉未成年人案件办理中全面推行“督促监护令”，并会同有关部门全面开展家庭教育指导工作。

2. 推动长三角一体化发展领导小组全体会议6月1日在北京召开。中共中央政治局常委、国务院副总理、推动长三角一体化发展领导小组组长韩正主持会议并讲话。会议深入学习贯彻习近平总书记关于推动长三角一体化发展的重要讲话和指示批示精神，总结长三角一体化发展工作进展，审议有关文件，研究部署下一步重点工作。

3. 6月1日电，根据文化和旅游部日前下发的《文化和旅游部关于调整娱乐场所和互联网上网服务营业场所审批有关事项的通知》，允许外国投资者依法在中国境内设立娱乐场所，取消外商投资比例限制。外国投资者申请从事娱乐场所经营活动，应当向省级文化和旅游行政部门提出申请，申请材料、设立条件和程序与内资一致。香港特别行政区、澳门特别行政区投资者在内地投资设立娱乐场所，台湾地区投资者在大陆投资设立娱乐场所参照执行。

4. 6月2日电，国务院办公厅近日印发《关于科学绿化的指导意见》(以下简称《指导意见》)。《指导意见》指出，要以习近平新时代中国特色社会主义思想为指导，全面贯彻党的十九大和十九届二中、三中、四中、五中全会精神，深入贯彻习近平生态文明思想，认真落实党中央、国务院决策部署，立足新发展阶段、贯彻新发展理念、构建新发展格局，践行绿水青山就是金山银山的理念，尊重自然、顺应自然、保护自然，统筹山水林田湖草沙系统治理，走科学、生态、节俭的绿化发展之路，增强生态系统功能和生态产品供给能力，提升生态系统碳汇增量，推动生态环境根本好转，为建设美丽中国提供良好生态保障。

5. 6月9日电，国家医疗保障局会同财政部、国家税务总局印发《关于做好2021年城乡居民基本医疗保障工作的通知》(以下简称《通知》)。《通知》明确，继续提高城乡居民基本医保筹资标准，2021年居民医保人均财政补助标准新增30元，达到每人每年不低于580元。

6. 6月17日，“神舟十二号”载人飞船发射取得圆满成功。飞行乘组由航天员聂海胜、刘伯明和汤洪波3人组成。“神舟十二号”载人飞行任务是空间站关键技术验证阶段第4次飞行任务，也是空间站阶段首次载人飞行任务。

2021 年上半年国际时事热点汇总

1 月国际重要时事

1. 1 月 1 日，美国国会参议院通过投票推翻了特朗普总统此前《国防授权法案》的否决，这是特朗普任期内的否决权第一次被推翻。

2. 美国国会于当地时间 1 月 6 日举行参众两院联席会议，进行选举人票的清点工作。乔·拜登超过胜选所需的 270 张选举人票，实际上已赢得美国大选。白宫助理斯卡维诺称，特朗普表示 1 月 20 日将有序交接。特朗普称尽管个人完全不同意选举结果，但 1 月 20 日将会“有序”过渡。

3. 美国东部时间 1 月 7 日凌晨，美国国会联席会议确认，拜登赢得 306 张选举人票，当选下一任美国总统。现任总统特朗普随后发表声明，承诺政权交接将有序进行。

4. 美国国会众议院民主党人 1 月 11 日正式提交针对总统特朗普的弹劾条款草案，指控特朗普“煽动叛乱”。

5. 1 月 11 日，巴西经济部日前发布的数据显示，中国继续保持巴西第一大出口目的地国和进口来源国地位，并成为巴西首个年度贸易额突破 1000 亿美元的贸易伙伴。

6. 印度尼西亚总统佐科 1 月 13 日接种了中国科兴公司的克尔来福新冠疫苗。

7. 1 月 14 日，考古学家近日在印度尼西亚苏拉威西发现了一幅已知世界上最古老的洞穴壁画，至少可以追溯至 45500 年前。该发现 13 日发表在《科学进展》杂志上。

8. 1 月 18 日，俄罗斯宣布启动《开放天空条约》退约程序。对此，外交部发言人华春莹表示：俄方启动《开放天空条约》退约程序的直接原因是美国不顾国际社会反对，单方面退约在先，严重损害了相关国家之间的军事互信和互利。

9. 1 月 20 日，美国当选总统、民主党人拜登在首都华盛顿宣誓就任美国第 46 任总统。美国当选副总统哈里斯当天也宣誓就职，成为美国历史上首位女性副总统。

10. 1 月 26 日电，欧洲航天局日前召开年度记者会，宣布 2021 年的 3 个重要航天项目：将两位欧洲航天员送往国际空间站；与美国航天局合作，发射新一代太空望远镜詹姆斯·韦伯空间望远镜；为计划中的国际月球空间站提供通信和加油模块。

11. 1 月 31 日，越南共产党第十三届中央委员会举行第一次会议，选举新一届领导集体，阮富仲再次当选越共中央总书记。

2 月国际重要时事

1. 2 月 1 日，中国政府首批对外援助新冠疫苗在巴基斯坦首都伊斯兰堡附近的努尔汗空军基地正式移交巴基斯坦。

2. 2 月 1 日，英国正式申请加入全面与进步跨太平洋伙伴关系协定（CPTPP），在“脱欧”一年后申请成为第一个加入 CPTPP 的新成员。

3. 2 月 3 日，美国国务卿布林肯发布声明说，美国与俄罗斯同意延长《新削减战略武器条约》5 年时间，有效期至 2026 年 2 月 5 日，条约内容保持不变。

4. 2 月 4 日电，近期，世界卫生组织国际癌症研究机构（IARC）发布全球最新癌症数据显示，在癌症分布类型上，2020 年乳腺癌新发病例数达 226 万人，首次超过肺癌（220 万人），成为“全球第一大癌”。

5. 2 月 7 日电，日前，浪潮信息联合全球知名科技市场研究机构国际数据公司（IDC）发布全球首个计算力指数的研究成果《2020 全球计算力指数评估报告》。美国以 75 分位列国家计算力指数排名第 1 位，中国以 66 分排在第 2 位，日本、德国、英国分别为 55 分、52 分和 47 分。对比 2015 年的评估结果，计算力指数增长最快的 3 个国家分别是中国、法国和日本。

6. 2 月 9 日，经过约 7 个月、近 5 亿千米的“太空旅行”，阿拉伯联合酋长国首个火星探测器“希望”号成功进入火星轨道，开始对火星大气层的监测和研究。

7. 2 月 13 日，美国国会参议院就指控前总统特朗普“煽动叛乱”的弹劾条款进行投票。由于赞成票未达到三分之二多数，特朗普未被定罪，弹劾案审理至此结束。

8. 2 月 15 日，在世界贸易组织举行的总理事会特别会议上，世贸组织全体成员一致同意，任命尼日利亚经济学家恩戈齐·奥孔乔－伊韦阿拉为新任总干事。成为首个执掌该组织的女性总干事和首位非洲籍总干事，她的任期将从 2021 年 3 月 1 日持续至 2025 年 8 月 31 日。

9. 2 月 21 日电，据文化和旅游部消息，近日，联合国世界旅游组织（UNWTO）和西班牙政府正式通报，自 2021 年 1 月 25 日起，中文正式成为联合国世界旅游组织官方语言。

10. 2 月 22 日，国务委员兼外长王毅在北京以视频方式出席联合国人权理事会第四十六届会议高级别会议并发表致辞。王毅表示中国主张：第一，坚持以人民为中心的人权理念；第二，坚持人权普遍性与各国实际相结合；第三，坚持系统推进各类人权；第四，坚持国际人权对话与合作。

11. 2 月 27 日电，泰国农业部官员近日表示，2020 年中国已经成为泰国新鲜榴莲最大的出口市场，同时泰国也是中国最大的水果供应国。

3月国际重要时事

1. 3月2日，中国常驻联合国代表团举行“促进落实2030年可持续发展议程：中国的减贫实践”线上主题吹风会。与会各方热烈祝贺中国脱贫攻坚取得全面胜利，认为中国巨大减贫成就令全世界瞩目，为全球落实联合国《2030年可持续发展议程》作出重大贡献。他们普遍认为，中国制定精准扶贫举措、关注弱势群体发展、构建伙伴关系等经验做法为广大发展中国家提供了重要典范和样板，中国的成就将为全球范围内落实2030年议程注入强大信心和动力。

2. 3月3日电，当前，拉美抗疫形势依然严峻。中国新冠疫苗陆续运抵多个拉美国家，为共同抗疫增添信心和力量。此前，智利、巴西、秘鲁等多个拉美国家批准紧急使用来自中国的新冠疫苗，其中一些国家已开始大规模接种中国新冠疫苗。秘鲁、智利等国领导人带头接种中国新冠疫苗。

3. 针对美国国务卿布林肯近日涉华表态，外交部发言人汪文斌3月4日表示，希望美方客观理性看待中国和中美关系，采取理性务实的对华政策，推动中美关系重回正轨。

4. 3月5日，在日内瓦举行的联合国人权理事会第46届会议上，白俄罗斯代表70个国家作共同发言，强调香港事务是中国内政，外界不应干涉。不干涉主权国家内政是《联合国宪章》重要原则，是国际关系的基本准则。支持中国在香港特别行政区实行“一国两制”。

5. 3月8日电，目前，中国已经并正在无偿向69个有急需的发展中国家提供疫苗援助，同时向43个国家出口疫苗。中国加入世界卫生组织“新冠肺炎疫苗实施计划”，承诺首批提供1000万剂疫苗，明确用于发展中国家急需。多国媒体积极报道中国为推动疫苗作为全球公共产品、促进疫苗在全球公平分配和使用作出的贡献。

6. 国际奥委会第137届会议于3月10—12日在瑞士洛桑举行。奥运冠军托马斯·巴赫再次当选国际奥委会主席，任期四年。

7. 3月11日电，世界知识产权组织近日发布报告称，2020年通过该组织提交的国际专利申请量继续增长，中国的国际专利申请量位居第一。

8. 3月15日，中国常驻联合国代表张军致信联合国秘书长古特雷斯，正式通报中国将向联合国维和人员捐赠新冠疫苗，优先用于非洲任务区。

9. 每年的3月21日是国际森林日。欧盟委员会联合研究中心的最新环境研究报告显示，欧洲森林可能会因气候变化等原因，出现生态系统紊乱。约60%的欧洲森林易受强风、火灾、虫害等影响。为此，欧盟正在制定新的森林战略，应对欧洲地区森林生态系统面临的挑战。

10. 3月24日电，联合国人权理事会第46次会议通过中国提交的“在人权领域促进合作共赢”决议。决议呼吁各国坚持多边主义，在人权领域开展建设性对话与合作，加强技术援助和能力建设，促进合作共赢，共同构建人类命运共同体。决议还主张积极开展国际合作，有效应对新冠疫情，确保发展中国家能够获得负担得起的疫苗。

11. 3 月 31 日，统计数据显示，中俄双边贸易额已经连续 3 年突破千亿美元，中国连续 11 年成为俄罗斯第一大贸易伙伴。在过去一年里，双方守望相助，共抗疫情，推动经贸、科技创新等领域务实合作逆势前行。

4 月国际重要时事

1. 4 月 1 日，日本政府正式实施《改正高年龄者雇佣安定法》。这意味着日本社会将正式进入 70 岁退休的时代。

2. 4 月 1 日，匈牙利国家药品审批监管机构向国药集团中国生物北京生物制品研究所正式颁发新冠灭活疫苗欧盟 GMP 证书。这是中国历史上首个在欧盟获批使用和 GMP 认证的疫苗产品，迈出了中国新冠疫苗成为全球公共产品新的一步。

3. 4 月 6 日电，世界贸易组织日前发布的年度《全球贸易数据与展望》报告显示，受新冠肺炎疫情等因素影响，2020 年全球货物贸易量下滑 5.3%。这一表现好于 2020 年 10 月世贸组织作出下滑 9.2% 的预测。亚洲地区成为唯一一个货物出口维持正增长的地区，而中国继续成为全球最大的出口国和第二大进口国，进出口贸易量分别占全球的 11.5% 和 14.7%。世贸组织预计，随着疫情趋缓和疫苗加快接种，今明两年全球货物贸易量将分别增长 8.0% 和 4.0%。

4. 4 月 7 日，二十国集团（G20）财政部长和央行行长同意延长暂缓最贫困国家债务偿付倡议（DSSI）到 2021 年年底，同时呼吁国际货币基金组织（IMF）制定总额为 6500 亿美元的特别提款权分配方案，以帮助应对新冠肺炎疫情和促进全球经济复苏。

5. 4 月 9 日，全球最大集装箱海运联盟——海洋联盟在天津港开通欧洲新航线，这是天津港 2021 年新开通的首条外贸远洋干线。

6. 4 月 13 日，中国常驻联合国代表团对媒体表示，中国当天向联合国足额缴纳 2021 年会费与国际刑事法庭余留机制摊款。中国代表团说，中国 2016 年开始成为联合国第二大维和摊款国，2019 年成为第二大会费国，一直按照《联合国宪章》规定，及时、足额、无条件向联合国履行财政义务，体现了负责任大国的应有作用。

7. 4 月 14 日，美国总统拜登宣布，驻阿富汗美军将从 5 月 1 日开始有序撤离，并于 9 月 11 日前完全撤出。当天，北约成员国外交部长和国防部长举行线上会议，决定从 5 月 1 日起的几个月内从阿富汗撤出全部军队。

8. 4月17日，外交部发言人就美日领导人联合声明涉华消极内容答记者问。发言人说，台湾、钓鱼岛都是中国领土。涉港、涉疆事务纯属中国内政。中国对南海诸岛及其附近海域拥有无可争辩的主权。美日联合声明粗暴干涉中国内政，严重违反国际关系基本准则。中方对此强烈不满、坚决反对，已通过外交渠道向美、日表明严正立场。

9. 4月22日，外交部发言人汪文斌说，美国参议院外委会通过的“2021年战略竞争法案”严重歪曲事实、颠倒黑白，渲染“中国威胁论”，大肆鼓吹美开展全面对华战略竞争，粗暴干涉中国内政，充斥着陈旧的冷战思维和零和博弈观念，也反映出美国唯我独尊、容不得别国正常发展的霸权心态。中方对此强烈不满、坚决反对。

10. 国家副主席王岐山4月24日在纪念中美“乒乓外交”50周年活动上通过视频发表致辞。“乒乓外交”“以小球推动大球”，开启了中美关系正常化的历史性进程。作为世界前两大经济体和联合国安理会常任理事国，中美合则两利、斗则俱伤，合作是双方唯一正确的选择。

11. 4月28日，日本国会参议院批准区域全面经济伙伴关系协定（RCEP）。众议院此前已批准该协定，此举意味着日本已完成RCEP批准程序。

5月国际重要时事

1. 5月7日，国家主席习近平同国际奥委会主席巴赫通电话。习近平对巴赫连任国际奥委会主席表示祝贺，表示在巴赫主席领导下，国际奥委会团结各方力量，推动奥林匹克运动蓬勃发展。新冠肺炎疫情发生以来，国际奥委会做了不少工作，为全球团结抗疫提供了正能量。疫情对奥运会等体育盛会造成很大影响。中方愿继续配合国际奥委会，支持举办东京奥运会。中方愿同国际奥委会加强疫苗合作，共同构建保护运动员安全参赛的有效屏障。

2. 记者5月9日从中国红十字基金会了解到，为助力印度开展抗击新冠肺炎疫情工作，中国红十字会通过红十字会与红新月会国际联合会向印度红十字会提供100万美元现金援助。按照中国红十字会援外工作的部署，该笔现金援助通过中国红十字基金会捐赠。

3. 据外交部网站消息，外交部发言人赵立坚主持5月17日例行记者会。赵立坚表示，世界仍处在新冠肺炎疫情大流行之中，疫苗是战胜疫情的有力武器。作为最大的发展中国家和国际社会负责任的一员，只要是有利于发展中国家抗疫努力的事情，中方都会去做。只要是有利于发展中国家公平获取疫苗的行动，中方都会支持。这是新冠疫苗“全球公共产品”性质的体现，也是构建人类卫生健康共同体的应有之义。基于上述考虑，对广大发展中国家豁免新冠疫苗知识产权的诉求，中方完全理解并持支持态度。

4. 国务院总理李克强 5 月 17 日下午在中南海紫光阁应约同意大利总理德拉吉通电话。李克强表示，中意是全面战略伙伴，两国关系有着深厚的历史积淀和牢固的利益纽带。2020 年以来，双方携手开展抗击新冠肺炎疫情国际合作，重点合作项目取得积极进展。中方愿同意方推进贸易投资、能源、应对气候变化等领域合作。办好 2022 年中意文化旅游年，扩大人文交流。加强在二十国集团框架下合作。相信中意关系与合作的深化将有利于增进两国人民的福祉。

5. 中共中央政治局常委、国务院副总理韩正 5 月 18 日晚在北京以视频方式出席非洲经济体融资峰会并致辞。韩正表示，习近平主席指出，中非是休戚与共的命运共同体。全球新冠肺炎疫情发生以来，中方积极驰援非洲，谱写了中非患难与共的新篇章。韩正表示，面对疫情，恢复和延续非洲发展势头至关重要。为此，中方提出四点倡议：一是坚持重信守诺，帮助缓解非洲债务压力。二是坚持合作共赢，促进非洲经济复苏。三是坚持绿色发展，推动非洲增长转型。四是坚持同舟共济，促进对疫苗公平分配。

6. 国家主席习近平 5 月 19 日下午在北京通过视频连线，同俄罗斯总统普京共同见证两国核能合作项目——田湾核电站和徐大堡核电站开工仪式。习近平对中俄核能合作项目开工表示热烈祝贺，向两国建设者致以崇高敬意。习近平指出，2021 年是《中俄睦邻友好合作条约》签署 20 周年。中俄将在更高水平、更广领域、更深层次推进双边关系向前发展。面对世纪疫情叠加百年变局，中俄相互坚定支持，密切有效协作，生动诠释了中俄新时代全面战略协作伙伴关系的深刻内涵。

7. 5 月 26 日，国家主席习近平向世界环境司法大会致贺信。习近平指出，地球是我们的共同家园。世界各国要同心协力，抓紧行动，共建人和自然和谐的美丽家园。中国坚持创新、协调、绿色、开放、共享的新发展理念，全面加强生态环境保护工作，积极参与全球生态文明建设合作。中国持续深化环境司法改革创新，积累了生态环境司法保护的有益经验。中国愿同世界各国、国际组织携手合作，共同推进全球生态环境治理。

8. 国务院总理李克强 5 月 30 日以视频形式出席第二届全球绿色目标伙伴 2030 峰会并致辞。李克强指出，作为世界上最大的发展中国家，中国要在本世纪中叶实现现代化、让中国人民过上幸福生活的过程中实现低碳绿色发展，这在人类历史上没有先例，需要付出艰苦卓绝的努力才能实现。中国国家主席习近平宣布中国力争 2030 年前实现碳达峰、2060 年前实现碳中和。中国将建立健全绿色低碳循环发展经济体系，促进经济社会发展全面绿色转型；以降碳为重点战略方向，推动减污降碳协同增效。

6 月国际重要时事

1. 6 月 1 日，巴西联邦共和国、俄罗斯联邦、印度共和国、中华人民共和国和南非共和国外长以视频方式举行会晤。在纪念金砖国家合作 15 周年之际，外长们表达了支持和平、自由和法治，尊重人权和民主等共同价值观，以及在国际法和《联合国宪章》，特别是坚持主权平等、尊重各国领土完整、相互尊重彼此利益和关切基础上，构建更加公平、公正、包容、平等，更具代表性的多极国际体系。

2. 6 月 2 日电，由中国通用技术集团所属中国机械进出口有限公司投资兴建的匈牙利考波什堡 100 兆瓦光伏电站项目近日正式启动投运，项目并网运行后预计每年可发电 1.3 亿度，节约 4.5 万吨标准煤，减少 12 万吨二氧化碳排放。

3. 6 月 7 日，俄总统普京签署退出《开放天空条约》法律草案。《开放天空条约》于 1992 年签署，2002 年起生效。条约缔约国可按规定对彼此领土进行非武装方式的空中侦察。该条约是冷战结束后重要的信任建立措施，有助于提升透明度和降低冲突风险。

4. 6 月 16 日，从国家航天局获悉：中国国家航天局和俄罗斯国家航天集团公司通过线上和线下混合方式，共同举办了国际月球科研站路线图全球网络论坛。中俄共同向国际社会发布的“路线图（V1.0）”和“指南（V1.0）”介绍了国际月球科研站的概念、科学领域、实施途径和合作机会建议等内容，有助于国际伙伴在国际月球科研站的规划、论证、设计、研制、实施、运营等阶段有广泛参与的机会。

参考文献

[1] 习近平：《在庆祝中国共产党成立100周年大会上的讲话》，新华网，http://www.xinhuanet.com/2021-07/01/c_1127615334.htm.

[2] 上海市习近平新时代中国特色社会主义思想研究中心：《历史和人民的正确选择》，《人民日报》2021年5月25日13版。

[3] 曲青山：《中国共产党百年伟大贡献》，《人民日报》2021年3月30日09版。

[4] 王京清：《从百年党史看党的独特优势》，《中国纪检监察报》2021年3月4日05版。

[5] 廉思：《努力成为堪当民族复兴重任的时代新人》，《人民日报》2021年5月7日05版。

[6]《不忘初心 牢记使命 继续前进》，《求是》2021年第8期。

[7] 杨德山：《学思践悟“四史”中的精神和力量》，党建网，http://www.dangjian.cn/shouye/sixianglilun/lilunqiangdang/202103/t20210331_5998533.shtml.

[8] 杨娜：《深刻把握党史在“四史”中的重要地位》，《中国社会科学报》2021年3月25日003版。

[9] 韩喜平：《在“四史”学习中坚定理想信念》，《新华日报》2021年5月25日15版。

[10] 李鹏：《深入学习“四史”牢记初心使命》，《光明日报》2020年12月22日15版。

[11] 习近平：《把握新发展阶段，贯彻新发展理念，构建新发展格局》，《求是》2021年第9期。

[12] 任理轩：《深入贯彻新发展理念》，《人民日报》2021年5月11日15版。

[13]《中共中央 国务院关于实施乡村振兴战略的意见》，中国政府网，http://www.gov.cn/zhengce/2018-02/04/content_5263807.htm.

[14]《中共中央 国务院关于全面推进乡村振兴加快农业农村现代化的意见》，中国政府网，http://www.gov.cn/zhengce/2021-02/21/content_5588098.htm.

[15] 郑风田：《脱贫攻坚与乡村振兴有效衔接的两个关键》，《中国青年报》2021年4月19日02版。

[16] 蒋和胜、岳锋、刘胜林：《促进“十四五”时期农业、农村与农民的发展》，《光明日报》2021年5月11日11版。

[17] 郭金金、刘宝贞：《打造乡村振兴新格局》，《中国社会科学报》2021年5月11日001版。

[18] 习近平：《在中国科学院第二十次院士大会、中国工程院第十五次院士大会、中国科协第十次全国代表大会上的讲话》，《人民日报》2021年5月29日02版。

[19] 侯建国：《把科技自立自强作为国家发展的战略支撑》，《求是》2021年第6期。
[20] 曲大成：《学史增信 汇聚科技自立自强的磅礴力量》，《红旗文稿》2021年第9期。
[21] 李振广：《台湾问题的国际环境变化与台海局势走向》，《中国评论》2021年1月号。
[22] 周志怀：《机遇塑造与两岸关系的调整》，《中国评论》2021年3月号。
[23] 刘结一：《坚决维护国家主权和领土完整 努力实现祖国完全统一》，《党建》2021年第6期。
[24] 吴心伯：《拜登执政与中美战略竞争走向》，《国际问题研究》2021年第2期。
[25] 杨洁篪：《以史鉴今，面向未来，把握中美关系正确方向——纪念中美"乒乓外交"50周年》，《人民日报》2021年4月29日06版。
[26] 丑则静：《维护践行多边主义 破解全球治理之困》，《红旗文稿》2021年第10期。
[27]《维护和践行真正的多边主义》，《人民日报》2021年5月10日03版。
[28] 杨洁篪：《中国共产党建党百年来外事工作的光辉历程和远大前景》，《求是》2021年第10期。
[29] 刘乃亚：《让多边主义的火炬照亮人类前行之路》，《红旗文稿》2021年第4期。
[30] 高翔：《中国共产党的使命担当》，《人民日报》2021年2月4日09版。